SOUS LE SIGNE DU LIEN

DU MÊME AUTEUR

Mémoire de singe et paroles d'homme, Hachette, 1983.
La Naissance du sens, Hachette, coll. « Questions de science », 1991.

BORIS CYRULNIK

SOUS LE SIGNE DU LIEN

Une histoire naturelle de l'attachement

HACHETTE

« Histoire et philosophie des sciences »

Collection dirigée par Gérard Jorland

L'ATTITUDE ÉTHOLOGIQUE

Quand les goélands planent à la pointe rocheuse de Porquerolles, qui pourrait penser qu'ils nous posent un problème anthropologique ? Qui oserait penser à l'évitement de l'inceste ?

Quand les goélands posent un problème anthropologique.

Ce n'est pas simple d'en faire l'observation car il s'agit de voir quelque chose qui ne se passe pas : un non-événement.

Pour observer qu'un fils chimpanzé refuse de s'accoupler avec sa mère, il faut surveiller les deux animaux lors de leur période sexuelle. Il est facile de voir que les callosités fessières de la femelle se colorent en rose sous l'influence des hormones. Il est aisé de voir comment elle sollicite les mâles en marchant vers eux à reculons et comment ils s'intéressent vivement à ce gonflement coloré inhabituel.

La surprise naît dès que l'observateur remarque que le fils chimpanzé se cache la tête dans les bras, détourne son regard et se blottit dans un coin tant que sa mère batifole.

Dès la fin de la période sexuelle, le jeune mâle s'approche à nouveau de la femelle calmée, lui fait quelques sourires, lui offre quelques fruits et recommence à la toiletter.

Pour observer l'évitement de l'inceste, il a fallu remarquer un comportement particulier entre un jeune mâle et une femelle, en le comparant avec les autres comportements de rencontre des animaux du groupe et surtout, connaître les individus depuis leur naissance, pour savoir que ce jeune mâle était le fils, et cette femelle, sa mère.

Pour observer ce non-événement, il a fallu adopter une attitude mentale particulière qui consiste à analyser ce qu'on a sous les yeux et à le situer dans l'histoire qu'on a eue sous les yeux, à savoir : suivre l'évolution d'un individu, sa diachronie, la manière dont un comportement s'est développé en lui, pour donner sens à ce qui se manifeste à un moment précis, dans la synchronie des animaux entre eux.

Pour observer l'évitement de l'inceste dans cette petite famille chimpanzé tellement œdipienne, il a fallu beaucoup de lenteur et une grande paresse.

Voilà pourquoi les psychanalystes et les scientifiques qui sont gens pressés, beaucoup trop courageux, ignorent encore que les animaux ne réalisent pas l'inceste en milieu naturel.

Un jeune goéland bagué de rouge marche vers son nid disposé bien à plat sur le bord d'un chemin. Une femelle baguée de jaune se pose près de lui et s'approche en miaulant.

Ces goélands vivent en couple depuis deux mois. La couleur des bagues permet de savoir qu'ils sont nés dans ce territoire de la pointe des Mèdes.

Après un long voyage par-dessus les Pyrénées jusqu'en Atlantique, ils sont revenus fonder une famille dans le site où ils sont nés et où leur enfance les a attachés. C'est un couple de jeunes car ils portent encore quelques plumes brunes sur le bord antérieur de leurs ailes, alors que le plumage des adultes est d'un blanc impeccable, frangé de gris pâle.

Cet hiver, ils ont voisiné sur les plages de l'Atlantique avec des goélands venus d'Angleterre [1] *.

Malgré leur génétique, leur anatomie et leurs comporte-

* Les notes du chapitre commencent p. 22.

ments communs, les deux populations de goélands ne se sont pas mélangées. On dit que leurs cris n'ont pas le même accent et que cette étrangeté les intimide [2].

Au printemps, ils sont revenus sur leur site de naissance et là, ils se sont reconnus. Le contexte territorial, les rochers blancs, la direction du vent, les griffes de sorcières ont constitué pour eux le sentiment de familiarité qui, en les sécurisant, a permis la parade sexuelle.

Quand le mâle bagué de rouge a marché vers son nid, la femelle est venue se poser près de lui sans la moindre hésitation.

Les couples se reconnaissent de loin grâce à l'expression de leur visage. Moi qui croyais que tous les goélands se ressemblaient, il a bien fallu admettre que chaque visage est particulier et que les goélands se reconnaissent entre individus.

Pour un œil humain, les mâles et les femelles sont identiques, alors que, pour les oiseaux, la différence est évidente. Les femelles, plus petites, ont une tête plus ronde et surtout manifestent des comportements de femelle [3]. Chez les goélands, c'est la femelle qui prend l'initiative de la parade sexuelle. Dès qu'elle repère le mâle convoité, elle rentre son cou, dispose son corps à l'horizontale et pousse des cris, doux, brefs, peu sonores qui évoquent la posture et le cri des petits quand ils quémandent des aliments.

Le mâle ému étire ses ailes, tend le cou et miaule longuement. Si par bonheur un autre mâle passe par là, le couple va l'attaquer. Ainsi unis par cette agression commune, les partenaires se dirigent vers un espace plat et commencent la construction de leur nid.

Il faut que le mâle convoité soit voisin. Bagué de jaune comme cette femelle, il risquerait d'avoir été élevé par les mêmes parents, et les très fréquents conflits entre frères et sœurs provoquent une haine qui les sépare.

A Hendaye, en revanche, l'accent des goélands anglais crée une sensation d'étrangeté qui intimide les goélands marseillais et empêche les parades sexuelles [4].

Pour être convoité, le mâle doit se situer à la bonne distance émotive. Trop proche, l'excès de familiarité favorise l'expression de l'hostilité. Trop loin, l'étrangeté de son accent et de certains comportements différents inhibe les tentatives d'approche.

Se trouvent ainsi réalisées les conditions sociales, écologiques et génétiques qui empêchent la réalisation de l'inceste chez les goélands.

En 1949, Lévi-Strauss [5] avait donné à la prohibition de l'inceste le pouvoir de « marquer le passage de la nature à la culture », de l'animalité à l'humanité.

Depuis 1987, les goélands comme la plupart des animaux, contestent Lévi-Strauss. Le choix sexuel entre animaux adultes est loin de se faire au hasard. Il y a des règles biologiques, écologiques, sociales et historiques qui contraignent les animaux à choisir leur partenaire au sein d'un tout petit nombre de possibles. L'endogamie, l'accouplement avec des partenaires issus du même groupe est très rare en milieu naturel [6], alors que la réalisation de l'inceste chez les humains est beaucoup plus fréquente qu'on ne le dit [7].

Pour être logique, il faudrait en conclure que les animaux sont plus cultivés et plus humains que les hommes.

Le piège réside dans la manière de poser la question, car nous, humains, ne pouvons décrire ce que nous observons qu'en nommant les choses. Il y a toujours un moment où l'on finit par parler et mettre en mots ce qu'on observe. Nous introduisons de ce fait une trahison supplémentaire dans nos observations. Un fils goéland ne s'accouple pas avec sa mère, mais au cas où il le ferait, réaliserait-il un inceste ? C'est l'observateur humain qui nomme « inceste » cet acte sexuel. Ce n'est donc pas l'acte qui marque le passage de la nature à la culture, c'est le fait de dire que cet acte est un « inceste » et de l'interdire.

On pourrait même renoncer à la coupure radicale entre l'homme et l'animal. Dans cette optique, on pourrait décrire le programme commun du vivant en même temps que la spécificité de chaque être vivant. Tous les vivants possèdent en commun la nécessité de sélectionner certaines informations matérielles hors du réel, pour en tirer de l'énergie et s'y adapter. Mais chaque être vivant organise sa propre façon de traiter l'information selon la structure de son cerveau et de sa personne.

En ce sens, le mot « animal » réfère aux êtres vivants qui ne sont ni plantes ni hommes. L'animal, ce « non-homme », connaît une diversité si grande que l'idée d'un être animal renvoie à des manières d'être vivant prodigieusement différentes. Si l'on oriente notre appareil à percevoir le monde vers la molécule, la paroi membranaire et les échanges de matière, on va découvrir que l'aplysie, sorte de limace de mer, sécrète dans sa synapse – cet espace entre deux cellules nerveuses – la même molécule d'acéthylcholine que l'homme [8]. Ce qui ne permettra pas d'en déduire que l'homme est une aplysie. Quand Freud a découvert que les cellules nerveuses des anguilles avaient la même forme que les cellules nerveuses humaines [9], il n'a jamais confondu un homme avec une anguille, il n'a jamais couché une anguille sur son divan, et pourtant... leurs cellules nerveuses ont la même forme!

L'ouverture éthologique.

Si bien que la distinction entre l'éthologie animale et l'éthologie humaine n'a plus grand sens aujourd'hui. On parlerait plutôt de l'ouverture éthologique sur une discipline auparavant constituée. Quand les psychologues appliquent à leur objet de science l'attitude et la méthode éthologiques, on parle d'éthopsychologie. Les anthropologues qui consacrent une grande partie de leur travail à faire des observations non verbales, font de l'étho-anthropologie. Quand les linguistes observent les comportements lors des actes de paroles ou des scénarios lors des conversations, ils font de l'étholinguistique. Les urbanistes font de l'étho-urbanisme, les neurologues de l'éthoneurologie et les psychanalystes de l'éthopsychanalyse.

Freud écrivait à Martha sa fiancée : « J'étais mû par une sorte de soif de savoir, mais qui se portait plus sur ce qui touche les relations humaines que sur les objets propres aux sciences naturelles, soif de savoir qui n'avait d'ailleurs pas encore reconnu la valeur de l'observation [10]... » C'est pourquoi, lorsque Victor Frankl, âgé de seize ans en 1921, envoie à Freud un article sur « L'origine des mimiques d'affirmation et de négation », Freud, enchanté de voir une méthode d'observation naturelle appliquée aux relations humaines, le fait aussitôt paraître dans le *Journal international de psychanalyse* [11].

Après-guerre, René Spitz réalise une observation des sourires du nouveau-né, carrément inspirée par les méthodes de Niko Tinbergen sur le déclenchement de la becquée des petits goélands. Ce grand psychanalyste a décrit plus tard les comportements anaclitiques des enfants abandonnés qui, privés de la base de sécurité du corps maternel, n'ont pu y étayer leurs développements. Par son observation des réactions de peur chez l'enfant, il a décrit aussi les comportements d'angoisse devant l'étranger et leur apparition soudaine lors de la période sensible du huitième mois [12].

Tous ces psychanalystes ont pu réaliser ces observations directes parce qu'ils avaient en tête une théorie psychanalytique qui leur permettait de penser l'homme en termes d'histoire. Ainsi ont-ils pu partir à la recherche des racines précoces d'un trouble qui ne s'exprimera que beaucoup plus tard [13].

John Bowlby, en 1969, renforce cette attitude éthopsychanalytique : « Il est certain que si la psychanalyse veut parvenir à prendre rang dans les sciences du comportement, il faut qu'à sa méthode traditionnelle s'ajoutent les méthodes éprouvées des sciences naturelles [14]. »

Actuellement de grands noms de la psychanalyse se forment à l'éthologie. Pour soigner, ils peuvent ne pas modifier leur manière de pratiquer la psychanalyse, mais s'ils veulent en faire une science, ils doivent adopter une attitude qui leur permettra de trouver d'autres hypothèses, ils doivent apprendre une méthode d'observation pour découvrir des faits différents et proposer des causalités nouvelles [15].

Apprendre une méthode d'observation pour découvrir des faits différents.

Comment vient-on à l'éthologie, cette psychologie du comportement qui cherche à observer les êtres vivants dans leur milieu naturel ?

L'histoire est née avec Konrad Lorenz.

Dans les années 30, cet Autrichien, déçu par la médecine, effrayé par la psychiatrie de son époque, a décidé de vivre en compagnie des choucas et des oies cendrées [16]. Le simple fait de partager avec ces animaux sa maison, sa salle à manger et l'escalier qui mène aux chambres a énormément changé son regard d'observateur.

La vie quotidienne avec ces oies cendrées lui a permis de comprendre l'importance de la vie affective et sociale de ces animaux. Lorenz raconte la vie sentimentale d'une oie tendrement élevée par un couple de parents fidèles [17]. Lors de sa puberté, la petite oie s'oppose vivement à ses parents : elle refuse de les suivre et se rebiffe. Les parents, d'ailleurs, deviennent rejetants. Ils recommencent à se courtiser et la petite oie les gêne dans leurs danses de parade. Ils la menacent au moindre événement, si bien que le plus naturellement du monde, l'adolescente se voit dans l'obligation de quitter ses parents.

Ce récit naïf d'un conflit de générations chez les animaux a stimulé nombre de chercheurs et leur a permis d'observer comment ce comportement participait à l'inhibition de l'inceste. Konrad Lorenz, dès 1936, avait décrit chez les oies cendrées l'absence de relation sexuelle entre un fils et sa mère. Mais pour ce faire, il fallait introduire l'histoire dans l'observation, comme l'avaient déjà proposé les psychanalystes. Il fallait vivre avec les êtres observés, partager leur quotidien et analyser le banal.

Dans la vie quotidienne, l'attitude mentale de l'observateur organise l'observation. Quand il dit : « Tous les Chinois se ressemblent », il signifie par cette phrase qu'il réduit la personne observée à quelques indices réellement perçus. Il a sensoriellement perçu la couleur jaune de leur peau, l'aspect bridé de leurs yeux noirs et leurs cheveux lisses [18]. A partir de ces quelques informations biophysiques réelles, il a synthétisé une catégorie « chinois » qui, en effet, est porteuse de la même longueur d'onde réfléchie par la peau, de la même forme d'yeux et de la même couleur de cheveux.

Mais si l'on vit avec des Chinois, si l'on partage la même chambre, les mêmes repas, le même métier, on va découvrir de très grandes différences entre leur manière de manger, de dormir et d'établir des relations affectives. On va chercher à comprendre le sens d'un geste offrant un verre d'alcool, d'un sourire au moment où l'on se sent découragé, d'une sonorité verbale incompréhensible mais signifiant pourtant un plaisir d'amitié ou de haine. Cette manière de vivre au quotidien avec les Chinois va radicalement changer l'observation de l'observateur.

Désormais les Chinois ne se ressemblent plus. On en voit des grands, des gentils, des tristes, des paresseux... La manière d'observer a personnalisé les Chinois.

Dans le plat pays de Camargue, il suffit de monter sur un tabouret pour changer le paysage et voir jusqu'à la mer, comme l'ont fait Konrad Lorenz avec ses oies cendrées et notre voyageur avec ses Chinois. Par le simple changement d'attitude de l'observateur, l'être observé change de forme.

Le fait d'être amoureux pose un problème épistémologique

C'est ainsi que le fait d'être amoureux me pose un problème d'ordre épistémologique.

Quand je vois tomber la femme que j'aime, je n'arrive pas à penser qu'elle tombe en fonction de $1/2\ mV^2$! Je n'arrive pas à me représenter celle que j'aime, sous forme d'un poids soumis à l'attraction terrestre. Quand elle tombe, je ressens une émotion tendre et angoissée, je me précipite pour l'aider, espérant qu'elle ne s'est pas blessée. $1/2\ mV^2$ n'a aucune pertinence dans mon état amoureux, et quand on donne à $1/2\ mV^2$ une valeur explicative pour la chute de la femme que j'aime, je suis scandalisé. Admettre qu'elle tombe en fonction de $1/2\ mV^2$, c'est faire de la femme que j'aime l'analogue d'un caillou. C'est disqualifier l'émotion que je ressens pour elle, réduire à néant la douce idée qui m'envahit. C'est dire que je suis amoureux d'un caillou. Réduire la femme que j'aime à une loi commune aux cailloux et aux femmes aimées, c'est dénier ma représentation amoureuse, ma vie intime et psychologique.

Je déteste ceux qui, voyant tomber la femme que j'aime, déclarent : « Elle tombe en fonction de $1/2\ mV^2$! »

Et pourtant... elle tombe!

L'objet observé n'est donc pas neutre, l'observateur, selon son état sensoriel ou neurologique, selon la structure de son inconscient, sélectionne certaines informations à partir desquelles il crée une représentation qu'il nomme « évidence ».

Mais l'évidence n'est pas évidente. Certains observateurs sont scandalisés par la réduction de la chute de la femme qu'ils aiment à une loi physique, alors que d'autres observateurs effrayés par leur propre affectivité, se sentent libérés par cette loi générale.

Le premier temps de l'observation éthologique serait une observation naïve. Mais l'on voit qu'elle n'est pas si naïve que ça, puisque « la chute de la femme que j'aime » nous a fait comprendre qu'une observation, c'est l'effet que produit l'observé sur l'observateur.

L'éthologie propose alors un deuxième temps, une série d'observations dirigées qui vont tenter d'analyser certaines variables.

Sachant que $1/2\ mV^2$ est une loi générale qui s'applique à tout corps tombant, j'ai dirigé mon observation expérimentale dans trois situations :

1. J'ai donné un coup de pied dans un caillou : connaissant le poids du caillou, les lois de l'attraction terrestre, la force et la direction de mon coup de pied, j'ai pu prévoir la trajectoire du caillou avec une précision balistique qui m'a donné une grande satisfaction.

2. J'ai donné le même coup de pied dans un chien :

a) Quand le chien est situé sur mon territoire : j'ai observé que ce chien se déplaçait beaucoup plus loin que l'avait prévu la force mécanique de mon coup de pied.

b) Quand le chien est situé sur son propre territoire : à ma grande surprise, c'est moi qui me suis déplacé vivement en sens inverse de celui qu'aurait pu laisser prévoir la direction de mon coup de pied.

3. J'ai donné le même coup de pied dans la femme que j'aime et j'ai observé :

a) Une réaction vocale et verbale : « Aïe ! Ça va pas non ! »

b) Une interprétation : « Ma mère m'avait bien dit qu'un jour tu me ferais un truc comme ça ! »

c) Un déplacement très différent de ce qu'avaient prévu la force et la direction de mon coup de pied : « Je retourne chez ma mère » (à 800 km de mon coup de pied !).

Cette petite fable signifie que l'observation est un acte de création qui doit rester adéquat aux lois générales.

La méthode scientifique nous a appris à cliver les objets d'observations en différents niveaux d'organisation qui ne sont pas exclusifs les uns des autres. C'est la méthode qui est exclusive et non l'objet observé. Le fait que la femme que j'aime ait interprété mon coup de pied ne l'a pas empêchée de recevoir l'impact mécanique de ce coup de pied. Les lois mathématiques ont expliqué la force de mon coup de pied, mais c'est plutôt l'idée que ma femme se fait de notre vie conjugale qui a expliqué son interprétation et ses décisions comportementales.

Dans les milieux « psy », il y a toujours un adorateur de la molécule pour expliquer un comportement par l'effet d'un produit biologique : « Si le cerveau de votre femme avait sécrété moins de dopamine, elle n'aurait même pas eu la force de décider son retour chez sa mère. » Cet argument est pertinent ; en effet, les mélancoliques et les déments dont le cerveau ne sécrète plus assez de dopamine n'interprètent plus leurs perceptions et n'agissent plus dans leur monde.

Les vénérateurs du symbole s'indignent contre ce molécularisme et soutiennent que l'homme est autre chose qu'une molécule. Cet argument paraît tout autant défendable.

Les adorateurs de la molécule ne détiennent pas plus la vérité que les vénérateurs du symbole. L'observateur a choisi son niveau d'observation en fonction de ce qu'il sait et de ce qu'il est. Il a décrit ce que son attitude inconsciente lui permettait de voir.

A peine produites, ces observations sont interprétées par ceux à qui on les raconte. Lorsque nous avons organisé à Toulon notre colloque sur la communication intra-utérine, les documents publiés étaient solidement défendables [19].

Chacun avait pu entendre les sonorités intra-utérines et voir à l'échographie comment les bébés réagissaient à certaines composantes de la voix maternelle. Ces informations biophysiques, à peine perçues, s'intégraient dans l'inconscient des auditeurs pour éveiller des interprétations carrément opposées. Certains accoucheurs se sont vivement opposés à ce type d'exploration. « Bien sûr, nous disaient-ils, tout le monde peut voir les bébés nager, téter, accélérer leur cœur ou même sourire dans l'utérus quand la mère récite une comptine familière, mais ces réactions comportementales ne signifient pas que ces bébés ont entendu, car l'oreille externe ne fonctionne pas dans l'eau et la mémoire des fœtus est si brève qu'elle transforme cette information en stimulation physique immédiate. » Les accoucheurs qui interprétaient ainsi les observations de communication intra-utérine étaient, pour la plupart, partisans des mères porteuses. Pour vendre un bébé dès sa naissance, pour le livrer à d'autres mains aimantes, il valait mieux penser qu'il n'y avait pas de lien entre la mère et l'enfant dans son ventre. L'absence d'attachement intra-utérin rendait la livraison plus facile.

Ce soir-là, l'organisateur m'a présenté une journaliste qui avait tout noté, tout enregistré sur son magnétophone et venait de téléphoner chez Stock-Pernoud, qui acceptait de publier les actes du colloque. « C'est extraordinaire, disait-elle, c'est merveilleux de savoir que le bébé dans l'utérus perçoit sa mère, la reconnaît et se familiarise avec elle. »

Au repas du soir, j'ai appris que cette journaliste militait dans un mouvement hostile à l'avortement et qu'elle espérait utiliser cette découverte pour faire à nouveau interdire l'interruption de grossesse.

La même observation scientifique avait alimenté deux représentations opposées : le fait qu'un fœtus sourie et suce son pouce quand sa mère parlait, avait fourni à certains la preuve qu'il s'agissait d'une réaction réflexe. Ceux qui désiraient croire que l'attachement ne se développait qu'à partir de la naissance se sentaient autorisés à enlever le bébé à la mère qui n'était que porteuse.

Alors que la même observation avait donné à d'autres auditeurs la preuve que le bébé, en répondant à sa mère dès le sixième mois, devenait une personne vivant dans son utérus.

L'objet observé, l'objet scientifique n'est jamais neutre fantasmatiquement. Dès qu'elles sont perçues, les choses prennent sens, dans la fulgurance de notre compréhension.

« Quand l'observateur semble, à ses propres yeux, occupé d'observer une pierre, en réalité cet observateur est en train d'observer les effets de la pierre sur lui-même [20]. » Cette remarque vise à observer comment l'observateur observe et comment son inconscient organise ce qu'il perçoit.

Si l'on change l'observateur, si l'on change son cerveau, sa caméra, son histoire, son inconscient ou simplement son attitude intellectuelle, on va changer son observation et extorquer au réel d'autres faits surprenants. Konrad Lorenz, en partageant sa chambre à coucher avec une oie cendrée, Albert Einstein, en inventant une mathématique nouvelle à partir de la position de l'observateur, Monsieur Tout le Monde en Camargue en montant sur une chaise, ne perçoivent pas, ne comprennent pas la même chose.

Dès l'instant où l'on admet cette idée, on pourra voir et écouter nos observations d'un autre œil et d'une autre oreille. L'œil nous permettra l'observation directe et l'oreille nous offrira l'histoire.

Ces deux organes donnent accès à deux formes très différentes de la compréhension : l'historicité et la causalité.

J'observe une tique accrochée sur une branche basse : parmi toutes les informations qui composent son monde réel, aucune ne la stimule vraiment et la tique, engourdie, reste suspendue.

Un chien vient à passer avec sa peau grasse et ses glandes qui sécrètent beaucoup d'acide butyrique. Les organes récepteurs de la tique sont matériellement organisés de telle manière que la molécule d'acide butyrique excite son système nerveux et y entre comme une clé dans sa serrure. Rien ne stimule plus la tique qui, fortement excitée, s'éveille, ouvre ses pinces et tombe sur la peau du chien où elle passera quelques moments heureux. « L'acide butyrique est le signifiant biologique de la tique[21]. »

Signifiant biologique et signifiant verbal : « On t'a trouvé dans une poubelle ».

Je propose de tenter le même raisonnement pour l'homme psychologique. La phrase : « On t'a trouvé dans une poubelle », prononcée par certains parents, communique une série d'informations « toi / enfant trouvé / par nous parents / dans poubelle. »

Lorsque l'enfant entend cette phrase, il va l'interpréter et l'intégrer dans son histoire. Ce qui va donner en psychothérapie, quarante ans plus tard : « J'ai reçu cette phrase comme une secousse. Ça m'a terrorisée. Depuis cette phrase j'ai passé ma vie à craindre l'abandon et à faire en sorte qu'on ne puisse m'abandonner. Je me dévoue et me sacrifie tellement que celui que j'aime ne pourra jamais m'abandonner mais, moi, ... je n'arrive pas à vivre ma vie, tant cette phrase m'a empoisonnée *. » Pourtant, on ne peut pas dire que cette phrase est la cause du destin sacrificiel de cette femme de quarante-sept ans, car, quelques jours plus tard, j'entends une autre patiente : « " On t'a trouvée dans une poubelle "... Instantanément cette phrase m'a libérée. Je n'étais donc pas la fille de ces parents-là. J'étais autorisée à les ignorer, à m'en détacher, à les envoyer promener, à mener ma vie *. »

Cette phrase ne peut devenir signifiante pour ces deux femmes que si elles ont des oreilles pour capter les sonorités, un cerveau pour transformer les sons en mots et une histoire pour donner sens à ces mots.

L'historicité de ces deux personnes est différente, parce qu'elles choisissent leurs événements réels en fonction du filtre de leur sensibilité. Les êtres vivants sélectionnent leurs informations pour composer à partir du réel une mémoire chimérique, en ce sens que tous les éléments y sont vrais alors que l'animal chimérique est inventé.

L'introspection, l'analyse rétrospective, la mémoire sincère ne peuvent nous rappeler que des biographies chimériques. Il faut renoncer à toute causalité par cette méthode. Une patiente dit : « Cette phrase (" on t'a trouvée dans une poubelle ") m'a rendue malade d'angoisse. » L'autre dit : « Depuis cette phrase, je me suis sentie libérée de mes angoisses. »

Mais si l'on ajoute l'observation directe, on pourra voir comment le sens vient aux mots, comment une même phrase prend un sens différent, alors que la signification est la même : toi/trouvée/dans poubelle/par parents.

En effectuant des observations directes avec des enfants confiés quelques heures à la crèche, on fait surgir l'idée suivante : les enfants qui résistent le mieux à la séparation sont

* Ce signe répété au cours du livre réfère à des phrases recueillies et notées mot à mot lors de séances de psychothérapie.

ceux qui, avant cet événement, avaient tissé avec leur mère l'attachement le plus tranquillisant [22].

Cette idée est défendable grâce à une série d'observations réalisées par plusieurs éthologues coordonnés autour d'un même thème. L'un décrit la micro-analyse des comportements d'enfants privés de mère (N.G. Blurton-Jones) [23], l'autre décrit les comportements de socialisation de ces enfants, tels que la sollicitation affective : s'approcher, sourire, incliner la tête, tendre la paume (Hubert Montagner [24]). Un autre décrit l'imitation « qui n'est pas " une singerie ", mais une induction au jeu et à l'échange » (Pierre Garrigues [25]). Tous ces repères comportementaux permettent de rendre observable comment un enfant séparé de sa mère va se défendre contre l'abandon et se socialiser malgré tout.

Va-t-il solliciter l'affection ou augmenter ses activités centrées sur son propre corps ? ; va-t-il sourire ou éviter le regard ?

Il n'est pas difficile de tracer le profil comportemental de ces enfants et d'en suivre l'évolution. On constate alors que les petits « séparés précoces » (quelle que soit la cause de cette séparation) sont ceux qui résistent le moins au départ de leur mère : ils augmentent leurs activités autocentrées et diminuent les comportements de socialisation qui leur auraient permis de supporter ce départ [26].

A l'inverse, le retour de la personne d'attachement provoque des comportements très différents selon l'histoire directement observée de l'enfant. Une sorte « d'expérience naturelle » a été réalisée dans une institution canadienne où étaient gardés pendant la journée une trentaine d'enfants qui avaient été réellement abandonnés entre deux et six mois. Par la suite, ces enfants avaient été recueillis dans un foyer d'accueil où l'affection qu'il y recevaient avait rapidement réparé leurs troubles.

D'autres enfants, jamais abandonnés, étaient confiés par leurs parents à cette même garderie. L'inévitable départ de la personne d'attachement provoquait les comportements attendus, déjà décrits : les enfants bien familiarisés sucent moins leur pouce, se couchent moins sur le ventre. Ils sollicitent plus les autres, sourient, vocalisent et grimpent sur les genoux des adultes[27].

Au retour de la personne d'attachement, on constate une très nette différence de réactions comportementales : les enfants « séparés précoces » manifestent une gestualité bien plus intense, plus de cris, de sourires et d'étreintes que les enfants familiarisés.

Donc un événement réellement survenu dans l'histoire précoce de ces enfants avait pu créer une aptitude relationnelle, répétable au gré des événements de l'existence.

Supposons que l'on associe cette observation directe à la phrase : « On t'a trouvée dans une poubelle », on peut alors expliquer le sens si différent donné à cette même phrase. En interrogeant les voisins, les familiers ou les témoins que l'on peut considérer comme des observateurs naïfs, on apprend que la dame qui avait été angoissée par la phrase avait connu, auparavant, une histoire faite de ruptures, séparations, ballottages de mains en mains, de foyers en foyers. Sa mère avait été hospitalisée deux mois après sa naissance, la grand-mère, fragile, avait dû se faire aider par de nombreuses gardiennes. Le père, instable, en changeant de métier avait entraîné de nombreux déménagements. Si bien que des événements tels que la crèche, les premiers jours d'école ou les colonies de vacances, réveillaient en elle des fantasmes d'abandon. La phrase, en survenant dans l'histoire chaotique de cette petite fille, servait de métaphore fondatrice à son destin d'abandonnée. Phrase-métaphore par son pouvoir condensateur d'émotion, mais non pas phrase-cause de son destin, comme la patiente le prétendait en racontant son histoire.

L'autre patiente, celle qui avait été libérée par la même phrase, avait connu une première enfance étouffée d'affection : « Ma mère était toujours sur moi... Je n'avais pas le temps de désirer que tout déjà était satisfait. Elle me gonflait. Elle était tellement toujours là que je ne voyais qu'elle et que je ne savais pas qui était moi. J'étais incluse dans son amour. Elle m'emmenait partout. C'est terrible. Je n'ai même jamais pu avoir les genoux couronnés*. »

Cette petite fille gavée d'attentions, engourdie d'affection, ne pourra devenir elle-même et se sentir une personne qu'en s'opposant à ceux qui l'aiment. La phrase prendra pour elle valeur de libération, d'autorisation à devenir elle-même, métaphore fondatrice de son destin de marginale, seul moyen qu'elle avait trouvé pour se personnaliser dans ce monde enfantin anesthésié par la pléthore affective.

Cette introduction a pour ambition d'illustrer une seule idée : les observations qui vont suivre dans ce livre sont fausses. Mais comme elles ont été faites par des observateurs qui savent à quel point l'observation est une création, elles restent « révisionnables » : ce qu'on a vu reste à revoir.

Ceux qui disent : « C'est évident, il n'y a qu'à voir », vivent dans un monde impressionniste. Ils croient observer le monde, alors qu'ils n'observent que l'impression que le monde leur fait.

Nous allons essayer de dévoiler un bout d'attachement, ce lien qui imprègne une part si grande de notre vie quotidienne, que nous avions sous les yeux et ne savions pas voir.

NOTES

1. Launay G. (1983), « Dynamique de population du goéland leucophée sur les côtes méditerranéennes françaises », Parc national, Port-Cros.
2. Eibl-Eibesfeldt I. (1972), *Ethologie. Biologie du comportement*, Éditions Scientifiques, rééd. 1983, p. 120.
3. Tinbergen N. (1975), *L'Univers du goéland argenté*, Elsevier, Bruxelles.
4. Cyrulnik B., *Communications pré-verbales chez les animaux*, Société Internationale d'Écologie, Bordeaux (1987), L'Harmattan (1989).
5. Levi-Strauss C., *Les Structures élémentaires de la parenté*, PUF.
6. Vidal J.-M. (1985), « Explications biologiques et anthropologiques de l'interdit de l'inceste », *in Inceste, Nouvelle Revue d'Ethnopsychiatrie*, La Pensée Sauvage.
7. Scherrer P. (1985), « L'Inceste dans la famille », *ibid.*
8. Changeux J.-P. (1983), *L'Homme neuronal*, Fayard.
9. Freud S. (1877), Prix du bulletin de l'Académie des Sciences (Base de la théorie des neurones), Vienne.
10. Farran J. (1969), *Freud*, Tchou.
11. Frankl V. (1973), *Un Psychiatre déporté témoigne*, éd. du Chalet.

12. SPITZ R. (1953), *La Première Année de la vie de l'enfant,* PUF.
13. WIDLÖCHER D. (1983), *Les Logiques de la dépression,* Fayard.
14. BOWLBY J. (1978), *L'Attachement,* PUF, t. 1.
15. LEBOVICI S. (1983), *La Mère, le nourrisson et le psychanalyste,* Le Centurion.
16. NISBETT A. (1979), *Konrad Lorenz,* Belfond.
17. LORENZ K. (1978), *L'Année de l'oie cendrée,* Stock.
18. LANGANEY A. et ROËSSLI D. (1988), « La Couleur de la peau désirée : mesure d'un fantasme », *in Le Visage : sens et contresens,* ESHEL.
19. PETIT J. et PASCAL P. (1985), Colloque éthologie et naissance (NEC), *in* SPPO (Société de Psychoprophylaxie obstétricale), n° 10, mai 1988.
20. RUSSEL B. (1969), *Signification et vérité,* Flammarion.
21. VON UEXKÜLL J. (1956), *Mondes animaux et monde humain,* Denoël.
22. Idée développée dans le chapitre : « Enfants-poubelles, enfants de prince ».
23. BLURTON-JONES N.G. (1972), *Ethological Studies of Child Behaviour,* Cambridge University Press.
24. MONTAGNER H. (1978), *L'Enfant et la communication,* Stock-Pernoud.
25. Collectif (1985), *Le Jeu, l'enfant,* ESF.
26. PETITCLERC L. et SAUCIER J.-F. (1985), *in Ethologie et développement de l'enfant,* Stock-Pernoud.
27. TIZARD B. (1975) *Early Chilhood Education,* Windsor, N.F.E.R.

PREMIÈRE PARTIE

LA MÈRE

LA VIE AVANT LA NAISSANCE

Je n'ai jamais entendu dire : « Mon fœtus adoré. »

Le mot « fœtus » en latin réfère à l'œuf, aux membranes, à l'embryon vivipare.

« A partir de quand un fœtus devient-il une personne ? » Au quatorzième jour, quand l'œuf se plante et s'amarre à la paroi utérine ? Après la quatorzième semaine, quand les cellules s'organisent en tissus puis en organes ? Quand il bouge ? Quand il parle ?

Les biologistes ne savent pas dater la naissance d'une personne. Ils peuvent dire que l'individu naît et meurt mais que la vie, elle, ne s'interrompt jamais. Lorsque les cellules sexuelles se rencontrent pour inventer un enfant, elles sont vivantes. Seul l'individu qui résulte de cette rencontre va naître et mourir. Ses cellules sexuelles vont se poursuivre à travers d'autres. Les individus meurent. Pas la vie.

Le bébé est imaginé avant d'être perçu, parlé avant d'être entendu.

L'apparition du sentiment de personne se construit lentement : le bébé est imaginé avant d'être perçu, parlé avant d'être entendu.

Jusqu'au XIXe siècle en Europe, la mort des enfants se produisait si fréquemment que le baptême dans l'utérus préoccupait beaucoup les gens. Lorsqu'un bébé mourait avant qu'on ait eu le temps de le baptiser, les parents devaient jeter le petit corps, l'enfouir en terre non consacrée, dans un trou n'importe où. La vie, si fragile en ce temps-là, rendait le baptême urgent ; certains souhaitaient qu'il ait lieu avant la naissance. Ils cherchaient à le baptiser dès qu'il « tombait dans le monde », au moment où il devenait accessible à l'homme extérieur, en pointant un bout de son crâne à travers le col dilaté de l'utérus de sa mère. Le rite devenait alors réalisable : le prêtre pouvait répandre de l'eau sur une partie nue du corps en prononçant les mots du sacrement : « Enfant, je te baptise, au nom du Père et du Fils et du Saint-Esprit. » Pour d'autres en revanche, comme saint Thomas, il fallait que « l'enfant naisse à la vie physique avant de naître à la grâce divine [1] * ».

Déjà au Moyen Age, certaines accoucheuses avaient tenté d'aller à la rencontre du bébé dans l'utérus en y introduisant des roseaux ou des canules. Au XIXe siècle, on a fabriqué des entonnoirs très fins qui permettaient de faire couler de l'eau consacrée sur le bébé encore dans le ventre de sa mère. Cette invention du très croyant docteur Verrier, en 1867, permettait, en cas de mort, d'offrir au bébé une sépulture chrétienne.

Au cours des siècles, l'image du fœtus a changé de formes. L'art chrétien du Moyen Age représentait des vierges enceintes, le bébé Jésus à genoux dans le ventre de sa mère, en prière ou en majesté, revêtu de son auréole et de vêtements somptueux [2].

Quand Giotto, au XIVe siècle, peint une Nativité, le nouveau-né est torsadé dans des bandelettes afin de raidir ses jambes et combattre ainsi l'animalité qui aurait pu le faire marcher à quatre pattes. Il se tient la tête et regarde intensément la Vierge en lui souriant. De nos jours, un macho qui

* Les notes du chapitre commencent p. 44.

ignore tout du bébé sait qu'un nouveau-né est incapable de ce genre de performance musculaire.

Léonard de Vinci, dès le XVIe siècle, a dessiné des bébés anatomiques, avec une grosse tête et dans la position fœtale. L'observation est devenue plus naturelle avec Georges de la Tour : la mère soutient la tête du bébé aux yeux clos. Ce n'est que récemment que les dessins du fœtus dans l'utérus traduisent des observations anatomiques, avec la charpente osseuse du bassin féminin encadrant un gros bébé, tête en bas. Le dessin reste encore très idéalisé, car les bébés sont soigneusement peignés et leurs boucles blondes frisottent sur leur front d'angelot.

En 1964, nous avons pu voir les premières images d'un embryon dans l'utérus [3]. Extorquées par nos capteurs modernes, elles confèrent au fœtus une représentation qui dépend de nos techniques et, par là même, de l'organisation de la société où se produit l'observation.

L'échographie donne une image bouleversante du bébé dans le ventre et en modifie nos représentations. Nous ne pourrons plus jamais imaginer un bébé auréolé dans le ventre de sa mère. Aujourd'hui, nous observons dans l'utérus un fœtus qui suce son pouce quand sa mère est fatiguée, qui avale un peu de liquide amniotique, qui tète et goûte le cordon ombilical quand elle se met à chantonner.

Ainsi observé, l'objet n'est plus exclusivement fondé sur l'idée qu'on s'en fait. Il résulte d'un processus d'observation en deux temps : l'observation d'approche, dite naïve, où l'observateur se laisse baigner par les informations qui circulent entre le fœtus et lui-même. Puis, l'observation dirigée, dite expérimentale, où l'observateur choisit un *item*, un petit bout de comportement, pour l'enregistrer dans certaines conditions définies. Ce document sera analysé en laboratoire pour en décrire la forme et le développement. Puis on fera varier les conditions d'enregistrement pour en comprendre la fonction et les causes de changement.

C'est de ce fœtus éthologique que je voudrais parler. Le ventre des femmes a toujours été un mystère, magique et démoniaque. Il fait des enfants et perd du sang, il donne du plaisir et emprisonne. Ce lieu des femmes qui produit l'orgasme et d'où sortent les enfants possède le pouvoir fantasmatique de détruire et dévorer, comme le vagin acide, corrosif, imaginé par tant d'hommes qui ont peur de ce pouvoir féminin.

Le « continent noir de la sexualité féminine » dont parlait Freud, est aujourd'hui envahi par les explorateurs. Les spéléologues des gouffres féminins y pénètrent, se faufilent, envoient des capteurs, des sondes, des hydrophones, des caméras et des projecteurs. Jamais le ventre des femmes n'a été tant visité... et le continent noir s'éclaire.

Depuis qu'il est considéré comme un objet de science, ce ventre révèle un monde encore plus fantastique que celui inventé par nos plus folles images. Et l'incroyable découverte de ces Christophe Colomb fut de démontrer que les embryons deviennent très tôt des petites personnes. A mesure qu'on connaissait la communication avec ces bébés, il devenait impossible de prononcer le mot fœtus. Les chercheurs en ce domaine ont fini par employer l'expression « bébé dans le ventre », sans s'être concertés. Quand, vers leur vingt-cinquième semaine, on arrive à communiquer avec des êtres qui se comportent, agissent et réagissent aux odeurs, aux paroles, aux chansons, aux émotions, on ne peut plus les nommer d'un mot biologique.

Les bébés sont compétents bien avant de naître. Ils sont équipés d'une organisation neuropsychologique qui les rend aptes, avant toute expérience, avant tout apprentissage, à percevoir, traiter et structurer les informations venues de leur environnement.

La découverte récente de ce petit peuple du continent noir provoque beaucoup d'émotion et pose de nouvelles questions. La représentation qu'on se fait du bébé dans le ventre ne peut plus être imagée comme un christ auréolé, ni comme un produit biologique. C'est d'un autre bébé qu'il nous faudra parler.

Le milieu dans lequel se développe l'embryon n'est pas

toujours facile a observer. Mais la nature offre les œufs, véritable préparation de milieux embryonnaires hors de la mère, donc plus commodes à étudier et manipuler. Ce qui caractérise ces milieux, c'est qu'ils sont tamponnés, enveloppés de couvertures liquides ou gélatineuses, de parois musculaires ou calcaires. Ce petit monde qui les entoure constitue le milieu écologique dont ils ont besoin.

Pourtant, ce monde embryonnaire n'est pas clos, il communique avec le monde extérieur. Cette notion a permis de proposer l'hypothèse suivante : l'histoire du bébé commence bien avant sa naissance. Les informations perçues par l'embryon participent à son développement.

L'histoire du bébé commence avant sa naissance.

L'éthologue Niko Tinbergen [4], en s'intéressant au petit goéland, avait observé l'éclosion des œufs sur une plage hollandaise. D'abord une fêlure sur la coquille que le poussin frotte avec le dos de son bec. Il l'use par la face interne et finit par faire un trou dans la partie supérieure de l'œuf. Ce qui signifie que le poussin doit tourner sur lui-même à l'intérieur de l'œuf pour prendre la posture la plus adéquate à l'éclosion.

A la sortie, ses parents le couvent jusqu'à ce que le plumage devienne lisse et duveteux. Quand ils ne peuvent protéger le petit, les plumes s'agglutinent et le poussin meurt. Ce qui est frappant c'est que dès sa naissance, le petit goéland se dirige vers les parents qui l'ont couvé, vers ce père-là et cette mère-là qui forment un couple stable, attaché à un territoire où ils se relaient pour donner des soins au petit.

Par quel mystère le petit se dirige-t-il vers ses « vrais » parents ? Comment fait-il pour les reconnaître alors qu'il vient tout juste de sortir au monde ?

A peine hors de l'œuf, le petit goéland tape sur la tache rouge du bec de son père, ce qui provoque la régurgitation d'un plateau de fruits de mer tiède, prédigéré, adapté à ses besoins alimentaires.

De cette observation naïve en milieu naturel, dans le silence des matins de juin, sur les plages de Hollande, Niko Tinbergen a soulevé une question qui allait stimuler de nombreuses recherches sur les bébés humains : le poussin reconnaît, dans l'heure qui suit l'éclosion, le cri de ses parents! il s'immobilise au premier cri de sa mère. La catalepsie ainsi provoquée est si parfaite qu'il se confond avec les rochers, au point qu'on risque de lui marcher dessus. Au premier appel de sa mère, il se réveille et accourt en titubant, alors qu'il ne réagit pas aux cris d'appel des autres adultes.

Plusieurs observations expérimentales ont amorcé quelques réponses à ces questions posées par les poussins [5]. Le développement d'un embryon de canard dure vingt-sept jours, or, dès le quinzième jour dans l'œuf, il répond par des vocalises et des changements de posture aux émissions vocales de la femelle qui le couve. Et même il répond aux autres canetons qui vocalisent dans les œufs voisins.

Le calendrier de ce développement audio-phonatoire se développe toujours de la même manière. Il dépend de la vitesse de maturation du système nerveux, ce qui n'empêche pas l'environnement de faciliter ou d'entraver le développement de ce programme. Ainsi, un œuf de cane, placé en couveuse insonorisée, émet des sonorités vocales bien plus tardives qu'en milieu naturel, alors qu'un œuf de même couvée, placé dans un milieu riche en sonorités, répond plus tôt que dans les conditions habituelles de couvaisons [6].

Ces œufs nous invitent à travailler les mêmes hypothèses chez les bébés humains en usant des mêmes moyens d'observation.

Nous avions organisé sur l'île des Embiez [7] près de Bandol, un colloque international où nous avions invité quelques-uns des chercheurs les plus avancés dans le domaine de l'éthologie autour de la naissance.

Les travaux étaient groupés en trois thèmes :

– Les interactions intraliquidiennes, dans l'utérus ;

– Les interactions aériennes, tout de suite après la naissance ;

– Les interactions fantasmatiques : les tout premiers gestes qui se fondent sur les représentations inconscientes de la mère et qui induisent certaines réactions du bébé.

Il tombait ce jour-là une pluie tropicale comme il en tombe parfois dans le Var. Cette contingence météorologique est importante parce qu'elle change la nature des communications d'un congrès. Il y a bien sûr les communications officielles, celles qu'on a préparées dans son bureau. Il y a surtout les communications spontanées, celles qu'on exprime autour d'une table ou lors d'une promenade et qui laissent percevoir le fondement inconscient d'un travail scientifique.

Ce matin-là, un exposé sur l'observation de certaines communications avec les bébés dans le ventre [8] nous avait montré et fait entendre comment ces bébés perçoivent des paroles et non pas des sonorités : nous venions de comprendre la compétence linguistique des bébés dans l'utérus.

C'était passionnant, au sens où la passion enflamme les idées, d'autant que leur talent d'orateur se mêlait aux sonorités intra-utérines [9] recueillies sur un magnétophone, et aux images filmées des changements de posture et des réactions cardiaques.

Nous avions tous le sentiment de découvrir un continent nouveau. J'éprouvais ce qu'on éprouve quand survient un événement heureux : un sentiment d'immensité et de douceur.

Il pleuvait si fort que nous avons dû rester dans le couloir. Je me suis assis auprès du psychanalyste Bernard This [10], juste pour l'entendre dire : « C'est du nazisme. Leurs expériences rappellent les expériences des médecins nazis ! »

Bernard This parlant de nazisme, là où j'éprouvais un sentiment d'intense douceur ! Lui dont le visage respire la bonté avec un zeste d'illumination, lui qui se lève lorsqu'une femme enceinte entre dans son bureau et dit : « Bonjour madame... bonjour bébé », lui qui participe aujourd'hui aux applications cliniques de ces découvertes sur la compétence précoce des bébés ! Comme tout le monde il a eu l'angoisse de la connaissance, le choc de la révélation. Maintenant, il y participe.

Le bébé compétent est né en 1970 dès qu'on a pensé le bébé autrement. Ce n'était plus la « bonne ou la mauvaise graine » du XIXe siècle qui pouvait pousser bien ou mal, comme si un enfant avait pu se développer sans milieu, sans famille ni contraintes sociales. Cette idée du « bébé graine » a follement bien germé dans les années 30 avec le bébé des racistes qui croyaient que les processus de la bonne graine constituaient la race supérieure.

Après la défaite nazie, il a bien fallu donner la parole à l'environnement. Le bébé a été vu comme une « cire vierge », sur laquelle le milieu pouvait inscrire n'importe quelle histoire. Cette hypertrophie de la culture a répandu l'idée d'un homme entièrement déterminé par son milieu. Après le roseau pensant, le robot pensé : un homme au carrefour des pressions extérieures, sans autonomie ni interprétations personnelles.

Depuis les années 70, le bébé n'est plus une bonne graine, ni une cire vierge.

Depuis les années 70, le bébé n'est plus une bonne graine, ni une cire vierge. On lui découvre des activités spontanées dès sa naissance, et l'on observe la manière dont ce bébé actif influence son entourage. On décrit des « patrons de comportement », comme un patron de couture, qui montrent comment un geste s'exprime et déclenche certaines réactions de l'entourage : l'état de vigilance du bébé modifie le comportement maternel [11]; le premier sourire du nouveau-né est déclenché par l'électricité de son sommeil rapide [12]. Le nourrisson ne dispose que de quelques heures d'éveil chaque jour pour mettre en place les comportements spontanés qui vont agir sur son entourage humain, qui lui-même ne dispose que de ces mêmes moments pour décoder le geste et se mettre en harmonie avec le petit [13].

Cette nouvelle manière d'envisager le bébé a permis de filmer des jumeaux dans les bras de leur mère et de les observer trois années durant dans la même situation [14]. La mère dit que son émotion est différente pour chaque jumeau : facile pour Robert, étrangement difficile pour Rudy avec qui elle ressent une impression de contrainte, de fatigue et d'ennui. Trois années plus tard, il faudra bien reconnaître que Rudy souffre d'autisme infantile. Le passage des films au ralenti ainsi que l'analyse des séquences de comportement ont montré avec évidence que, dès les premières semaines, Robert ajustait son corps dans le creux du bras de sa mère, soutenait son regard et répondait à ses sollicitations vocales. Tandis que Rudy rejetait la tête en arrière en se raidissant, évitait le regard, n'ajustait pas ses postures contre sa mère et ne répondait pas à ses invites, créant ainsi, par cette interaction très précocement troublée, un sentiment d'ennui et de grande fatigue.

Au même moment de son histoire, sur le même corps maternel, Robert avait fait de sa mère une bonne mère, gaie, attentive et légère, alors que Rudy avait transformé cette femme, en mère de devoir ennuyée, fatiguée, pensant à autre chose.

C'est cette mère-là qui avait été décrite en 1943 à propos des « mères d'enfants autistes [15] » : cet enfant-là, sur cette femme-là avait fait de sa mère une mère d'enfant autiste telle qu'on l'observe régulièrement.

Avant 1970, il ne venait à l'esprit d'aucun chercheur de se servir des magnétophones, caméras, papier crayon pour vérifier une hypothèse. Ils fondaient leurs recherches sur des postulats imaginaires : « D'un sujet sans parole on ne peut faire que l'exploration biologique. Puisque le bébé ne parle pas, il ne peut pas communiquer. » Or, il fallait simplement employer son « langage », découvrir ses canaux de communications sensoriels.

Et, grâce aux capteurs techniques, la communication s'est établie avec des bébés de plus en plus jeunes : notamment, la communication auditive commence vers la vingt-septième semaine [16].

Avant sa naissance, le bébé vit dans un espace confiné. L'utérus exerce une pression constante sur son dos, ses fesses, et sa nuque : cet ajustement postural, comme un fruit dans un paquet, explique la position fœtale. Sur ce fond de tension permanente, l'utérus par moments se contracte et envoie dans le dos du bébé un massage postural. Ce tact cutané postérieur constitue la première voie de communication sensorielle chez tous les mammifères [17].

La grotte utérine est sombre, chaude, parfumée et sonore.

La voie visuelle intra-utérine est difficile à explorer. Toutefois on peut penser que la grotte utérine est sombre et que les entrées visuelles y sont faibles : de simples variations lumineuses traduites en couleurs sombres et rouges. Et pourtant, dès leur naissance, les prématurés fixent du regard et suivent le déplacement d'un objet, à condition qu'il soit mobile, brillant et distant de 20 cm.

Pourquoi faut-il alors que notre culture parle d'un bébé aveugle ? Ce mythe dit que le bébé n'accède à la vision qu'après plusieurs semaines d'existence. Il faut que l'entourage s'accoutume à sa présence, en tant qu'être vivant dans le réel, sous le regard des adultes, pour qu'on ose penser que le bébé est un être qui sait voir.

La communication par l'odorat existe probablement dans l'utérus. Les récepteurs chimiques se différencient très tôt, au cours du développement de l'embryon, juste après le tact. Les embryologistes donnaient cette information depuis 1975 [18], mais nous n'avions pas les moyens d'en faire une observation comportementale.

Récemment, nous avons appris que les molécules d'un parfum radio-marqué, respiré pendant les dernières semaines de sa grossesse par une rate enceinte, franchissaient facilement la barrière du placenta [19]. Le compteur Geiger crépitait devant le liquide amniotique, prouvant ainsi que la molécule de parfum circulait dans l'utérus. Sachant que tous les mammifères placentaires doivent obligatoirement passer une période de leur développement dans un milieu liquide intra-maternel, nous avons avancé l'hypothèse d'une communication odorante à l'intérieur de l'utérus.

Nous avions pu observer à l'échographie comment un fœtus suçait son pouce ou attrapait le cordon ombilical pour le téter dès que sa mère parlait ou chantonnait. Nous savions que l'enfant déglutissait quand il percevait la voix de sa mère. Et quant à la gelée bleuâtre (le méconium) que les mammifères défèquent après leur naissance, elle nous prouvait qu'ils avaient avalé cette soupe intra-utérine.

Pour diriger une observation sur ce thème, nous avons enquêté auprès des accouchées marseillaises en leur demandant si elles avaient mangé un aïoli en fin de grossesse. Quand elles confirmaient, nous leur demandions de toucher la langue du nouveau-né avec une tétine parfumée à l'aïoli. Les bébés marseillais ont presque tous léché cet aïoli en manifestant des mimiques de plaisir. Alors que les nouveau-nés parisiens n'ont fait que des grimaces de dégoût.

Cette observation nous permet d'avancer que les fœtus connaîtraient une expérience culinaire intra-utérine puisque, dans les heures qui suivent la naissance, les nouveau-nés marseillais ont réagi différemment des nouveau-nés parisiens. La culture culinaire de la mère a formé leur goût, alors qu'ils étaient encore à l'intérieur de son utérus.

L'acculturation des bébés commencerait donc avant leur naissance. Mais cette nuance culturelle, cet ajustement du goût du fœtus à la culture ambiante, n'exclut pas un fort programme commun de tous les bébés du monde. Comme l'a montré le film des mimiques faciales de nouveau-nés, quand on a déposé sur leur langue une goutte d'eau sucrée, puis une goutte d'eau amère [20]. Le résultat n'a pas été trop difficile à interpréter : tous les bébés ont dégusté l'eau sucrée en souriant, alors que l'eau amère a provoqué des grimaces d'aversion.

Les bébés confirment l'idée éthologique qu'il existe chez les êtres vivants un programme commun biologique dont l'acculturation commence dans l'instant où il se met à fonctionner.

Chez les animaux, les structures anatomiques se mettent en place bien avant leur entrée en fonction.

Si les voies auditives des prématurés humains sont loin d'être achevées quand ils viennent au monde, ils entendent pourtant très bien. Ils commencent à marcher bien avant que les nerfs qui commandent aux muscles soient terminés. Ils parlent bien avant l'achèvement de leur cerveau.

La communication sonore intra-utérine touche au problème de la transmission liquidienne d'un son. Or, l'eau est un excellent conducteur. Les animaux marins n'ont pas besoin d'individualiser une oreille externe, avec un pavillon et des baguettes pour tambouriner sur la membrane de l'oreille interne... pleine de liquide. L'eau réduit l'intensité des transmissions sonores, rend les sons plus graves et les traduit en pressions liquidiennes, comme des vagues plus ou moins fortes touchant le corps de l'animal récepteur [21]. Pour l'animal marin, une sonorité forte se traduit par une poussée forte sur son corps et sa tête.

Les bruits cardio-vasculaires de la mère, enregistrés par un minuscule hydrophone intra-utérin introduit chez une brebis quelques semaines avant le terme, y sont à peine perçus, contrairement à la récitation habituelle : « Vous allez entendre les bruits du cœur de la mère et ses borborygmes. » Cette représentation de la mère sous forme de viscères, cœur et intestins, n'a pas été confirmée. Seuls le son du placenta et les bruits extérieurs ont été recueillis dans l'utérus!

Dans l'utérus, on perçoit un bruit de fond grave et peu intense, comme un souffle sourd avec plusieurs sonorités qui en émergent. C'est le souffle du placenta qui envoie dans l'utérus le bruit du cœur maternel. Près du placenta, tête du fœtus en haut, on recueille comme un vent de force 8 dans les haubans (tempête); loin du placenta, tête en bas, on recueille un vent de force 4 (bon vent); quelques borborygmes peu signifiants, et le bruit du monde extérieur autour de l'utérus, autour de la mère, comme un ronronnement sourd, doux et grave [22].

Il existe donc un univers sonore dans l'utérus des femmes enceintes. Le bébé reçoit ces bruits organisés sous forme de sonorités traduites en pressions contre son corps et contre le liquide de son oreille interne.

La méthode éthologique oblige à constituer un pointillé d'observations. Il faut associer, tresser, autour d'une trame logique, des énoncés d'observations. Le résultat de ces observations sera différent selon les techniques. Quant aux formations variées des observateurs elles produiront aussi des faits différents.

La voix maternelle passe très nettement au-dessus du bruit du placenta. Moins sonore, moins aiguë que celle que nous entendons dans les conditions aériennes, c'est elle qui se distingue le mieux parmi les autres bruits de l'univers sonore utérin.

Les voix de ceux qui parlent autour de l'utérus se confondent avec le bruit moyen de la conversation et passent à peine au-dessus du bruit du placenta. On entend les voix d'hommes et de femmes, douces et graves, à peine différentes du bruit de fond de l'utérus.

Déjà dans l'utérus le bébé traite de la parole.

Le bébé dans l'utérus établit avec la voix de sa mère une relation privilégiée. Mais le plus invraisemblable c'est qu'il n'établit pas cette relation avec une sonorité vocale ni une stimulation purement mathématique (hauteur, fréquence, intensité). Déjà dans l'utérus, il traite de la parole!

Certains moyens très simples permettent de savoir ce qu'il a entendu. Toute mère sait que son bébé sursaute lors d'un grand bruit, mais il ne s'agit là que d'une stimulation physique à laquelle le bébé réagit. Ce qui est autrement surprenant c'est que le bébé accélère son cœur lorsque sa mère chante une comptine et qu'il change de posture quand elle prend la parole.

Dans le cadre d'études sur la mémorisation des bébés [23], les fréquences cardiaques enregistrées du petit révèlent une accélération en début de discours maternel. Mais lorsque la mère répète la même phrase, on note une habituation : le bébé est moins émotionné par ses paroles, alors que tout changement de phrase accélère à nouveau le rythme du cœur.

Là aussi, l'apparition récente de l'échographie apporte des images bouleversantes. Quand la mère parle, le bébé cligne des paupières, change de posture et se met à sucer son pouce ou son cordon ombilical. Cette réaction comportementale complexe permet de rendre visibles à l'intérieur de l'utérus les éléments de parole qui stimulent le bébé.

Des travaux réalisés chez des nourrissons âgés de quatre à six semaines [24] ont montré que certaines organisations parolières sont plus stimulantes que d'autres : les consonnes occlusives sonores comme B/P/ ou D/T/ provoquent les réactions les plus vives. Les syllabes complexes comme BAD/BAG augmentent les succions beaucoup plus que DAB/GAB moins stimulantes. Des psycholinguistes [25] ont remonté le temps et observé la compétence linguistique des fœtus. Dès la vingt-septième semaine de sa vie intra-utérine, le bébé s'éveille et gambade quand il reçoit une information sonore organisée comme un morceau de parole. Il perçoit bien sûr des stimulations sonores physiques, mais surtout, il répond par des réactions végétatives et comportementales à certains phonèmes, à certaines organisations parolières qu'il perçoit mieux que d'autres : l'intonation de la voix, l'accent tonique, la prosodie, le contour musical de la phrase, participent à la constitution de cet objet sonore. Il faudra plusieurs mois de vie relationnelle après sa naissance pour que le petit enfant donne une signification à cet objet sonore. L'information très nouvelle apportée par les bébés, c'est qu'ils traitent la parole maternelle : ils y répondent, sont stimulés et surtout, ils se familiarisent avec elle.

J. Feijoo, un des premiers chercheurs dans ce domaine, ne possédait qu'un vieux disque dans l'environnement familial de sa femme enceinte : c'était *Pierre et le loup* [26]. La séquence du basson est célèbre à cause de son intensité et de l'abondance des fréquences basses. Il se trouve qu'elles pénètrent très bien dans l'univers sonore de l'utérus.

Le bébé gambadait dans son univers utérin quand Feijoo passait *Pierre et le loup*. Après la naissance, il s'agitait, augmentait ses succions et tournait sa tête vers cette musique familière, alors que Bach ou Brassens le laissaient indifférent.

Des bébés japonais dont la vie intra-utérine s'est déroulée près de l'aéroport d'Osaka [27], s'apaisent très facilement dans un univers sonore d'avions, alors qu'ils deviennent insomniaques dans un univers silencieux.

Il ressort de ces observations artisanales que le bébé, pendant les trois derniers mois de sa vie intra-utérine, perçoit la parole maternelle, se familiarise avec la musicalité de cette voix et entend certaines caractéristiques sonores du monde extérieur.

Ces petites conclusions soulèvent une foule de questions fondamentales.

Dans les années 80, de telles publications avaient provoqué autant de plaisir que d'hostilité : « De quel droit troublait-on le repos du fœtus ? C'est très dangereux ! De toute façon, il ne peut pas entendre [28] ! » Puis ces objections ont été discutées, ce qui participait du processus scientifique. Mais tout n'est pas scientifique dans le processus scientifique ; l'homme de science n'est pas que science, il est homme aussi. Globalement, ces critiques soulignaient que les bébés ne pouvaient pas entendre puisque le feutrage de l'oreille aérienne du tympan et des osselets l'empêchait de fonctionner. De plus, « c'était dangereux ».

Elles me rappelaient l'histoire du Christ auréolé à genoux et en prière dans l'utérus de Marie. Pour qu'on ne se sente pas responsable d'un bébé, il importe qu'il soit aveugle, sourd et non baptisé. Dès qu'il nous voit, nous entend et porte un nom il devient une personne à laquelle on s'attache. L'effet déresponsabilisant de la biologie permet la mise à distance, alors qu'il est angoissant de s'attacher à quelqu'un d'aussi faible et dépendant qu'un nouveau-né.

1980, c'était aussi l'époque où l'on commençait à parler des « mères porteuses ». Le choix de ce terme est très significatif du contre-transfert de l'objet de science. Moi qui croyais que toutes les mères étaient porteuses, je découvrais alors que certaines femmes seulement pouvaient être mères alors que d'autres n'étaient que porteuses. C'est dire qu'on n'envisage de la femme que la cavité qui va porter un bébé. On ne considère pas la personne porteuse qui risquerait de s'attacher au bébé, on ne s'intéresse qu'à la mécanique maternelle. D'ailleurs, on parle d'utérus de location pour neuf mois, comme on parlerait de vagin de location pour quelques minutes. Dans cette représentation de la mère partielle-mécanique, le bébé aussi doit être partiel-biologique.

Moi qui croyais que toutes les mères étaient porteuses.

L'objet de science, c'est l'utérus et sa capacité de porter un bébé biologique. Le contre-transfert de cet objet de science consiste à mettre cette technicité au service de la névrose d'une mère porteuse.

Une jeune femme de vingt ans souhaitait porter un enfant pour sa mère. Ce projet la remplissait de bonheur. Sa mère, divorcée, vivait avec un deuxième conjoint, stérile. La fille, mariée elle aussi, a proposé son utérus à sa mère. Techniquement, pas de problème. Mais psychologiquement, que signifiait ce désir de porter un enfant pour sa mère ? « J'aimerais tant faire un enfant à ma mère », disait cette jolie jeune femme. La mère et la fille étaient le vrai couple. Les autres, les hommes, n'avaient que la fonction de planteurs d'enfants et de gagneurs de paye. Il ne restait aux maris qu'un rôle instrumental et financier.

L'amour qui se prolonge par un désir d'enfant organisait la vie des deux femmes. La prouesse technique des médecins se mettait au service de l'inconscient de ces femmes.

Pourquoi pas ? La technique n'est que technique. Elle prend sens dès qu'un homme l'intègre dans son existence. La grande inquiétude que soulève l'insémination artificielle concerne le développement affectif de l'enfant à naître alors qu'on ne se pose pas ce problème lors de l'insémination naturelle. On entend souvent dire : « Quelle identité se développera en lui le jour où il saura qu'il a été planté dans un utérus mercenaire... Ce passage d'un utérus de location à des bras pleins d'amour sera-t-il traumatisant ? » alors que cette question ne nous vient pas en tête quand n'importe quel homme, avec n'importe quelle femme, fait n'importe quel enfant par des voies naturelles.

Les techniciens de la fécondation vont plus vite que l'évolution des mœurs. Ils nous posent des questions fondamentales, donc angoissantes. D'autant que ce sont des vétérinaires, des éleveurs d'animaux et des manipulateurs de matière sexuelle qui sont à l'origine de ces découvertes.

L'âme en prend un coup, un coup bas même. La matière, l'excrément sexuel occupent dans l'utérus la place du Christ auréolé. Le pistolet injecteur de sperme, le tuyau aspirateur d'ovule, la tubulure de verre, l'utérus porteur, mettent en place dans l'imaginaire collectif une Vierge Marie au col dilaté, une maculée conception, une reproduction sexuelle composée d'organes, d'abats, d'orifices et de sécrétions facilitant l'aspect trombone à coulisse de la rencontre amoureuse.

L'image biblique de la production sexuelle avait bien changé ! depuis l'accouchement sans douleur, la pilule, l'avortement et les progrès des spécialistes en cavités féminines. Le sexe devenait jeu. Cette fois, c'est la vie intra-utérine et la manière d'être parents qui va s'imaginer différemment et se parler avec d'autres mots. La représentation de la parenté quitte aujourd'hui le sacré pour tomber dans le trivial.

A Chicago, la Seed Brothers Company, spécialisée dans la reproduction animale, monte une société de reproduction humaine, Memorial Health Services, qui réalise le commerce des embryons humains. Cette procédure, légale en Californie, Floride et Alaska, coûte 5 000 dollars pour la prestation médicale (prélèvement, banque de sperme, fécondation, transplantation, surveillance), et 7 500 dollars pour la simple rédaction du contrat entre le demandeur et la porteuse [29]. Ce qui signifie que la technique d'insémination artificielle est déjà moins cotée en bourse que l'enregistrement du contrat.

Cette technicité qui dévalue le biologique donne naissance à l'enfant fantasmatique. Avant de naître il est chargé de mission. Mais il ne doit plus assurer la retraite de ses parents, il lui faut désormais incarner leurs fantasmes : « Cette petite fille aux yeux verts, et aux longs cheveux noirs, je la désire ainsi parce que si j'avais été belle comme elle je me serais servi de ma beauté pour les faire souffrir, ces hommes haïs. Plaire pour détruire, voici la mission que j'assigne à ma fille *. »

L'enfant raccommodeur de couple, l'enfant « pour montrer à ma mère que je suis capable d'avoir un enfant sans avoir de mari * », l'enfant « forçat du bonheur parce que moi je suis incapable de la moindre jouissance * », l'enfant condamné à réussir « parce que mon élimination de l'école a toujours été l'humiliation de ma vie * », donne au bébé un statut de réparateur de fantasmes.

La science et le commerce se mettent au service de nos fantasmes. Mais en quoi nos lois naturelles seraient-elles plus morales que nos moyens techniques ? La médecine a toujours lutté contre la plus naturelle des lois : la mort. Les prêts d'utérus étaient fréquents au Moyen Age où l'on ne parlait pas de lois naturelles. La Bible évoque cette solution : « La femme d'Abram, Saraï, ne lui avait pas donné d'enfants, mais elle avait une servante égyptienne nommée Agar, et Saraï dit à Abram : “ Yavhé n'a pas permis que j'enfante. Va donc vers ma servante. Peut-être obtiendrai-je par elle des enfants. ” Et Abram écouta la voix de Saraï [30]. »

Porter ce débat en place publique, c'est créer un événement culturel passionnant. Mais une place publique n'est pas plus compétente qu'une place privée. Notre culture, centrée sur l'enfant-roi, exprime souvent que l'enfant a le droit d'être considéré comme une personne et non pas comme l'objet des fantasmes parentaux : connaissez-vous un seul enfant qui ne soit né des fantasmes de ses parents ?

Le plus surprenant, c'est que les études longitudinales, celles qui observent les histoires de vie, révèlent que les biographies d'enfants chargés de mission, ces enfants préférés, sont souvent plus difficiles et plus dangereuses que celles des enfants non désirés [31] !

La démarche scientifique s'oppose à la stéréotypie qui dit que les enfants non désirés se développent mal.

Le simple fait de poser la question autrement a rendu observable la vie intra-utérine. Le bébé cesse d'être un produit biologique ou un bâton de vieillesse. Il devient une petite personne très soumise à nos fantasmes. Ce qui ne rend pas sa vie plus facile.

NOTES

1. GELIS J., LACET M., MOREL M.F. (1978), *Entrer dans la vie*, Julliard.
2. CHARVET F. (1985), *Environnement de la naissance*, Vigot.
3. EDELMAN (1964), Congrès d'obstétrique de Monaco.
4. TINBERGEN N. (1975), *L'Univers du goéland argenté*, *op. cit.*
5. GOTTLIEB G., KUO Z.Y. (1965), « Development of Behavior in the Duck Embryo », *J. Comp. Physiol. Psychol.*, n° 59, pp. 183-188.
6. GUYOMARCH' J.-C. (1980), *Abrégé d'éthologie*, Masson.
7. PETIT J. et PASCAL P., *NEC : Naissance et Communication*, Toulon.
8. Exposé de Querleu D., obstétricien, et Busnel M.-C., directrice de recherches au C.N.R.S. en acoustique, au colloque « Éthologie et naissance », Toulon-Les Embiez, 1985.
9. QUERLEU D., RENARD X., VERSYP F. (1985), « Vie sensorielle du fœtus », *in Environnement de la naissance*, Vigot.
10. Médecin-psychanalyste, auteur de plusieurs ouvrages, dont *Le Père : acte de naissance*, Le Seuil, 1980.
11. HUTT et PRECHTL (1969), cf. HUTT C. et HUTT S.T., « Stereotypies and their Relationship of Autism », *in Behaviour Studies in Psychiatry*, Pergamon, Oxford, 1970.
12. WOLFF (1965) et EMDÉ (1976), cf. WOLFF (1963), « Observations of the Early Development of Smiling », in *Determinants of Infants Behaviour*, vol. 2, Wiley, New York.
13. POMERLEAU A. et MALCUIT G. (1983), *L'Enfant et son environnement*, Mardaga.
14. STERN D.M. (1971), « A Micro-Analysis of Mother-Infant Interaction », *J. Am. Acad. Child Psychiatry*, n° 10, pp. 501-517.

15. Observation réalisée par KANNER (1943).

16. Observation réalisée par BUSNEL M.-C.

17. SCHAAL B. (1987), « Discontinuité natale et continuité chimiosensorielle : modèles animaux et hypothèses pour l'homme », *in Ethologie et naissance,* mai 1985, S.P.P.O., Société de Psychoprophylaxie obstétricale, n° 109, mai.

18. Notamment BRADLEY.

19. Observation réalisée par Poisson (1985).

20. MELTZOFF A.N. et MOORE M.K. (1977), « Imitation of Facial and Manual Gesturies by Human Neonates », *Nature*, 282, pp. 403-404.

21. LEROY Y. (1984), *L'Univers sonore animal*, Gauthier-Villars.

22. QUERLEU D. et RENARD X., *op. cit.*

23. BUSNEL M.-C., HERBINET E. (1982), « L'Aube des sens », *Cahiers du nouveau-né*, Stock, n° 5. Travail repris et précisé par LECANUET J.-P., DEFERRE C. et BUSNEL M.-C. (1987), « Familiarisation prénatale aux signaux de parole », *in Connaître et le dire*, Bruxelles, Mardaga.

24. MEHLER J., BERTONCINI J., BARRIÈRE M. et JASSIK-GERSCHEMFELD D. (1978), « Infant Recognition of Mother's Voice », *Perception*, 7, pp. 491-497.

25. ASLIN D. et EIMAS P., « La Perception de la parole par les nourrissons », *Pour la science*, mars 1985.

26. FEIJOO J., « Le Fœtus, *Pierre et le loup*... et une approche originale de l'audition prénatale humaine », *in* HERBINET M. et BUSNEL M.-C. (1981), *L'Aube des sens, les Cahiers du nouveau-né*, Stock, n° 5.

27. Observation réalisée par ANDO, cité par Querleu D. *op. cit.*

28. CREFF J. (1983), *Le Fœtus entend-il ?* E.M.C., La Pratique médicale, 29.

29. AYATS J. (1985), « Faut-il interdire le prêt d'utérus ? » *La Recherche*, n° 162, 16 janvier.

30. Genèse 16, 1 et 2, cité *in* AYATS J., *op. cit.*

31. BOURGUIGNON O. (1984), *Mort des enfants et structures familiales,* PUF.

NAISSANCE DU SENS

Il y a mille manières de naître.

Le jour de la naissance ne marque pas le début de la vie, mais simplement le jour où l'on tombe sous le regard des autres, où l'on est nommé, où notre sexe est reconnu. L'entourage dit : « C'est un garçon, comment allez-vous l'appeler ? » Notre existence, notre mise au monde ont commencé bien avant notre naissance, mais ce jour-là, on déménage, on change de milieu, on quitte le ventre maternel, notre premier habitat aquatique, pour tomber dans le monde aérien et social. Mais ce n'est pas le premier jour de notre vie. C'est un déménagement écologique. En changeant de milieu, le jour de notre naissance on emporte avec nous nos premiers modes de communication, nos canaux sensoriels qui, déjà dans l'utérus, nous avaient permis de nous familiariser avec une sensorialité sonore, odorante et caressante venue du monde maternel.

Le jour de la naissance est un déménagement écologique.

Dans l'instant même de la naissance, l'attachement change de forme. Nos sens, qui fonctionnaient dans un monde liquide, d'un seul coup devront fonctionner dans un monde aérien. Le nouveau-né, qui garde en lui la mémoire de sa vie intra-utérine, devra maintenant l'adapter à une vie aérienne.

Très souvent chez les singes, la naissance a lieu la nuit. Le groupe est paisible. Un grand mâle monte la garde. La femelle s'éloigne du groupe, s'accroupit entre deux branches, et en quelques secondes, s'accouche elle-même [1] *. Parfois un mâle attrape le fœtus dès qu'il pointe son nez, et le tire doucement.

En captivité, les grands singes accouchent différemment. Les mères sont moins soumises aux variations du jour et aux déplacements du groupe. Elles accouchent à toute heure. Quelle que soit l'espèce, les comportements parentaux se mettent tout de suite en place. Les singes hamadryas mangent le placenta [2], les chimpanzés le sucent [3], les singes-écureuils lèchent la figure et le ventre du petit. Ce toilettage maternel possède une grande fonction digestive.

Longtemps j'ai raconté aux étudiants que lorsqu'un incident empêchait la mère de toiletter son petit, il mourait d'occlusion intestinale. La relation de cause à effet entre le léchage maternel et la constipation du nouveau-né me paraissait mystérieuse, jusqu'au jour où en filmant simplement l'accouchement d'une chienne [4], on a pu voir que, comme tous les mammifères, elle a entrepris aussitôt la toilette des nouveau-nés, et le simple fait de lécher leur ventre provoquait la défécation d'une sorte de gelée bleuâtre, résidu des déglutitions intra-utérines. Dès cet instant, le tube digestif devenait aérien. C'était le contact, la pression mécanique sur le ventre du nouvau-né qui stimulait le réflexe digestif et facilitait le changement de milieu.

L'enfant en naissant déclenche certains comportements maternels. Dès que la mère sort son petit, il s'accroche aux poils du ventre maternel. Chez les cynomorphes, ces singes

* Les notes du chapitre commencent p. 68.

qui ressemblent à des chiens, la mère transporte son petit entre ses mâchoires jusqu'au moment où il peut s'agripper aux poils de la région ventrale.

En milieu naturel, la mère compose avec son corps des creux pour le petit : berceau d'un bras en marchant sur trois pattes, creux d'une cuisse en s'accroupissant, ou creux du ventre en se couchant sur le dos pour jouer avec lui.

En captivité, les stimulations sont nombreuses, inquiétantes et dispersent l'attention de la mère qui répond mal aux stimulations venues du petit. Elle sursaute souvent, arrache le cordon ombilical ou interrompt son toilettage. Le petit saigne et souffre de troubles digestifs. Il pleure, gémit et se tord de douleur. Cette modification des comportements du nourrisson trouve son origine dans l'organisation de l'environnement physique et social, le zoo, inventé par les hommes.

Le groupe apaisant des singes n'existe plus. Les visiteurs attendris effrayent la mère en s'approchant. Le bébé, mal toiletté et constipé, n'éveille plus les comportements maternels. La mère l'attrape par une patte, le traîne sur le dos et l'empêche de s'agripper à son ventre. Elle arrache le cordon et les cris du petit aggravent sa nervosité. Elle le transporte mal, le nourrit mal, répond mal à ses sollicitations. Elle le laisse mourir et parfois le tue.

C'est la culture humaine qui a rendu cette mère « mauvaise mère », en troublant les échanges avec son enfant. A une extrémité de la chaîne des interactions, on observe de graves troubles biologiques chez l'enfant, alors qu'au point de départ, il y avait une intention humaine de mettre en cage ces animaux charmants.

Sur le plan méthodologique, cette observation naïve est importante. Un observateur sans méthode pourrait conclure : « J'ai vu, de mes yeux vu, une mère chimpanzé mordre le ventre de son petit, le traîner sur le dos en faisant taper sa tête. Je suis indigné par cette mauvaise mère. Il faut la soigner, car elle est probablement folle. »

Une psychologie de l'être seul centrerait nos explorations sur cette mauvaise mère. On chercherait son trouble métabolique et on le trouverait; on chercherait son trouble comportemental et on le trouverait, donnant ainsi la preuve du bien-fondé de nos observations : cette mère chimpanzé est folle dans sa tête, il faut la soigner.

L'histoire des sentiments en Occident facilite cette représentation de l'être seul. Pourtant l'intime est apparu laborieusement. Il a fallu de longs siècles pour réduire la maisonnée à quelques unités de personnes. Le « je » émerge tardivement dans l'histoire des lettres. Au XIIe siècle seulement, on peut lire et entendre une littérature du « je », du sentiment intime : « Je suy cellui au cueur vestu de noir » exprimait l'intime mélancolie de Charles d'Orléans. Le diagnostic de mélancolie s'établissait correctement depuis Hippocrate, avec l'absence de sommeil, la perte d'élan vital, le ralentissement physique, mais le traitement en était collectif : « Troïlus était plongé dans la mélancolie : en peu de temps, sa chambre fut pleine de dames et de demoiselles et de toutes sortes d'instruments de musique moderne [5]. »

Au XIIe siècle, naissance de l'intime.

Plus tard, l'évolution vers l'intimité occidentale fera du mélancolique un homme seul. Il faudra le soigner individuellement.

La fragmentation du corps social qui s'est manifestée dans les comportements quotidiens a été décrite en Allemagne [6]. L'invité ne partageait plus le lit du maître de la maison, il ne dormait plus entre les époux. La vaisselle se personnalisait, on ne mangeait plus dans un récipient commun. Vers le XVIIIe siècle, il devenait convenable de se moucher dans son mouchoir personnel. Et surtout, l'apparition de la fourchette a symbolisé l'activité désormais plus individuelle du repas. Malgré cela, la table offrait encore un lieu de convivialité pour le groupe ou la famille. Ce n'est que très récemment qu'on se contente de calmer son appétit par un repas rapide et solitaire.

Dans cette culture occidentale, les processus de distension du corps social se développent au mieux. Les autres cultures connaissent encore le cadre sécurisant et contraignant des structures de la famille, du clan, du groupe social ou de la religion. Dans ce contexte, les observateurs ont formé leur inconscient et puisé leurs hypothèses. Le XIXe siècle scientifique a triomphé grâce à cette culture de la séparation des problèmes, de l'isolement des disciplines et de l'analyse, qui a permis la spécialisation et ses performances techniques. C'est ainsi qu'on est arrivé à penser que, si la femelle chimpanzé mord le ventre de son petit, lui marche sur la tête et lui vole sa nourriture, c'est parce qu'elle est malade dans son instinct maternel. Elle devrait donc prendre des neuroleptiques, elle serait entravée ou subirait une lobotomie. Ce raisonnement est pertinent, la preuve : ça marche! La mère neuroleptisée se calmerait, les coupures frontales de son cerveau empêcheraient toute expression de son agressivité et le petit moins agressé par cette mauvaise mère survivrait peut-être.

Voilà un type de raisonnement occidental issu d'une culture de la personnalisation et ses heureuses conséquences thérapeutiques.

Pourtant, l'observation de cette mauvaise mère chimpanzé possède une valeur épistémologique : elle nous fait comprendre que notre processus d'individualisation occidental mène à la fragmentation de nos connaissances et des représentations qui s'en nourrissent. Si le petit chimpanzé au ventre ballonné souffre d'occlusion intestinale, si, mal toiletté, il devient vulnérable à la moindre infection, s'il agace sa mère par ses cris geignards, si la mère y répond par des morsures, si elle le trimbale en le cognant par terre, c'est parce que l'environnement écologique et social a désorganisé l'épigénèse des interactions entre ce petit et sa mère, lors de la mise en place de leurs stimulations réciproques.

C'est l'homme qui a créé cette pathologie qu'il s'empresse de soigner. C'est l'observateur qui a participé à la création de ce qu'il a observé. L'observateur et l'observé sont coauteurs de cette observation. Voilà l'enseignement épistémologique de la mauvaise mère chimpanzé.

La linguistique chez les goélands.

Dans cette optique diachronique et synchronique – successive et simultanée, nous avons observé les toutes premières interactions de nouveau-nés. Le bébé ne pose pas de problèmes très différents de ceux que pose l'étude de la linguistique chez les goélands. Le petit goéland, pataud et gris, à peine sorti de l'œuf, se dirige vers son père et donne un coup de bec sur la tache rouge qui marque sa mandibule inférieure. Ce geste filial déclenche chez l'adulte une régurgitation alimentaire qui renforce la relation d'attachement entre les deux animaux. Or, ce qui a stimulé le petit, c'est la tache rouge sur le fond jaune. Ce qui l'a incité à donner ce coup de bec filial, c'est un rapport de longueurs d'ondes, un ensemble sensoriel constitué de deux couleurs différentes : rouge-rond sur jaune-long.

Les manipulations expérimentales révèlent que d'autres couleurs et d'autres formes (bleu-long sur gris-rond) déclenchent des becquées nettement moins fréquentes. Le nouveau-né placé face à un leurre en carton long et jaune avec une pastille ronde et rouge donnera 90 % de coups de bec, alors que face à un carton long et gris avec une pastille ronde et bleu, il n'en donnera que 17 % [7].

Sur le plan cognitif, la manière dont le petit goéland s'informe dès sa sortie de l'œuf permet de comprendre qu'il ne réagit pas à des informations lumineuses élémentaires comme une longueur d'onde mais qu'il réagit à une information visuelle organisée. Dès sa naissance, avant toute expérience, son œil et son cerveau sont organisés pour ordonner les informations lumineuses en images. C'est une forme imagée, comme un tableau moderne (rond rouge sur long jaune), qui stimule son comportement de becquée.

Le petit goéland traite les sonorités de la même manière : il perçoit des organisations sonores et non pas des sons isolés. Sur les rochers de Porquerolles, nous avons constaté que les adultes, en protégeant les petits, nous indiquaient leur position. Quand ils nous voyaient approcher du nid, ils s'envolaient en parcourant de longs cercles très haut au-dessus de nos têtes. Plus nous approchions du nid, plus les cercles se resserraient jusqu'au moment où, très près des petits, les adultes tournaient sur place et plongeaient sur nos têtes, pattes en avant, en criant l'alarme et simulant l'attaque. Leurs cercles et leurs cris nous indiquaient ainsi la position du petit par une sorte de jeu « Tu brûles ou tu refroidis ».

Nous enregistrions les cris d'adulte sur un magnétophone très performant. Ensuite, nous portions ces enregistrements à l'analyseur de fréquences de la marine à Toulon qui nous remettait un papier argenté tatoué d'une forme noire. L'ordinateur transformait en image une sonorité complexe. Le cri prenait la forme d'un dessin, d'une chaîne montagneuse. Sur la partie gauche du graphique, l'ordinateur imprimait les pics des fréquences basses ; sur la partie droite, les pics des fréquences hautes.

Puis, nous essayions d'établir une relation entre la forme des dessins remis par l'ordinateur et les comportements observés dans le groupe des goélands.

Très facilement nous avons pu observer que les cris de forme différente déclenchaient des comportements différents. Certains cris comme des aboiements, brefs, monotonals, peu intenses, dessinaient des montagnes plus élevées sur la partie gauche des basses fréquences. Ce spectre correspond à un comportement caractéristique du goéland. L'animal n'émet ce cri que lorsqu'il est seul, isolé du groupe. Presque aussitôt un autre goéland lui répond par un cri de même forme. Cet événement sonore ne survient qu'en période paisible : pas de vent, pas d'intrus, pas de conflit, pas de stimulation écologique ni sociale.

La fonction de ces cris correspond à une sorte d'écholocalisation comme celle des chauves-souris : « ouap-ouap » émet un goéland (« y a-t-il quelqu'un ? »), « ouap-ouap » répond un autre sur le même ton (« oui, il y a quelqu'un »). Pas de réaction comportementale.

D'autres cris plus longs, plus intenses, plus aigus, comme de forts miaulements, dessinent sur l'ordinateur une tache plus étendue, plus montagneuse à droite du graphique. Cette image sonore provoque le rassemblement tranquille des goélands espacés. En associant la forme de cette sonorité et la fonction d'un comportement de rassemblement, nous pouvions nommer cette structure et cette fonction : cri d'appel.

Nous avons recensé une dizaine de cris qui permettaient d'observer des structures et des fonctions différentes. Niko Tinbergen en a décrit plus de quarante, mais nous n'avions pas besoin d'un catalogue si riche, car notre enjeu n'était pas de décrire la vie sociale des goélands, mais de trouver des hypothèses et de mettre au point des méthodes pour observer les nouveau-nés humains.

Le cri de triomphe commence par une séquence basse, peu intense, répétée, avant d'augmenter son intensité, sa composante aiguë et de terminer par un staccato du plus bel effet. A ce cri, correspond un comportement très évocateur : le goéland, pour chanter, plonge sa tête sous l'eau. Plus il crie fort, plus il redresse son cou vers le ciel, jusqu'au moment où son appel trompettant s'associe à un déploiement des ailes. L'animal triomphant occupe alors le plus d'espace possible sonore et corporel. Ce cri ne se chante qu'après une victoire telle que l'appropriation d'un lieu privilégié, la fuite d'un intrus, ou l'éloignement d'un danger.

Le cri d'alarme correspond à un intense cri d'appel. Quand le goéland plonge en piqué sur l'intrus, toutes griffes en avant, son cri d'alarme devient aigu et très fort, comme un cri d'angoisse.

Le cri de quémandage alimentaire est suraigu, très doux et s'accompagne d'un comportement aussi antitriomphal que possible : rentrer les ailes, rentrer le cou, rentrer les pattes, rentrer les sonorités et tout ce qui pourrait indisposer l'éventuel donneur de nourriture.

Dans la parade sexuelle, la femelle adopte le comportement enfantin de quémandage alimentaire avec ses cris désarmants de sollicitation. Lors de la montée sexuelle, le mâle qui, pour séduire sa belle, a dû régurgiter quelques poissons et aliments prédigérés émet un cri mêlé d'angoisse et de triomphe.

Il y a plusieurs manières d'interpréter ces données, mises en images par l'ordinateur. On peut soutenir qu'on vient de découvrir la grande philosophie des goélands qui mêlent ainsi leurs angoisses à l'amour. On peut s'émerveiller du comportement des femelles qui, pour séduire, se font enfantines. Nous n'avons pas manqué de le faire, mais cette vision humaine de la vie des goélands n'est pas publiable dans un ouvrage scientifique.

En revanche, nous pouvions décrire une sémiotique chez les goélands, une théorie des signes, avec, comme en linguistique, ses modes de communication : syntaxe, sémantique et pragmatique [8]. Nous pouvions identifier l'unité de communication et la manière dont elle se combinait dans la phrase comportementale. Les signaux sont souvent optiques : le bec noir des bébés goélands, bruns, communique une sensation de non-compétition qui leur évite d'être attaqués avant la puberté qui va colorer leur bec en jaune et rouge.

Cette information est utilisée par le mâle qui veut approcher sa femelle au nid. Il cherche un bout de bois ou un objet de couleur brune qu'il porte dans son bec. Cette couleur brune, analogue à celle des petits, prend valeur de signe et communique à la femelle une sensation de non-agression. Alors elle se laisse approcher.

Mais si l'expérimentateur dessine une tache de peinture rouge sur la tête blanche du père dévoué, sa femelle et ses propres enfants l'agresseront et lui donneront des coups de bec, alors qu'il rapporte au nid son plateau de fruits de mer. Ce signe coloré, ajouté par l'homme sur la tête du père goéland, provoque un contresens.

Il est nécessaire que l'enchaînement des comportements communiquants s'organise en séquence cohérente pour donner une signification à cette suite de gestes où les mouvements du corps expriment une émotion ou une intention.

Quand nous baguons les goélands à Porquerolles, nous leur offrons un pâté au ketalar anesthésiant. Ils aiment beaucoup le pâté au genièvre qui masque le goût du médicament. Une fois bagués, ils rejoignent leur groupe en titubant, mais tant qu'il n'ont pas éliminé le médicament, leurs comportements communiquent une sensation d'étrangeté : leur tête dodeline, leurs ailes pendouillent, leurs cris bafouillent un code vaseux, mal communiqué, mal perçu. L'enchaînement temporel des gestes est modifié. Les goélands vasouillards sont agressés, chassés par les adultes du groupe. Alors, ils s'enfuient pour cuver le médicament à distance, seuls, tête basse, au ras de l'eau. Ils ne réintégreront le groupe que lorsqu'ils pourront à nouveau communiquer convenablement.

Les signaux syntaxiques sont donc visuels, posturaux, gestuels, sonores ou olfactifs. L'ensemble de ces signaux constitue un répertoire de communication qui peut signifier un grand nombre d'émotions ou exprimer des intentions variées.

On peut vérifier la pragmatique de ces signaux, en observant comment les goélands se coordonnent et ajustent leurs comportements à cette communication. Si un goéland communique mal (tache de peinture rouge, aile pendouillante) ce trouble de la syntaxe comportementale va provoquer son rejet. Il faut que la manière de communiquer soit syntaxiquement cohérente pour permettre la communication d'un message presque sémantique : « J'apporte un poisson », empêchant ainsi la mise en place d'un trouble de la relation exprimé par des coups de bec ou des cris d'alarme, et le contresens qui en résulte : « J'apporte un poisson et on me donne des coups de bec ? ».

L'observation des comportements sémiotiques des goélands sur les rochers de Porquerolles pose donc un problème linguistique éminemment abstrait : la structure d'un message possède une signification inhérente. Le cri mathématiquement organisé (modulation des intensités, histogramme des fréquences, mesure des cadences...), la structure du cri en soi, transporte un message qui déclenche la réponse comportementale correspondante.

Par un chaud et calme après-midi de juin, au cours d'une sieste de goélands, nous avons décidé de projeter dans nos haut-parleurs une série de cris. Nous pouvions prédire le comportement ainsi déclenché : lorsque le haut-parleur émettait un cri d'alarme, nous provoquions l'envol du groupe et le tournoiement de certains dominants, alors qu'un cri d'appel rassemblait le groupe, et un cri de triomphe soumettait les animaux qui rentraient la tête, les ailes, les pattes et se faisaient tout petits.

Le contexte écologique modifiait un peu la signification inhérente du message : un cri d'alarme émis au loin provoquait moins d'envols que le même cri émis à proximité, car la distance, en diminuant l'intensité du cri, modifiait la structure du message et sa signification.

L'histoire aussi influait sur cette signification : un goéland qui, après une victoire sociale, venait de crier le triomphe avait tendance dans les minutes suivantes, à répéter ce cri plus facilement que les autres. L'émotion, l'état interne qui fonde cette manifestation sonore et posturale persiste et facilite la production de ces cris de triomphe... à proximité de l'heureux événement.

Donc, les cris possèdent des structures mathématiques signifiantes, des « mathèmes » dirait Lacan. Les goélands manipulent cette notion sans difficulté.

Mais ce qui modifie le plus nettement la forme de l'interaction produite par ce message, c'est l'interprétation du récepteur : un cri d'alarme provoque la rescousse bruyante des dominants et la fuite silencieuse des dominés. Le même cri d'alarme émis par les parents, provoque la cataplexie des petits qui s'immobilisent aussitôt. Hypervigilants, très attentifs à la moindre information, ils sont incapables de bouger tant que la mère ne les a pas tranquillisés par un « ouap-ouap », un cri de localisation apaisant qui signifie : « Plus rien à craindre, allez en paix. » Et les petits recommencent à trotter.

L'interprétation du cri dépend beaucoup du statut social du récepteur et de son état neurologique. Ainsi s'explique, que, dès le niveau biologique, une information est polysémique : un même objet sonore provoque des interprétations très différentes selon l'état social et neurologique du récepteur, selon qu'il est dominant ou dominé, adulte ou jeune.

La structure du cri exprime l'état interne de l'émetteur. Le récepteur perçoit et interprète ce cri en fonction de son propre état interne. Une communication intersubjective est donc possible, matériellement, grâce à la production d'un objet sonore, en dehors de tout apprentissage, du simple fait de l'organisation des appareils de communication.

C'est ce qui explique cette étonnante capacité de communication entre espèces différentes. Les enfants humains n'apprennent jamais à parler le goéland, ni le langage des chiens, et pourtant, ils perçoivent très clairement la différence entre un goéland qui quémande un bout de jambon et un chien qui les menace.

En somme, les goélands ne sont pas du tout de l'avis de la tortue de Lewis Carroll dans le dialogue de la Tortue et d'Achille : « Si tu veux utiliser une règle, dit la Tortue, il faut une règle indiquant comment utiliser cette règle[9]. »

Ni goéland ni neurologue, Lewis Carroll ne pouvait pas savoir que nos cerveaux résultent d'un long processus d'évolution. Il n'y a pas de pensée sans matière. Son objet physique c'est le cerveau et les canaux qui y mènent : aboiements, cris de triomphe, paroles, postures, couleurs, messages visuels, sonores ou olfactifs constituant la biologie des signifiants.

Il n'y a pas de pensée sans matière.

Je n'ai pas besoin de règles pour utiliser ma règle. J'ai réussi à faire deux enfants sans être gynécologue. Le mystère de ma femme reste entier, autant que celui des manifestations physiques de mon désir. Je ne sais pas comment fonctionne mon cerveau et pourtant, il m'arrive de m'en servir.

Pour répondre à cette épineuse question de fantasmatologie posée par la tortue de Lewis Carroll, il convient de faire appel aux méduses et aux bébés.

Les méduses sont équipées d'un système nerveux si simple qu'elles ne peuvent percevoir qu'un monde très simple. Leur équipement neurologique ne leur permet que d'avancer en ouvrant la bouche pour filtrer le plancton. Beaucoup d'hommes souhaiteraient un tel projet d'existence : pas de problèmes. Pas de choix pour les méduses qui ne peuvent ni monter ni descendre ni reculer. Avec un tel programme neurologique, l'angoisse est impossible. Tout choix se résume à avancer plus ou moins vite, ouvrir la bouche plus ou moins grand. Cette débilité motrice, cette certitude comportementale doivent donner un grand sentiment de sécurité. A l'opposé, la complexification du cerveau a donné aux bébés humains une extrême compétence pour associer les informations. La grande caractéristique de notre cerveau, c'est l'organisation en réseau associatif de ses milliards de neurones. Une information partielle peut diffuser et stimuler d'autres neurones à la puissance 50.

Si l'on tient compte de l'enseignement des méduses (un cerveau simple ne peut percevoir qu'un monde simple), on arrive à la question suivante : un cerveau hyper-associant ne peut percevoir qu'un monde hyper-associé. Une information sensorielle élémentaire, diffusée par le réseau associatif du cerveau, sera perçue dans une autre zone que celle prévue par les voies neurologiques directes. C'est dire que cette organisation cérébrale permet à nos perceptions d'alimenter nos représentations. Les circuits des neurones et leur mise en jeu constituent le socle biologique de nos représentations les plus imagées ou les plus abstraites.

C'est dans cette optique issue de l'observation des goélands et des méduses que nous avons étudié le cri, le rêve et autres productions des nouveau-nés.

Postulant qu'un bébé seul n'est pas un bébé, nous avons observé les nouveau-nés dans le champ où ils se développent et dont il reçoivent les pressions, c'est-à-dire le champ des fantasmes de leurs parents.

Le champ des fantasmes.

On objecte souvent : un fantasme est un scénario imaginaire qu'on se projette à l'intérieur de soi-même pour mettre en images nos désirs à peine conscients. Comment voulez-vous qu'une image intime exerce une pression active sur le nouveau-né ?

Pour démontrer la grande puissance des fantasmes et leur action dans le réel, il nous fallait des animaux. C'est Pupuce, un chien bâtard qui, le premier, a rendu observable l'action réelle des fantasmes imaginaires. En 1978, nous avions repéré un couple à risque, ce qui n'est pas un exploit. Ce couple ne pouvant avoir d'enfant, avait acheté un chien, ce qui n'est pas rare. Mais ce chien baptisé Jupiter, venant en place d'un enfant, devenait chien signifiant, ce qui nous intéressait plus. Ce chien signifait le don d'amour de ce jeune couple. Quelques repères comportementaux très simples nous permettaient de voir que Jupiter se tenait près de sa maîtresse à portée de caresse, de regard, de voix, d'offrandes alimentaires ou de toute communication sensorielle venant de sa maîtresse adorée. Il aboyait dès qu'un intrus s'approchait d'elle et ne se calmait qu'après avoir reçu quelques affectueux coups de pied.

Quelques années plus tard, tout se gâte dans la famille d'accueil de Jupiter. Le couple parental commence à se disputer et Jupiter change de sens. Il devient le chien qui symbolise le mariage raté : « Quand je pense qu'on l'a acheté parce qu'on croyait s'aimer, dit-elle, – C'est toi qui as voulu l'acheter. – Mais non, c'est toi, c'est ton chien qui nous empêche de partir en vacances. »

Un jour Pupuce, chien des rues grand expert en poubelles, exerce son talent dans les détritus du voisinage. La jeune femme aussitôt l'adopte, car « lui au moins, c'est un chien libre ». Jupiter, fort du droit que lui donne son ancienneté menace Pupuce, qui, aussitôt, se soumet. Jupiter se tient à proximité des caresses parentales, dort au pied du lit, mange et aboie le premier, timidement imité par Pupuce, toujours en retrait ou en retard.

Progressivement les relations affectives se sont orientées sur le bâtard qui, sentant « l'aide morale », a pris confiance, alors que Jupiter, découragé, de moins en moins renforcé, a cédé quelques prérogatives. Sont apparus alors quelques surprenants comportements. Jupiter qui ne mangeait que de la bonne viande et s'arrêtait dès qu'il n'avait plus faim, s'est mis à gloutonner des gamelles de nouilles et les quignons de pain dédaignés par Pupuce. Lui qui donnait l'alerte à la moindre étrangeté a continué à dormir tandis que Pupuce défendait son nouveau territoire. Lui, si agile aux jeux de balle, s'est mis à faire des faux mouvements, à tomber, glisser, rater la balle ou même la relâcher vite, après l'avoir prise en gueule, dès que le pataud Pupuce apparaissait. Surprenante obésité, surprenants troubles du sommeil, surprenants comportements d'échec chez un chien si vif encore quelques mois auparavant.

La signification que Jupiter prenait dans l'esprit de sa maîtresse avait changé, parce que les relations entre les humains avaient changé. Les attitudes, postures, paroles et offrandes de la jeune femme devenaient agonistes pour Pupuce le bâtard, qui signifiait la liberté. Ces gestes devenaient antagonistes pour Jupiter le chien de race qui signifiait désormais le mariage raté. La représentation qui apparaissait dans l'espace imaginaire de la jeune femme induisait des communications sensorielles différentes selon la signification qu'elle donnait aux deux chiens. L'un se sentait entravé et l'autre renforcé. Les comportements et métabolismes des chiens devenaient conséquences du fantasme de la jeune femme.

En publiant en 1980 « Le Cas Pupuce », nous avions proposé l'expression de « transmission des désirs inconscients » et « communication des inconscients ». Mais le concept était trop vaste pour être manipulable expérimentalement [10].

La façon de parler d'un événement modifie la manière dont l'observateur observe cet événement ainsi que les performances mesurables de cet événement. Par exemple, une course de lévriers.

L'observation naïve très simple consiste à parler d'un lévrier en disant qu'il est absolument remarquable, génétiquement sélectionné, élevé par une super-mère et nourri par des méthodes diététiques particulièrement saines. Quelques jours plus tard, le même lévrier est choisi pour une autre course. Mais on en parle de manière dévalorisante. On ne connaît pas son pédigree, il a été séparé de sa mère, changé d'élevage et nourri de déchets.

Après avoir ainsi parlé des bêtes, le chronomètre est déclenché : les lévriers « parlés remarquables » ont tous réalisé des performances supérieures aux lévriers « parlés sans valeurs » [11].

Comment la parole de l'éleveur a-t-elle pu influencer le chronomètre ? Ou plutôt, par quelle chaîne d'interactions la parole a-t-elle pu modifier les performances des animaux ? L'observation naïve montre que les lévriers « parlés remarquables » sont caressés et choyés. L'homme doucement les place dans la cage avant la course et quand la porte s'ouvre brutalement pour permettre au chien de se lancer à la poursuite du leurre, l'animal, parfaitement décontracté, exploite au mieux ses qualités.

Alors que les lévriers « mal parlés » sont mal manipulés. Secoués, ballottés, ils sont presque jetés dans la cage de départ. Ils tremblent et s'épuisent dans une crispation excessive. Quand la cage s'ouvre, certains sursautent, d'autres hésitent et le chronomètre enregistre une très nette différence de performances..., induite par la parole.

La chaîne des interactions pourrait se résumer ainsi : la parole de l'éleveur induit dans l'imaginaire de l'organisateur de courses une représentation. Cette image fonde certains gestes qui communiquent un apaisement pour les lévriers bien représentés, et un stress pour les lévriers mal représentés. Cette émotivité, induite chez l'animal par les gestes signifiants de l'homme, modifie ses performances.

Bien d'autres observations homme-animal montrent la grande force modelante de ces petits gestes. Ils expliquent comment un chien peut devenir énurétique dans une famille, et cesser de l'être quand on le confie à une autre famille, pour le redevenir le jour même où on le replace dans sa première famille ; comment Jupiter devient obèse en gloutonnant des nouilles dès qu'il change de sens dans la représentation de sa maîtresse ; comment certains chats spasment leur troisième paupière quand ils sont trop aimés ; comment certains bassets deviennent obsessionnels dans un champ affectif et cessent de l'être avec une autre personne et comment les vaches accouchent mal au contact d'un paysan trop émotif.

On peut décrire bien d'autres communications fantasmatiques où l'animal exprime par ses comportements, la force modelante des fantasmes de l'être humain. Certains petits gestes fondés sur une représentation humaine transmettent une émotion qui peut modifier l'état psychobiologique du récepteur.

Voici le schéma que nous proposons pour observer les interactions fantasmatiques entre les mères et leur nouveau-né : associer l'observation directe des actes entre la mère et l'enfant avec l'écoute des fantasmes maternels que nous formulons par l'expression « interaction réelle, interaction fantasmatique [12] ». En tant qu'éthologues nous aimons observer, en tant que cliniciens nous savons que l'écoute fait partie de l'observation, et en tant que psychologues nous aimons comprendre cette vie psychique intime.

Sur le plan théorique, cette attitude nous oblige à changer de niveau. Nous devons passer de l'acte observable à sa signification psychique, de l'objectivable au symbolisable.

Le « cas Pupuce » nous a permis de comprendre qu'il était possible de traduire le niveau fantasmatique en expressions gestuelles. Ces signifiants, chargés d'émotions, possèdent le pouvoir de modifier les comportements du récepteur.

Partons maintenant à la recherche des « corrélats visibles des mouvements inconscients[13] », c'est-à-dire d'indices comportementaux périphériques observables qui réfèrent à des fantasmes intimes.

Le bateau joue un grand rôle dans la vie de Marcel Rufo et de René Soulayrol, tous deux professeurs de psychiatrie à Marseille et marins de classe I. Les observations d'interactions fantasmatiques que nous avons faites ensemble sont donc nées sur *Crooner*, un vieux bateau-starter de régates anglaises. Nous avions l'habitude de nous y retrouver, avec des fiches pour nos idées et du vin rosé pour les activer. Dès 1978, un échange s'était amorcé entre le primatologue Jean-Claude Fady qui nous expliquait les différences qu'il avait vues entre le rire et le sourire chez les chimpanzés, et notre groupe au sein duquel Marcel Rufo entreprit d'observer le tout premier sourire des nouveau-nés.

Le premier sourire, le premier cri, la première prise en paume et la première odeur médiatisent les premières interactions fantasmatiques. En réalité, le pointillé que constituent les divers travaux réalisés en des lieux différents montre un certain désordre. Mais en l'ordonnant un peu, nous sommes à même d'exposer ici un tableau cohérent de la naissance du sens.

Histoire du premier sourire.

Pour démarrer l'histoire observée du premier sourire, il faudrait remonter au jour où Saadi Lahlou m'a téléphoné. Marin à Saint-Mandrier, il ne connaissait rien à la biologie mais savait filmer, procéder à de savants calculs statistiques et, de surcroît, il montrait toutes les qualités d'un excellent observateur. Il a travaillé au laboratoire de physiologie du sommeil du professeur Jouvet à Lyon.

Ayant posé des électrodes plates, appuyées sur le front pour enregistrer les ondes électriques de leur cerveau, sur le coin des yeux et des lèvres pour recueillir la moindre contraction musculaire, il a filmé le visage de plusieurs nouveau-nés pendant vingt-quatre heures, puis a analysé ses films et tracé des courbes statistiques. D'où il ressort que les bébés sourient !

L'électromyogramme montre que les yeux se contractent en même temps que les lèvres pour donner au visage un aspect souriant. Le nouveau-né qui passe vingt heures par jour à dormir, sourit aux anges pendant son sommeil. Le plus surprenant c'est que son tout premier sourire endormi ne se déclenche que pendant l'équivalent du sommeil paradoxal : sommeil rapide, alerte cérébrale paradoxale, car elle survient au moment du plus profond sommeil. Les nouveau-nés, sans aucune stimulation extérieure, sourient de tout leur visage, bouche et yeux pendant leur sommeil paradoxal.

Saadi Lahlou a déterminé alors un indice constant chez une population de nouveau-nés : ils sourient trente-deux fois pour cent minutes de sommeil paradoxal [14]. Toute modification du système fait chuter cet indice. Ce changement peut venir de l'intérieur du bébé : une infection, un trouble du métabolisme, ou un quelconque malaise. Il peut venir aussi de l'extérieur du même système : une maladie de la mère, une dépression ou son absence font chuter l'indice du sourire des bébés.

Comme dans le cas des goélands, nous avons centré nos observations sur ce qui se passe entre le bébé émetteur de ce premier sourire paradoxal et l'adulte maternant récepteur de cet indice comportemental.

En vingt ans de pratique, jamais nous n'avons entendu une mère dire en percevant ce sourire : « Tiens, le neuropeptide qui provoque le sommeil paradoxal vient de provoquer la première contraction des commissures labiales de Nathalie. » Jamais !

En revanche, lorsque les mères perçoivent le premier sourire du bébé, elles interprètent toujours ce premier sourire et disent : « Il me reconnaît déjà », ou bien, « Il sourit grâce à moi », etc. [15] (elles ne savent pas que c'est un neuropeptide qui a fait le coup).

Mais, ce disant, elles approchent leur corps du bébé souriant, elles l'appellent, le nomment et vocalisent des sonorités mélodieuses. Ce faisant, elles créent autour du bébé une atmosphère d'intense sensorialité composée d'odeurs, de sonorités proches, de contacts et de chaleur.

Ce disant participe à ce faisant.

L'interprétation qu'elles donnent du fait (le sourire biochimique) crée autour du bébé une sensorialité chaude. Cette interprétation met en place l'ajustement tonico-postural de la mère et crée une sensorialité qui répond au sourire-signal du bébé.

La manière dont la mère interprète ce sourire vient de sa propre histoire et du sens qu'elle attribue à ce fait. La preuve, c'est que chaque mère donne sa propre interprétation. Nous avons entendu : « Pauvre enfant... il sourit... il ne sait pas ce qui l'attend : je n'aurais jamais dû le mettre au monde. » 30 à 40 % des jeunes mères donnent cette interprétation anxieuse. Cette représentation enracine une attitude corporelle radicalement différente : ce disant, la jeune mère se raidit et regarde l'enfant avec angoisse. Ce faisant, elle éloigne de son bébé les informations sensorielles émises par son corps. On peut imaginer que le bébé sent moins l'odeur de son cou et de ses seins, entend moins la caresse de sa voix, éprouve moins la douceur de ses mains. Cette interprétation dépressive (au-dessous d'un certain seuil), venue de l'inconscient maternel, crée autour du bébé un monde sensoriel froid.

Le sens que la mère a donné au sourire a modifié les sens qui médiatisent et tissent le lien de l'attachement. L'histoire naturelle du sourire, dès sa première production, a mélangé le sens et la vie, l'interprétation et la biologie. Déjà, le sourire a muté : à peine interprété il s'est chargé d'histoire, il est devenu différent par nature du premier sourire biologique.

Vers la deuxième semaine, le sourire se socialise : le bébé, yeux ouverts, bouche ouverte, stimulé par l'approche du visage maternel émet des sons aigus associés à des gambadages et des bafouillages, indices d'un grand plaisir social.

Et le sexe, là-dedans ? puisqu'il est au fondement des choses de la vie.

Dans les années 1970, nous avions appris à quel point les bébés âgés de deux à quatre mois étaient des partenaires actifs dans le dialogue mère-enfant [16]. Souvent, le bébé prend l'initiative de l'interaction et la mère imite ses mimiques faciales : elle fronce les sourcils, fait la moue, tire la langue comme l'y invite le bébé dans son appétit à établir avec elle une conversation non verbale. Soudain fatigué, le bébé signifie la fin de l'interaction, il détourne la tête et les yeux et cesse de répondre aux sollicitations maternelles.

Nous ne pouvions pas faire mieux, tant cette observation nous semblait élégante, mais nous pouvions nous intéresser à la fin de la « conversation », quand le bébé, en détournant son regard, signale que l'échange n'est plus possible.

La plupart des femmes continuent à solliciter ce bébé repu d'interactions. Nous avons alors compté le nombre de sollicitations maternelles (toucher, appeler, chercher le regard) en fonction du sexe de l'enfant.

Cette observation a produit un chiffre : les mères sollicitent les bébés filles presque trois fois plus que les bébés garçons !

Que signifie cette différence précoce du comportement maternel, en fonction du sexe de l'enfant ? Comment interpréter ce chiffre pour lui donner sens ? S'agit-il d'un indice de la tolérance maternelle envers les petits garçons ou de l'intrusion de la mère dans le monde des petites filles ? Certains nous ont dit que ce chiffre était la preuve de l'indifférence que les mères éprouvent pour leurs garçons trop étrangers pour elles, contrastant avec l'identification à leurs filles plus proches et plus sollicitées.

Cette description du sourire, à la fois réel et fantasmatique, permet d'assister à la naissance du sens. Comment le sens vient aux choses, comment la spirale des interactions se met en place, comment un sourire-signal à peine produit par le biologique devient signe social et sexuel dès qu'il est interprété par un autre.

L'observation du premier sourire permet d'illustrer que ces interactions fantasmatiques sont observables dans le réel, comment elles attribuent du sens aux choses et à quel point elles constituent une force modelante pour le développement des enfants.

Histoire du premier cri

Quand il était dans le ventre de sa mère, nous avons considéré le bébé comme un récepteur de sonorités. Dès sa naissance, il est devenu émetteur et c'est le milieu maternant qui, en réagissant, est entré à son tour dans la danse interactionnelle. Nous avons enregistré le premier cri de nouveau-nés à terme et de prématurés [17]. L'enregistrement se faisait très simplement avec un tout petit magnétophone et un long fil pour ne pas gêner le travail des accoucheurs. Nous avions l'impression que les cris de bébés changeaient de forme, d'intensité et d'harmonie, mais nous voulions donner à ces cris, une forme visible, une image plus facile à observer et analyser. L'analyseur de fréquence nous a offert cette image en décomposant les cris de bébé en pics de fréquences. Lorsqu'un bébé criait dans les aigus, les pics se dessinaient à droite, donc à gauche pour les graves. La hauteur des « montagnes » reflétait l'intensité.

Le traitement des données était simple : il suffisait d'enregistrer les premiers cris sur le magnétophone, de porter la cassette à l'analyseur de fréquence et d'associer la forme du cri ainsi dessinée aux réactions comportementales et verbales du milieu maternant. Exactement la méthode que nous avions apprise auprès des goélands.

Première surprise, le jour où nous passons la bande à un groupe d'amis et d'étudiants réunis autour d'une table. Nous notons que lorsque les cris sont riches en basses fréquences, les réactions des adultes sont enjouées. Très vite, on reconnaît les cris de bébés et l'on dit : « Tiens, c'est un bébé qui a faim... Ooh, il pleure le pauvre, il doit s'ennuyer... C'est sûrement un goulu, comme son papa », etc.

Quand les cris sont riches en hautes fréquences, quand l'ordinateur dessine une image où les montagnes sont hautes à droite, les interprétations diffèrent totalement : la connotation anxieuse est fréquente, les somatisations s'expriment avec une précocité surprenante, avant même la reconnaissance du cri de bébé : « Je me sens mal à l'aise... Ça me serre l'estomac ou la gorge... On dirait un bébé qui ne va pas bien... »

Il semblerait donc que la structure physique du cri constitue le support matériel de la transmission d'une émotion, la traduction sonore d'un état interne qui, se communiquant à l'adulte, éveille en lui des représentations très différentes.

Les basses fréquences véhiculent une émotion qui éveille des interprétations enjouées : « Il est goulu comme son papa. » Alors que les fréquences aiguës véhiculent un état de malaise exprimé par le bébé et déclenchent très rapidement des somatisations anxieuses chez les adultes : « Ça me serre à la gorge. »

Quand nous avons passé ces cris aigus à des animaux, les chiennes, aussitôt, se sont mises à gémir, coucher les oreilles, manifester des comportements d'inquiétude orientés vers le magnétophone. Les chattes se sont dressées, ont commencé à explorer la pièce en miaulant des roucoulements d'appel et en se dirigeant alternativement vers la source sonore puis vers les humains.

Cette observation pose le problème de la communication entre les espèces. Puisqu'on nous reproche souvent d'extrapoler, il faut aussi le reprocher aux chattes et aux chiennes. De quoi se mêlent-elles ? Elles n'ont pas le droit théorique d'inférer une communication entre humains avec une communication entre chats ou chiens. Il n'y a pas d'inférence possible entre les hommes et les animaux puisqu'il faut nommer un homme un homme et un chat un chat. Mais les chattes, très maternelles, peu intéressées par les problèmes épistémologiques, sont émues par les cris aigus des bébés humains.

L'autre surprise de cette interaction émotive fut d'observer l'étonnante adaptation des comportements spatiaux maternels à l'état interne du bébé. Nous avons enregistré les cris de plusieurs bébés malades. Contrairement à ce que l'on pense, un bébé malade ne crie pas. Un bébé qui ne crie pas, c'est comme un enfant trop sage, il faut s'en inquiéter. L'un d'eux souffrait d'une méningite cérébro-spinale. Il gémissait doucement. Notre oreille humaine entendait ces bruits et les organisait en sonorités signifiantes. Mais le magnétophone, lui, enregistrait tout bruit. L'ordinateur a donc analysé les fréquences de ces bruits et nous a rendu une image où nous voyions la courbe montagneuse peu élevée... du bruit de fond de la chambre de l'enfant !

Quand nous observions, la mère nous pouvions constater que, très proche de son bébé, elle ne le quittait pas des yeux. Quand l'éclat clinique s'est amélioré, les cris du bébé ont surpassé le bruit de fond et sont redevenus communicants, transporteurs d'émotions. La mère alors a moins regardé son bébé, elle s'est éloignée du petit lit, elle allait chercher des objets et parlait avec les infirmières.

Le recueil verbal de la mère, associé à l'observation de la maladie de l'enfant nous apprit que lorsque l'enfant était mal, la mère, ne pouvant s'intéresser à autre chose, se sentait bloquée près de lui. Quand le bébé a recommencé à crier, elle a pu ouvrir son espace, regarder ailleurs, se déplacer et parler, « sachant » qu'en cas de problème, le canal de communication par le cri serait rétabli.

Les goélands et les bébés, en criant, nous font comprendre que toute information est inscrite dans le biologique, mais dès qu'elle est perçue cette stimulation prend sens parce qu'elle est interprétée. L'histoire du percepteur donne du sens à cette perception.

Le biologique et l'historique entremêlés nous ont permis d'assister à la naissance du sens.

NOTES

1. GOUSTARD M. (1975), *Le psychisme des primates,* Masson.
2. KUMMER H., *ibid.*
3. MILHAUD N., *ibid.*
4. GIFFROY M., film : « Journées, Ethologie », Ecole vétérinaire de Maisons-Alfort, 1986.
5. *Roman de Troïlus,* Paris, Bibl. nat., ms. fr. 255 28 *in* ARIÈS Ph. et DUBY G. (1986), *Histoire de la vie privée,* Seuil.
6. ELIAS N. (1973), *La Civilisation des mœurs,* Calmann-Lévy, « Pluriel », 1977.
7. TINBERGEN N. *in* Irenaüs EIBL-EIBESFELDT (1972), *Ethologie. Biologie du comportement,* Editions Scientifiques.
8. COULON J. 1982, *Les Voies du langage,* Dunod.
9. HÖFSTADTER D. (1985), *Gôdel Escher Bach,* InterEditions.
10. CYRULNIK B. et CYRULNIK-GILIS F. (1980), « Le Cas Pupuce : éthologie des désirs inconscients », *Evolution psychiatrique,* 3, cité *in* CYRULNIK B. (1983), *Mémoire de singe et paroles d'homme,* Hachette.
11. QUEINNEC R., Communication personnelle lors des journées de Maisons-Alfort, 1986 (à propos des performances de sa femme, éleveur de lévriers).
12. CRAMER B. (1982), « Interaction réelle, interaction fantasmatique », *Psychothérapies,* n° 1, pp. 39-47.
13. *Ibid.*
14. CHALLAMEL M.J., LALHOU S. (1984), « Sleep and Smiling in Neonate : A New Approach », *Sleep Research Society,* Münich, 7, IX.

15. Rufo M., Reynard F., Soulayrol R., Coignet J. (1984), « A propos du sourire comme signal d'une interaction précoce parents-bébé, dans un service de prématurés », *Psycho. Med.*, 16, 2, pp. 279-285.
16. Trevarthen C., Hubley P., Sheeran L. (1975), « Les Activités innées du nourrisson », *La Recherche*, n° 6, pp. 447-458.
17. Cyrulnik B., Peter H. (1984), « Ontogenèse et fonction des cris de bébés », *in Une Nouvelle Clinique de la dépression*, I.R.E.M., Cambridge.

BIOLOGIE DE NOTRE HISTOIRE

Les psychanalystes sont séduits ou irrités par le développement actuel des observations directes. Beaucoup sont ravis et disent que l'éthologie confirme leurs hypothèses. D'autres s'inquiètent, comme André Green : « L'enfant, écrit-il, parce qu'il est tentation d'objectivation, se prête à la machination qui fait taire en lui le sujet [1] *. »

Les parents disent souvent le contraire. « Nos enfants nous décevrons, comme nous avons déçu nos parents [2]. » Quand l'enfant est petit, il est encore tellement imaginaire que toute mère va projeter sur lui ses fantasmes et penser pendant quelques années qu'elle a mis au monde une merveille. A ce stade de l'interaction, il n'est pas « tentation de machination », il sert au contraire d'écran de cinéma pour nos projections fantasmatiques. Plus tard, la personnalisation de

* Les notes du chapitre commencent p. 95.

l'enfant obligera les parents à faire le deuil de cet enfant de rêve et à s'attacher quand même à cet enfant différent. Bien souvent, « la machination qui fait taire en lui le sujet » est constituée par la force de nos fantasmes et la pression du regard social.

L'observation directe permet de faire une observation du réel (ce qui ne veut pas dire observer le réel).

Un enfant partiel est analysé dans son devenir et ses interactions. C'est un enfant partiel parce qu'on est obligé de choisir ce qu'on va observer. Mettons qu'on observe comment le geste de pointer du doigt va se mettre en place en s'associant à l'apparition de la première parole [3]. On décide de filmer cet ensemble comportemental. Le dispositif d'observation sera cruel puisqu'il faudra filmer un bébé assis dans sa chaise et placer devant lui hors de portée de sa main... une boîte de bonbons ! Nous allons réduire notre observation (mais nous ne réduirons pas le bébé) à cette séquence gestuelle. Et nous constatons que jusqu'à l'âge de quinze mois, tous les bébés tendent leurs doigts écartés, paume vers le sol, en regardant les bonbons et en vocalisant des sonorités intenses. La mère assiste à ce drame sans intervenir. Le bébé, coincé dans sa chaise, échoue dans sa tentative de réaliser son désir. Alors, il crie de désespoir et se raidit en arrière. La mère émue intervient, prend l'enfant dans ses bras et l'observation doit se terminer là.

Le geste de pointer du doigt.

Vers le quinzième mois, on observe un changement radical de stratégie gestuelle. L'enfant pointe l'index vers les bonbons, regarde sa mère et tente d'articuler un proto-mot : « Pabon ou ponpon, ou papombon ». Le tracé des courbes de cet ensemble gestuel montre que, dès l'instant où cet ensemble se met en place, l'enfant ne crie plus et ne manifeste plus cette hypergestualité désespérée, provoquée par la non-réalisation de son désir. L'objet convoité est à portée de main, alors l'enfant s'applique à solliciter sa mère en articulant le mot « bonbon » qui pourra communiquer l'expression de son désir. Dès que la parole apparaît, la gestualité change radicalement de forme. Beaucoup moins intense, moins désespérée, plus orientée vers la sollicitation affective. Tant qu'il y a de la parole, il y a de l'espoir.

Cette observation réductrice et machinique pose quelques problèmes fondamentaux. On peut penser que l'enfant ne tente la communication verbale que lorsqu'il est stimulé par le manque. Il suffit que sa mère se précipite et place les bonbons à portée de main pour faire disparaître la parole.

On peut penser aussi que, pour diriger son index dans une direction de l'espace et son regard dans une autre direction, il faut que le cerveau ait atteint un certain degré de développement qui lui permette de traiter des informations spatiales d'origines différentes. Il faut aussi que les neurones qui commandent à la main deviennent suffisamment efficaces pour coordonner la flexion de quatre doigts et l'extension de l'index qui désignera la chose lointaine, le futur signifié. Il faut enfin que l'enfant sente qu'il est possible de solliciter sa mère pour obtenir la réalisation de son désir. Enfin, pour tenter d'articuler une parole, il doit comprendre qu'une sonorité vocale conventionnelle peut désigner un objet qu'il n'a pas sous la main.

En un mot, il faut que le cerveau soit suffisamment développé et que l'histoire affective soit suffisamment ressentie pour que l'enfant tente l'aventure de la parole. Dès qu'apparaît ce mode d'information et d'émotion, le monde relationnel de l'enfant change de forme. Il n'est plus nécessaire d'agir, il devient suffisant d'articuler.

La naissance de ce processus de symbolisation s'enracine dans le corps, dans le cerveau et dans l'affect.

La contre-expérience, ou plutôt la contre-observation, consiste à chercher un enfant qui n'a pas accès à la parole, parce qu'il est autiste ou malade dans son cerveau (encéphalopathe) et à l'observer dans la même situation. On constate alors que ces enfants tendent les doigts vers l'objet convoité et le regardent en criant. L'échec de la réalisation du désir provoque un excès de gestualité désespérée : l'enfant se jette en arrière, crie ou se replie sur lui-même.

Nous pouvons donc observer dans une situation manipulable scientifiquement, l'ensemble vocal et gestuel que l'enfant sans parole ne cessera de répéter au cours de sa vie quotidienne.

Dans une observation étho-clinique, le petit David, âgé de trente-cinq mois, n'a encore jamais pointé du doigt. Pourtant, quelques images fugaces permettent d'observer la brève apparition de la séquence : regard vers la mère main tendue en pronation et articulation gutturale. « Cette séquence, même fugitive, signifie dans ce contexte une demande d'aide pour attraper l'objet. La relation triangulaire enfant-partenaire-objet est donc fonctionnelle [4]. » L'évolution clinique prouvera que cet enfant n'est pas totalement muré dans sa psychose. Cette minuscule porte d'entrée permettra de communiquer avec lui et d'effriter ses remparts psychotiques.

Cet enfant décrit par nos observations directes n'a rien à voir avec l'enfant-métaphore des psychanalystes. Ce qui est mémorisable peut n'avoir aucun lien avec ce qui est observable. L'homme qui sur un divan retrouve son passé, réalise une construction mythique. Il ressent, il revit les événements qu'il a mis en mémoire et qu'il se rappelle parce qu'il y est aujourd'hui sensible ou parce que ces faits de mémoire prennent du sens pour lui. C'est un travail d'identité, de remaniement émotif très important, pas obligatoirement associé avec l'observable. L'inconscient n'est pas le non-conscient. L'inconscient, c'est cette organisation psychique qui gouverne nos fantasmes et nos décisions et qu'une astuce relationnelle – la convention psychanalytique – peut éventuellement ramener à la conscience sous forme de souvenirs et de rêves, et traduire en paroles.

Le non-conscient n'est pas mémorisable. Cette mémoire non consciente induit des émotions ou des comportements dont on ne peut se souvenir : qui pourrait se rappeler le désespoir ressenti par la perte de sa mère quand il avait six mois ? Et pourtant, cette tragédie a changé le développement de sa personne et l'a rendu avide d'affection. Cette privation a créé en lui des comportements de sollicitation ou d'offrandes qui n'existaient pas avant que sa mère disparaisse. Ces comportements ont été observables, jamais mémorisables. On a vu l'enfant soudain devenir anormalement sage, beaucoup trop gentil. A l'âge adulte, il n'aura jamais la possibilité de se remémorer la perte de sa mère qui a provoqué ce changement si important.

C'est observable, réel, et non conscient comme nos molécules biologiques. Ce n'est pas mémorisable, donc ça ne fera jamais partie du processus d'identité psychique de celui qui fait le récit de son histoire. « Il manquera toujours à l'observation naturaliste de savoir... comment l'enfant a intériorisé et interprété l'environnement humain qui était le sien [5] » dit André Green. Il manquera toujours à l'observation psychanalytique de savoir comment l'enfant agissait et réagissait dans l'environnement humain qui était le sien, répondrait un observateur naturaliste.

On ne pourra pas se comprendre puisqu'il ne s'agit pas de la même observation. Le psychanalyste entend la manière dont l'adulte interprète et donne sens aux événements signifiants pour lui. L'éthologue observe les comportements qui permettent de rendre visibles et expérimentables les indices de cette vie psychique.

L'avantage de la psychanalyse c'est qu'elle peut dire comment le sujet parlant ressent son monde. Elle est thérapeutique quand le sujet développe ce sentiment d'intériorité qui lui permet d'échapper aux pressions extérieures et à ses propres interprétations. C'est un travail de personnification [6].

L'avantage de l'éthologie, c'est qu'elle peut montrer comment un sujet se développe et pourquoi certaines pressions peuvent l'orienter vers une certaine manière d'être (comme dans les carences affectives) ou le désorganiser (comme dans les isolements sociaux). C'est un travail de sémiologie.

La psychanalyse nécessite un certain talent de la part du parleur pour traduire en paroles son monde intime et de la part du psychanalyste pour l'interpréter, comme un musicien qui en interprétant un code musical avec son instrument lui donne vie.

L'éthologie nécessite de la part de l'observateur un certain talent d'observateur et un certain apprentissage de la méthode qui lui permettra de décrire un trouble et d'en trouver les causes.

Je propose d'illustrer cette articulation avec la fable de la brebis et des prématurés.

Fable de la brebis et des prématurés.

Une brebis ne peut enclencher son comportement maternel qu'à un moment précis, dans les heures qui suivent l'accouchement et dans une interaction précise, avec un petit qui doit porter les stimulations sensorielles adéquates pour déclencher ce comportement [7].

Pendant les heures qui suivent l'accouchement, la brebis peut amorcer un lien d'attachement avec son propre petit ou n'importe quel autre qui lui sera confié. Avant ou après cette période sensible de quelques heures, elle ne peut s'attacher et rejette tout nouveau-né, y compris le sien.

La manipulation expérimentale est très simple : il suffit de retirer l'agneau dès la naissance, puis de le redonner à sa mère après quarante-huit heures de séparation. Elle refuse alors de s'en occuper, ne le suit pas quand il titube et le cogne quand il tente de venir à la mamelle.

La contre-expérience consiste à laisser les interactions se dérouler naturellement. Dès la naissance, le petit s'oriente vers la mamelle de sa mère qui le lèche à ce moment, le goûte et le marque à son odeur.

Si on sépare la brebis et l'agneau pendant quarante-huit heures, deux semaines après la naissance, le processus de familiarisation a eu le temps de se mettre en place, la mère reconnaît son petit et le récupère sans difficulté.

Dans cette espèce, l'odeur constitue le canal privilégié pour enclencher l'attachement. Une femelle aux yeux bandés reconnaît son petit et s'en occupe alors qu'une femelle aux narines bouchées le considère comme un intrus et ne s'y attache pas.

Mais une odeur ne constitue pas un déclencheur en soi. Pour qu'elle fonctionne et participe au processus d'attachement, il faut qu'elle parvienne à un moment de grande sensibilité du récepteur. Les brebis, en dehors de cette période d'accouchement, se débattent et détournent la tête quand on leur met sous le nez un tissu imbibé de liquide amniotique. Mais si on leur propose ce tissu odorant après l'accouchement, elles s'y intéressent vivement en le fouillant avec leur nez.

Pour provoquer une adoption, il suffit donc de badigeonner un agneau étranger avec du liquide amniotique et de le coller sous le nez d'une brebis qui vient d'accoucher.

L'articulation, l'accrochage de l'attachement se développera à partir de la rencontre entre une information extérieure (l'odeur du nouveau-né) et une sensibilité intérieure (le bouleversement hormonal qui suit tout accouchement).

Ces observations et manipulations confirment l'idée qu'il existe chez les brebis une période sensible après l'accouchement, pendant laquelle l'animal devient particulièrement réceptif à un type d'information sensorielle. Ces stimulations sont naturellement portées par le petit qui, pour sortir de sa mère, lui a distendu le vagin. Il va à la mamelle, tout parfumé par son liquide amniotique, il s'approche d'elle et répond en bêlant à la moindre émission sonore maternelle. Toutes ces voies de communication recueillies pendant cette période sensible constituent le processus biologique de la familiarisation.

Ce thème de la période sensible a été beaucoup observé et manipulé expérimentalement. On l'a décrit chez les canetons, chez les chiennes qui viennent d'accoucher, chez les zèbres et toutes les espèces à attachement où il a été cherché [8]. Les analyses électrophysiologiques, les sites récepteurs cérébraux et hormonaux, les repères comportementaux ont été plus de mille fois décrits et analysés.

Il en ressort une idée : il existe une période sensible où l'attachement entre la mère et l'enfant s'enclenche avec une extrême facilité.

Une crainte aussi, qui semble donner raison à André Green : « la machination du sujet » serait illustrée par la brebis qui démontre à quel point l'attachement entre la mère et l'enfant se met en place grâce à une sorte de colle biologique.

Mais en psychologie une cause ne provoque pas un effet, et le rebondissement des idées dans la culture est parfois surprenant. Deux pédiatres anglais [9] ont repris cette thèse de la période sensible et en ont fait l'observation dans l'attachement maternel humain après l'accouchement. Ils nuancent l'aspect de « colle affective » démontré par les brebis, en disant que les mères peuvent encore s'attacher à leurs enfants après le troisième jour. Cette période critique n'est donc pas si critique que ça puisqu'elle est rattrapable. Mais enfin, trois jours c'est vite passé, et lorsque cette période optimale pour l'établissement du lien est ratée, c'est une crise de l'attachement qui va se mettre en place.

La prématurité constitue une expérience naturelle, puisque les bébés sont séparés de leur mère, isolés et agressés par la couveuse, cette machine qui les sauve. Des psychologues [10] ont observé les importants troubles du développement des prématurés : la rythmicité alimentaire se coordonne mal, l'architecture du sommeil qui organise la nuit avec ses ondes cérébrales différentes, ne prend pas sa forme habituelle et, surtout, les troubles du tonus musculaire faussent les ajustements corporels entre la mère et l'enfant. On décrivit même « un syndrome tardif des prématurés », ces jeunes gens maigres, myopes, dyslexiques, craintifs et mauvais élèves.

Arrivent nos deux pédiatres anglais qui apprennent à leurs confrères que la séparation mère-enfant pendant la période sensible qui suit l'accouchement, trouble la mise en place des premiers canaux d'attachement et explique les importants troubles du développement des prématurés [11].

L'analogisme abusif de la transposition des modèles et la fragilité méthodologique des deux pédiatres ont provoqué des transes agressives dans les milieux éthologiques. « Les femmes ne sont pas des brebis... Ces médecins n'ont pas le droit théorique d'inférer de la brebis à la femme... Les observations des troubles de l'attachement sont faites à la va-vite... Pas de théorie... Pas de méthode... Zéro pour les pédiatres [12]. »

« Zéro », disent les scientifiques, isolés dans leurs laboratoires avec leurs théories auto-centrées et leurs méthodes incommunicables à force d'être sophistiquées. Mais pas zéro du tout pour les cliniciens, hommes de terrain empiristes qui disposent de quelques heures, de quelques gestes et de quelques décisions pour rattraper un prématuré ou le laisser filer.

« Cette publication a eu un retentissement considérable dans les milieux de la naissance [13]. » Dès cette époque, les praticiens se sont appliqués à ne plus séparer la mère et l'enfant. Ils ont réduit la technicité de leurs gestes au minimum. Les chirurgiens ont hospitalisé les enfants avec leur mère. Les petits ont été emmenés en salle d'opération en serrant dans leurs bras leur nounours ou leur chiffon sale et tranquillisant. Les psychologues ont parlé avec ces mères privées de grossesse et ont rétabli le lien fantasmatique en demandant aux puéricultrices de ne plus se baptiser elles-mêmes « maman », permettant ainsi aux accouchées de se sentir à nouveau mères. Le résultat clinique dû à ce changement d'attitude mentale est excellent. En quelques mois, les prématurés rattrapent le niveau de développement des nouveau-nés à terme. Avec des moyens très simples, des gestes évidents, des paroles nécessaires, le syndrome tardif de l'ancien prématuré est en voie de disparition. Les mères et les praticiens témoignent aujourd'hui du changement de pronostic de la prématurité, grâce à cette publication si peu scientifique.

Voilà comment les brebis ont permis aux prématurés de connaître un développement normal. Mais si les brebis ont pu faire comprendre les troubles de l'ontogenèse du développement, elles n'ont pu expliquer le sentiment que l'enfant se fait de son histoire, son historicité. La comparaison entre les enfants prématurés et les enfants abandonnés va nous permettre d'illustrer la différence entre l'ontogenèse et l'historicité. La séparation de la mère et de son enfant est exactement la même pour les enfants abandonnés. Elle survient au cours du moment sensible qui suit l'accouchement. Elle est souvent moins agressive que pour les prématurés, puisque les enfants abandonnés ne sont pas perfusés, piqués, tuyautés, sonorisés et pourtant, les troubles initiaux sont très comparables : retard des postures, défaut de spatialisation, mauvais schéma corporel, hypersensibilité aux bruits, aux touchers et surtout, anorexie, insommnie et mauvais ajustement dans les bras maternels.

L'ontogenèse n'est pas l'historicité : prématurés et enfants abandonnés.

Alors que les prématurés, grâce aux brebis, sont replacés le plus tôt possible dans un milieu maternel cohérent qui leur fait rapidement réparer leurs troubles, les enfants abandonnés, eux, sont souvent placés dans une institution de faible valeur maternante. Quelques mois plus tard, ils vont accéder au langage et se dire : « Je suis un enfant abandonné. »

Cette situation d'abandon va prendre sens pour eux et éveiller des fantasmes de honte : « Je suis un enfant-poubelle », car c'est la honte qui caractérise l'émotion que ces enfants éprouvent pour eux-mêmes. Pourquoi ont-ils honte de ne pas avoir de mère ? Comme une tare, une maladie honteuse au fond d'eux-mêmes. Ils disent : « J'ai dû être bien méchant pour que ma mère ait souhaité m'abandonner. » Et ces phrases révèlent leur sentiment de dévalorisation et de culpabilité.

Les troubles biologiques et comportementaux sont les mêmes que pour les enfants prématurés. Mais cette mémoire, cette conscience d'eux-mêmes, cette identification rétrospective, caractérise le processus d'historisation qui, lui, n'a plus rien à voir avec les brebis.

L'historisation, la mémoire de soi, est un processus actif de création de son propre passé qui donne une forme à l'identité du parleur. Ce travail, très différent de l'observation directe n'empêche pas l'attitude éthologique.

Anna Freud, armée d'un concept psychanalytique, avait su observer les enfants abandonnés : « Ils avaient trouvé un autre endroit où placer leur libido et, s'appuyant sur cela, ils avaient maîtrisé certaines de leurs angoisses et acquis des attitudes sociales [14]. » On trouve dans cette description, le pôle psychologique : « Maîtriser certaines angoisses », et le pôle comportemental observable : « Ils avaient... acquis des attitudes sociales » (parler à..., jouer avec...).

En somme, la question des interactions fantasmatiques revient à tenter une corrélation entre le monde intime exprimé par les paroles, et le monde périphérique exprimé par les gestes : « Je voyais ma mère comme le diable, tant elle m'a fait souffrir. Je veux être mère à mon tour pour me punir. Je me rends bonne mère jusqu'à la souffrance. Je fais trop le ménage. Je reste debout pour ne pas froisser les coussins du fauteuil. Je nourris mes enfants à la perfection. Tous leurs repas sont prêts à l'heure, bien présentés sur une jolie table. Je les nourris si vite et si abondamment en criant très fort parce qu'ils m'angoissent. Ils m'empêchent d'être bonne mère s'ils ne mangent pas. Ils finissent toujours par vomir. Quand ils mangent avec la voisine, ils ne vomissent jamais * ».

Dans le témoignage verbal de cette jeune femme qui avait été une enfant-martyr, le psychothérapeute entend l'historisation, le récit de cette « mère diable ». Le clinicien entend aussi le sens psychologique attribué aux faits : « Je veux être mère à mon tour pour me punir. » Il entend une description comportementale : « Je reste debout... la table est jolie... je les nourris vite... en criant... » Il recueille même une manipulation quasi expérimentale : « ... Quand ils mangent avec la voisine, ils ne vomissent pas. »

Interaction fantasmatique : genèse d'un enfant-martyr.

L'interaction fantasmatique peut donc s'observer en clinique. Il suffit d'apprendre à l'entendre et à la voir, pour assister à la genèse d'un enfant-martyr.

Une autre jeune femme, très jolie, blonde aux yeux verts, luttait contre son angoisse par une grande activité sociale. Elle tombe enceinte. Le placenta s'accroche mal, elle saigne. Les médecins la bourrent d'hormone et de cortisone. Elle doit rester couchée plusieurs mois, immobilisée par des perfusions. Les hormones femelles interfèrent avec certains neuro-médiateurs qui facilitent l'humeur dépressive. Et certaines cortisones déclenchent de grandes angoisses. Cette jeune femme immobilisée pour ne pas perdre son bébé ne pouvait plus utiliser sa défense naturelle contre l'angoisse, son hyperactivité et son engagement social.

Dans ces conditions comportementales et biologiques, son bébé va prendre sens pour elle. Elle dit : « Je souffrais tellement d'angoisses, j'étais tellement torturée par l'immense contrainte de cette immobilité sous perfusion qui a duré plusieurs mois que chaque jour, chaque instant je souhaitais que mon bébé meure, que sa mort vienne me libérer * ».

Culpabilisée par de tels fantasmes, elle se contraignait plus que jamais à l'immobilité pour ne pas tuer son bébé. Non seulement le bébé n'est pas mort, mais il est devenu hyperkinétique dans ce ventre, comme souvent les bébés de mères stressées. Elle a saigné et souffert chaque fois qu'il sursautait et se débattait dans l'utérus : « Je l'ai haï dès sa naissance », dit-elle. La spirale interactionnelle démarrait bien mal.

Certaines observations éthologiques réalisées par ailleurs, permettent de supposer qu'avec de tels fantasmes en tête, la mère épuisée, torturée d'angoisse, haineuse, a dû manipuler violemment ce bébé, mal interpréter ses cris et s'irriter chaque fois qu'il la sollicitait. On peut imaginer qu'elle l'a brutalement jeté dans son berceau pour l'endormir et lui a enfourné la tétine pour le nourrir. Le bébé a dû se sentir jeté loin du corps de sa mère alors qu'il aurait dû être tranquillisé pour s'endormir. Il a dû se sentir agressé dans la bouche chaque fois qu'il avait faim. Il est naturellement devenu insomniaque et anorexique.

La mère interprétait ces comportements et disait : « Il m'empêche de dormir alors que c'est pour lui que je me lève tôt pour aller travailler... Il refuse de manger... Il va mourir... Il aurait mieux fait de mourir plus tôt... »

Cet enfant avait six ans quand l'assistante sociale l'a adressé à ma consultation. C'était un adorable petit garçon aux boucles blondes et aux yeux bleus.

Pendant l'entretien, David ne quittait pas sa mère des yeux. Elle parlait de lui, devant lui, en termes exaspérés. Elle racontait à quel point cet enfant n'avait cessé de la faire souffrir, la nuit, le jour et maintenant à l'école où il travaillait mal, où les maîtres se plaignaient. Il ne cessait de la persécuter, sans cesse, sans cesse.

Soudain, elle m'a pris à témoin et a dit : « Regardez, il recommence », et elle a pincé, en grinçant des dents, la cuisse du petit garçon qui s'est laissé faire, immobile en regardant amoureusement sa mère tandis que les larmes lui venaient aux yeux. « Vous avez vu, vous avez vu, il arrête pas, il arrête pas, jamais », disait sa mère excédée par la persécution immobile et silencieuse de son enfant.

Difficile de rester neutre et bienveillant. J'ai eu tort de faire remarquer, le plus doucement possible, que je n'avais pas vu grand-chose. La mère scandalisée a attrapé son enfant par un bras, l'a arraché de sa chaise et s'en est allée en disant : « Alors, vous aussi vous prenez son parti ! »

Deux ans plus tard, je les ai revus : David se battait à l'école et se brûlait avec des allumettes. Il plantait des aiguilles dans le dos de ses camarades et dessinait sur ses cahiers de classe de terribles sexes-machines avec des trous-vagins, comme des pièges à mâchoires. Il dessinait aussi des pénis en forme de couteaux et des « machines à branler sans bouger ».

La mère horrifiée, plus fatiguée que jamais, me montrait les preuves du sadisme de son enfant qui la regardait avec amour. Elle lui a dit : « J'aurais préféré que tu meures, suicide-toi... suicide-toi, mais pourquoi tu ne te suicides pas ? » Elle le secouait en criant. Cette fois-ci, je n'ai rien dit. Je l'ai laissée secouer l'enfant, ce qui m'a permis de leur donner à chacun des rendez-vous séparés.

Elle disait : « J'ai envie de l'étrangler. » Et elle mimait le plaisir imaginé de son désir.

Il disait : « J'ai envie d'étrangler à l'école. Je suis mauvais. »

« Il a envie de mourir. Je le sais. Alors, qu'il se suicide tout de suite ! Qu'il meure ! C'est ce qu'il aurait dû faire avant sa naissance. »

« Je voudrais tant faire plaisir à ma mère. Je ne peux pas m'empêcher d'être mauvais. »

Cette haine du bébé, ces fantasmes de mort projetés sur l'enfant avaient envahi les pensées de cette femme lorsque le bébé, dans son ventre, la faisait tant souffrir et déjà la persécutait. La spirale toxique s'était mise en place et tout le reste n'était que devenir, transformation, rationalisation de cette trajectoire douloureuse.

Cette mère-bourreau-martyr, d'enfant-martyr-bourreau avait établi avec ses deux autres enfants une relation gentille et gaie. Elle trouvait même que c'était facile et agréable de les élever.

La parole modifie le destin biologique.

Entre les brebis et les femmes, il y a un programme commun, c'est celui de l'utérus. Mais il y a une différence énorme, c'est celle de la parole. Et l'intervention de la parole modifie radicalement le destin biologique des interactions entre la mère et l'enfant.

Quand on bouche les narines d'une brebis, on brise les interactions avec l'agneau et on empêche l'attachement, définitivement! Jamais plus la mère ne pourra s'attacher à son petit. Ne pouvant pas le sentir, elle va le considérer comme un étranger et le chasser.

Alors que la conscience d'une femme lui permettra de rétablir la spirale..., si elle le désire. Il lui suffit de savoir que ce bébé dans la couveuse, c'est son enfant, pour qu'elle puisse réparer l'attachement brisé par la séparation. Les premiers gestes seront maladroits : elle tiendra le bébé longtemps entre le pouce et l'index, au lieu de le prendre à pleine paume pour l'amener contre son corps, comme le font les mères qui n'ont jamais connu de séparation. Il lui faudra trois à quatre jours pour oser enfouir son nez entre les bras de son bébé et reconnaître son odeur [15]. La reconnaissance des pleurs lui prendra un peu plus de temps. Mais très rapidement elle apprendra la spontanéité, et la communication sensorielle rétablie remettra en place les stimulations qui tissent le lien de la familiarité.

Le fait de ne pas posséder de conscience explique, chez les brebis, le déterminisme à longue échéance. Elles sont soumises aux informations biologiques et lorsqu'une stimulation vient à manquer, le lien ne peut plus se tisser.

Alors que chez les femmes, le simple fait de dire : « Celui-ci est votre bébé », leur permet de le savoir et, le sachant, de rétablir les voies sensorielles. La parole permet de réparer les troubles dus à la séparation..., ou de les aggraver. Le déterminisme des troubles chez les prématurés est à courte échéance quand interviennent la connaissance et le désir de rétablir le lien.

Mais ce n'est pas toujours le cas. Certaines mères se sentent libérées quand leur bébé est en couveuse. Elles ressentent son retour comme une privation de liberté. Le plus souvent, cette séparation aggrave l'angoisse des mères qui, dépossédées de leur maternité, vont se sentir incompétentes. Le moindre bobo provoquera une nouvelle hospitalisation du bébé, confié à des personnes « plus compétentes », répétant ainsi la séparation précoce et les troubles qu'elle avait induits.

Cette séparation précoce peut donc révéler une vulnérabilité maternelle qui, non consciemment, entretiendra les troubles créés chez le petit par... la séparation précoce. Une spirale toxique se met en place, créant dans l'enfant une trace de vulnérabilité qui pourra s'exprimer des années plus tard, à l'occasion par exemple d'un déménagement. On savait déjà que dans la population des déprimés adultes, un nombre élevé avait subi une séparation précoce. On vient de découvrir que ces dépressions du déménagement, beaucoup plus fréquentes qu'on le pense, révèlent presque toujours chez l'adulte une faille inscrite dans son développement par une séparation précoce qui avait déjà provoqué, trente ou quarante années plus tôt une dépression anaclitique [16].

Dans un premier temps, la spirale avait été réparée par le désir maternel mais l'inscription demeurait tracée. Elle n'attendait que l'événement signifiant pour se déclarer.

Pourtant, le déterminisme n'est pas si impératif que ça. Nous avons parlé plus haut de la correction apportée par le désir maternel quand il réparait les troubles de l'enfant séparé; il faut maintenant ajouter la correction apportée par la parole. Dès que l'enfant parvient à en faire un outil de communication, ses gestes changent de forme. Il peut désormais immobiliser son corps et, en articulant certaines sonorités, discrètement associées à quelques mimiques faciales et mouvements de la main, il devient capable de ressentir une émotion et de la partager. La parole possède cette fonction émotive inouïe qui nous permet de pleurer pour un événement survenu il y a vingt ans, ou d'espérer une situation qui n'existera que dans dix ans. Cette fonction parolière qui permet d'amplifier l'émotion, de la faire revivre et partager à propos d'un objet totalement absent est caractéristique de l'espèce humaine.

Les goélands n'ont pas cette capacité à s'approprier l'espace et le temps et à revivre une émotion pour un objet absent. Ils sont soumis à leur contexte. Pour démontrer qu'ils sont soumis à l'espace, il suffit de faire passer le cri d'alarme enregistré sur un magnétophone. Les goélands répondent en s'envolant et en criant à leur tour, mais, plus on éloigne le magnétophone pour diminuer l'intensité, moins les goélands s'envolent en criant. Pour démontrer qu'ils sont soumis au temps, il suffit de compter le nombre de cris de triomphe par goéland, ce qui permet de constater que celui qui vient de chanter le triomphe a plus facilement tendance à pousser à nouveau son staccato. Mais plus le temps l'éloigne de son triomphe, moins il le chante [17].

Le langage des animaux est un langage contextuel, soumis aux émotions proches. Alors que le pouvoir inouï de la parole permet aux hommes de ressentir une émotion passée ou à venir et d'y adapter leurs décisions et comportements.

Cette capacité d'échapper à son contexte par la parole lui permet d'inventer sa vie. C'est pourquoi les enfants abandonnés qui gardent en eux la trace de leur carence affective ont toujours la possibilité d'échapper à cette trace par la parole qui leur permet de remettre en chantier ce souvenir et parfois même de transformer l'histoire de leur vie en œuvre d'art.

L'éthologie trans-culturelle.

L'éthologie trans-culturelle, l'étude comparée d'un même comportement à travers différentes cultures, permet de démontrer à quel point le contexte humain est radicalement différent du contexte des brebis.

Dans certains groupes de population d'Ouganda, les rituels de la culture prescrivent la séparation précoce des enfants et de leur mère. Quand le regard social donne à cette séparation la valeur d'une règle culturelle, les enfants manifestent un gros chagrin, puis ils se regroupent, se réconfortent et s'intègrent sans trop de difficultés dans ce nouveau réseau social privé de mère. Alors que dans les groupes où une décision politique arrache les enfants à leurs familles, l'histoire de vie de ces enfants s'organise vers une pathologie psychologique.

Le fait en soi est le même : séparation d'avec la mère Mais le regard social donne au fait un sens si différent que dans le cas où cette séparation est une règle culturelle, presque tous les enfants évoluent correctement, alors que dans le cas où le regard social attribue à ce fait la signification d'une injuste punition, presque tous les enfants en souffrent.

Le regard social, en tant que représentation collective, constitue une très grande force modelante qui peut organiser l'histoire d'une vie.

Au Kenya, la culture Gusii [18] tolère les deux formes de famille : familles nucléaires comme en Occident, et familles multimaternelles où le réseau familial est constitué par la mère, le mari et ses autres femmes [19]. L'observation des enfants de ces deux types de famille, pendant quinze ans, a montré que les enfants de familles multimaternelles fournissaient un contingent de troubles psychiques et de demandes de soins psychiatriques nettement plus important que celui des enfants de familles nucléaires.

Cette observation d'étho-ethnologie nous pose un problème, à nous occidentaux qui prétendons que la famille nucléaire est source de troubles psychiques, nous qui nommons cette famille, « famille-cellulaire », comme une prison, nous qui évoluons vers un réseau familial labyrinthique où l'enfant se développe dans une grille environnementale constituée par deux logements, un père, un autre homme, une mère, une autre femme et une grande quantité de demi-frères, quart de sœurs, sans compter, dans l'ombre, les innombrables cousins partiels.

L'éthologie des enfants Gusii nous apprend que cette famille nucléaire, lieu de sécurité et de conflits, posséderait un pouvoir plus développant que les familles élargies, multimaternelles ou poly-associées !

Le pouvoir épanouissant des familles nucléaires pourrait peut-être expliquer la solidité de l'attachement qu'on y observe et son pouvoir « sécurisant-fortifiant ».

Pour exprimer cette notion, Spitz avait parlé d'anaclitisme, Freud d'étayage et Marie Ainsworth de base de sécurité. Ces trois psychanalystes ont voulu signifier le pouvoir sécurisant-fortifiant de l'attachement maternel. D'ailleurs il a été montré que, dans les familles multimaternelles, « les enfants sont invariablement plus attachés à leur mère biologique qu'aux autres dispensateurs de soins [20] ».

La perte de cette sécurité fortifiante crée un moment de vulnérabilité qui oriente la spirale biographique vers un développement fragile. A partir de ce raisonnement éthologique, les études rétrospectives comparent une population d'adultes qui, dans leur enfance, ont été séparés précocement et une population d'adultes non séparés qui ont tous bénéficié de cette sécurité fortifiante. Dans la population des séparés précoces on trouve dix fois plus de dépressions adultes que dans la population des attachés précoces.

La perte de cette sécurité fortifiante crée un moment de vulnérabilité.

Ainsi se trouve confirmée en clinique, la notion éthologique de séparation précoce, de brisure d'attachement lors d'une période sensible du développement de l'enfant. Cette rupture crée un facteur de vulnérabilité qui s'exprimera peut-être vingt ou trente ans plus tard, provoquée par un événement banal de l'existence.

Les témoins disent alors : « Tu as tout pour être heureux, tu n'as aucune raison d'être déprimé. » Ce raisonnement n'a pas de sens, car ce qui s'est mis en place dès les premières années de la vie, c'est un trait permanent de la personnalité, un facteur constitutif de vulnérabilité qui explique la réponse dépressive de l'organisme à un événement banal mais signifiant.

Dans cette optique, la dépression n'est pas une tristesse pathologique [21], c'est une réponse pathologique de l'organisme qui se fracture selon le trait de vulnérabilité mis en place très précocement.

Mais vulnérabilité ne signifie pas morbidité. La vulnérabilité peut même créer un facteur d'équilibre. On entend dire alors : « Je ne peux pas vivre sans travailler... C'est comme ça et pas autrement... Je ne pourrais jamais vivre à la campagne », etc. Ces phrases, aveux de vulnérabilité, constituent une manière de vivre très équilibrée (je devrais dire « en équilibre »).

A l'inverse, certaines apparences d'équilibre réalisent un véritable destin de dépressif. Ces enfants trop sages, ces adultes parfaits qui organisent une manière de vivre trop gentille, une histoire personnelle pathologiquement équilibrée se destinent à la dépression.

La plupart des accidents ne sont pas accidentels. Ils sont

le résultat d'une manière de se comporter qui, un jour, doit mener à la fracture. L'accident devient alors une réalisation probable, une conséquence de ce comportement répété.

On peut raisonner de même pour la dépression expliquée par l'éthologie : la dépression n'est plus le fait du hasard, n'est plus conséquence directe d'un drame ou d'une mauvaise nouvelle. Elle devient réponse de la personne dont le développement, dès le début de sa vie, dessine les grands traits de son caractère.

Cette biologie acquise se met en place lors des périodes sensibles où l'organisme, hyper-récepteur de toute pression du milieu, acquiert une aptitude comportementale, créant ainsi une tendance à la répétition, cet anti-hasard.

Certains, comme le professeur Tellenbach, psychiatre autrichien, considèrent la dépression en tant que destin [22] : cet homme n'est jamais dépressif, il dit même que, toute sa vie, il a été joyeux, organisé, travailleur, irréprochable. Il insiste sur ce mot « irréprochable ». Quand on lui demande comment on peut vivre de manière irréprochable, il nous explique la sensation d'apaisement que lui donne la mise en ordre de son bureau, impeccable, de ses dossiers, méticuleusement rangés, de ses vêtements toujours propres et bien repassés. Souvent, c'est lui-même qui repasse ses chemises, le soir avant de se coucher ou le dimanche quand sa famille va à la plage. L'ordre et la stabilité l'attirent. Il aime prévoir le rangement de sa bibliothèque, il planifie ses journées et ses années à venir.

Bon père, bon fils, bon mari, ami fidèle, il vole au secours de ses proches en difficulté. Le dimanche, il maçonne la terrasse de son voisin. Sans argent, il emprunte pour aider son cousin à boucler sa fin de mois. Au travail, ses supérieurs l'apprécient. Ils font une moue admirative quand on parle de lui : toujours à l'heure, toujours prêt, impeccable. Cet homme travailleur et joyeux exige de lui encore plus que ce qu'on oserait lui demander. Et l'entourage finit par profiter de cet homme qui aspire tant au bonheur des autres.

Cet équilibre est pathologique. Une analyse de son monde intime nous ferait découvrir sa difficulté à être heureux. Pour lui, tout plaisir est coupable. Il n'ose jouir de la vie que par personne interposée. Il aime les autres, car il ne s'aime pas lui-même. Et dès qu'il aime, il donne. Il donne son temps, ses efforts et son argent. Il couvre les autres de cadeaux car il fait de son objet d'attachement un délégué jouisseur. Ses enfants, sa famille ou le monde souffrant constituent pour lui de parfaits délégués jouisseurs. Il dit : « Seul le plaisir des autres compte. Le mien n'a pas de valeur. Souvent mon plaisir m'angoisse et me culpabilise. »

Ce dévouement biblique, cette générosité dans le sacrifice l'équilibrent pendant une longue partie de sa vie ; tant qu'il tient, tant que son organisme résiste à cette incessante exigence d'efforts et de contraintes.

Jusqu'au jour où un incident anodin, un hasard de la vie – la grippe de sa mère, l'échec scolaire du petit ou la mort du chat –, provoque un effondrement mélancolique brutal. D'un seul coup, comme on appuie sur un bouton électrique, l'angoisse le glace et le plie en deux. Son corps ne répond plus, tant la douleur morale est intense. Il ne peut ni manger ni boire ni dormir. En quelques jours, son état s'aggrave, même aux yeux de la famille qui ne sait pourtant pas qu'une seule idée l'obsède comme une urgence : se tuer. Parfois même, il désire tuer ceux qu'il aime, pour les libérer de la vie, les soulager et continuer à les aider par un dernier cadeau.

Avant l'ère des médicaments à visée psychique, ces mélancoliques mouraient dans des circonstances tragiques. Actuellement, leur humeur est facile à guérir mais ça ne règle pas leur problème psychologique : souvent ils refusent de se soigner parce qu'ils n'y croient pas ou parce qu'ils pensent qu'ils n'en valent pas la peine. L'important c'est le bien-être de la voisine et non pas leur souffrance intime qui ne mérite qu'une mort discrète, dans un coin de la chambre ou dans la niche du chien, une mort sans importance.

Lorsqu'ils guérissent, la famille nous le reproche. Les médicaments améliorent l'humeur en quelques jours, mais la personne qui s'est développée depuis l'enfance, qui a tissé des réseaux familiaux et élaboré des idées sur la vie, cette personne et son milieu ne pourront pas évoluer en quelques jours, eux. La guérison déstabilise ce petit monde. On entend alors : « Depuis qu'elle se soigne, elle s'occupe moins bien de la maison. » Ou bien : « Il va mal depuis vos entretiens. Il vient à la plage avec nous au lieu de repasser le linge. Il était mieux avant. »

Mauvaise affaire pour la famille. Alors, le mélancolique répète pour sa maladie le trait permanent du caractère qui avait organisé sa vie : il se sent coupable d'aller mieux ! Il s'arrange pour rechuter, il rate ses rendez-vous, interrompt son traitement et refuse la psychothérapie.

Où est le hasard dans cette biographie ? On trouve souvent dans l'histoire de ces mélancoliques, une longue séparation précoce ou un dépression parentale lors des premières interactions.

La privation de lien pousse le développement d'une personnalité dans une direction qui mène à l'effondrement dépressif. Mais un fantasme peut organiser un patron de comportement, et puiser sa force modelante dans le lien affectif.

Nous avons choisi d'observer la situation la plus naturelle et la plus inévitable qui soit : la première fois qu'une mère prend son bébé dans les bras, tout de suite après l'accouchement [23]. Arbitrairement, nous avons décidé d'observer la première toilette qu'une femme donne au bébé qu'elle vient de mettre au monde. L'observateur est assis derrière une table sur laquelle il a placé deux poupons en carton quadrillé : un poupon-garçon (face et dos), et un poupon-fille (face et dos). Il trace une croix quand la mère prend son bébé entre le pouce et l'index, deux croix quand elle le prend à pleine paume, et trois croix quand elle le serre contre elle. Il dessine sur le poupon en carton les croix qui correspondent aux endroits où la mère a réellement touché son bébé.

La première fois qu'une mère prend son bébé dans ses bras.

Après avoir ainsi observé un certain nombre de prises en paume, nous avons vu apparaître sur les cartons, des quadrillages différents selon le sexe !

Tous les bébés, du fait de leur poids et de leur forme, doivent être empaumés sous les aisselles avec deux doigts derrière la nuque pour la soutenir. Les fesses et les cuisses sont beaucoup touchées pour mieux asseoir le bébé.

Mais sur les poupons-filles, nous avons vu apparaître beaucoup plus de croix au milieu de leur corps ! La poitrine, le ventre, le milieu du dos et les fesses avaient été beaucoup plus touchés chez les bébés filles que chez les bébés garçons. Et cela, dès les tout premiers gestes !

Cette différence de gestualité en fonction du sexe du bébé ne pouvait pas s'expliquer par le poids, ni par la forme des bébés assez comparables. Il fallait donc admettre que le premier geste maternel de la prise en paume de son bébé avait subi deux pressions de natures différentes : la pragmatique du geste et la fantasmatique du geste. Les aisselles, l'occiput et les fesses représentent les points d'appui les plus pratiques pour attraper et soulever le bébé. Leur sexe n'a rien à voir dans ce geste.

En revanche, pourquoi le milieu du corps chez les filles ? Ça ne permet pas de les empaumer mieux, de mieux les soulever. Il faut bien admettre que ces touchers-là se fondent sur une fantasmatique du geste. Sachant qu'il s'agissait d'une fille et se représentant « elle-même empaumant sa fille », la mère a disposé son propre corps plus sur le côté. L'idée que la mère se fait de sa propre relation avec sa fille l'incite à se placer dans l'espace d'une autre manière que pour empaumer un garçon qui sera moins touché sur le milieu de son corps. Les mères sexualisent la première prise en paume.

Les bébés percevront donc un monde maternel très différent selon leur sexe : les petits garçons percevront de face l'odeur de leur mère, ses couleurs, ses mouvements et ses vocalisations. Alors qu'une petite fille percevra sa mère, ses mouvements, sa chaleur et ses sonorités, venant latéralement et touchant beaucoup son corps en tous endroits, y compris la poitrine, le bas-ventre, le dos et les fesses [24].

Ces informations sensorielles organisent une pression biologique fondée sur les fantasmes de la mère.

Les puéricultrices et les professionnels de la naissance n'ont pas sexualisé cette première prise en paume. Pour eux, un bébé est un bébé. Cette représentation privilégie la pragmatique du geste : garçons et filles sont empaumés de la même manière. Alors que la mère privilégie la représentation sexuelle : c'est un garçon-bébé ou une fille-bébé. Cette accentuation de la perception du sexe de son enfant organise une sexualisation très différente de ses gestes.

Dans les grossesses à risque, on a souvent l'occasion de parler avec une femme qui craint de perdre son bébé. Cette mère exprime des fantasmes de mort [25] : « J'ai peur qu'il soit malformé. S'il meurt, j'en ferai un autre. Et ça se passera mieux. » Après la naissance, la prise en paume va privilégier la pragmatique du geste et surtout la prise par le bout des doigts. Ce n'est que plus tard, lorsque l'attachement sera bien tissé, que la mère osera empaumer son bébé à pleines mains, puis à bras le corps.

La parole des professionnels a grandement modifié ce premier contact. Il arrive qu'après un accouchement difficile, les sages-femmes ou les médecins annoncent à la mère que « le bébé a souffert cérébralement... ». Ou bien : « Il a dû s'asphyxier. » Cette révélation repose sur des indices fragiles, surtout lorsqu'on connaît la fabuleuse plasticité d'un cerveau d'enfant. Mais cette manière de parler du bébé va induire une gestualité maternelle beaucoup plus pragmatique que fantasmatique : bouts des doigts pour soulever, bien plus que milieu du corps pour jouer ou caresser. La parole des professionnels possède, elle aussi, un effet organisateur des comportements de la mère.

Le plus souvent, la production fantasmatique de la mère a des effets bénéfiques sur le développement de l'enfant. Quand l'enfant est attendu (plutôt que désiré), quand la grossesse est valorisée par le regard social, quand le bébé est annoncé par les paroles fières de la famille ou les gestes attendris du mari, la jeune accouchée, heureuse et sécurisée, établit les premières interactions avec son bébé en privilégiant la fantasmatique des gestes. Ces gestes, plutôt fondés sur le jeu et le plaisir du contact créent pour le bébé un monde sensoriel très différent de celui créé par les gestes strictement utilitaires.

Un étonnement pourtant : la rareté du baiser [26]. L'observation des « prémices du baiser », permet de montrer comment se met en place un comportement signifiant, comment un réflexe biologique, utilitaire à son début, se charge d'un

Les prémices du baiser.

sens affectueux au cours d'une relation, et participe à l'attachement [27].

Au départ, il s'agit d'un réflexe de fouissement qui apparaît à l'intérieur même de l'utérus, observé lors des échographies. Dans les secondes qui suivent la naissance, le bébé sait tourner la tête, l'orienter vers le sein, chercher le mamelon et réaliser cette série invraisemblable de réflexes coordonnés : la tétée.

Jusqu'au sixième mois, on peut déclencher ce réflexe en présentant le mamelon de la mère... ou ses lèvres! Instantanément, le nouveau-né tourne la tête, ouvre la bouche et tire la langue. Mais vers le septième mois, ce comportement devient moins réflexe et commence à exprimer une intention. Le bébé, yeux ouverts, regarde sa proie et ouvre la bouche pour mordre le plus grand morceau possible de nez ou de joue maternelle. Quand la bouche arrive au contact de l'objet source de plaisir, il ferme les yeux et mord en souriant.

L'interprétation maternelle va donner sens à ce comportement qui s'est développé à partir d'un réflexe. La mère peut dire : « On ne mord pas... méchant... on respecte les adultes! » Elle peut aussi interpréter par un éclat de rire et tendre son nez ou sa joue pour répéter l'exercice. L'émotion qui se transmet, le monde sensoriel qui se crée autour de cet acte est radicalement différent selon l'interprétation qu'en donne la mère.

Le réflexe est d'abord biologique. La maturation neuropsychologique permet, dès le septième mois, l'utilisation de ce réflexe pour manifester un comportement de désir. L'interprétation de la mère signifie à l'enfant que ce comportement de bouche va désormais participer aux manifestations d'attachement (« qu'il est mignon ce bébé ») ou, au contraire, sera réprimé, car moralement mauvais (« on ne mord pas sa mère, sale gosse! »).

Ainsi s'amorce la spirale interactionnelle car, dès le huitième mois, c'est le bébé qui, à son tour, ravi, va tendre sa joue pour être embrassé-mordu.

L'ambivalence de ce comportement mordre-embrasser, l'ambivalence de l'interprétation maternelle vont nécessiter encore une longue maturation où les désirs entrelacés de gestes et de paroles ne donneront la forme définitive du baiser qu'après le vingtième mois!

Il aura donc fallu presque deux années de développement pour que les réflexes de fouissement et de tétée mûrissent et rencontrent l'interprétation de la mère. A ce moment naîtra le sens de ce réflexe qui, jour après jour, geste après geste, tissera une histoire entre ces deux personnes.

Il aura fallu deux ans de développement neurologique et d'interprétation maternelle pour que ce réflexe devienne acte signifiant, pour que l'histoire permette que ce comportement de bouche devienne un baiser. Il aura fallu deux ans pour que le bébé apprenne un comportement culturel qui n'est apparu qu'à la Renaissance. C'est dire si les enfants apprennent vite.

Cette manière d'observer avait déjà été réalisée par Marie Ainsworth [28], en chronométrant simplement la durée des pleurs de nouveau-nés pendant les premiers jours. Elle avait noté une grande inégalité de performances : certains bébés pleurent trois minutes par heure, alors que d'autres dépassent largement les vingt minutes! En déclenchant son chronomètre pendant la première année de la vie, elle avait constaté que tous les bébés, les pleureurs et les non-pleureurs, réalisaient la même évolution de leur courbe de pleurs : abondants lors du premier trimestre, ces pleurs se calmaient lors du deuxième pour recommencer lors du quatrième. Quel que soit l'environnement, quel que soit le sexe, tous les bébés réalisent cette courbe de pleurs. Voilà bien la preuve d'un comportement inné, « gène sous cloche » échappant aux pressions de l'environnement, ont dit certains défenseurs de la machine. Mais il suffit de modifier la question pour obtenir une autre réponse. La variable introduite dans cette nouvelle observation a été le temps de rescousse de la mère, le temps passé entre le cri du bébé et la prise en paume par la mère : les courbes de pleurs ont été à nouveau tracées. On constate alors que la courbe évolutive des cris reste toujours la même : apaisement au cours du deuxième trimestre et recrudescence vers le dixième mois. Mais les courbes montrent maintenant que les bébés, rapidement empaumés lors des pleurs du premier trimestre, augmentent très peu leurs pleurs lors du quatrième trimestre, alors que les bébés lentement secourus sont ceux qui ont le plus recommencé à pleurer lors du dixième mois.

Un interaction précoce, telle que venir à la rescousse du bébé en pleurs lors des premiers mois, a imprégné dans le bébé une aptitude comportementale qui ne s'est exprimée que longtemps après cet événement.

L'observation de gestes naturels, inévitables, tels que le baiser, la prise en paume ou la réponse aux pleurs a permis de montrer à quel point l'histoire et la biologie se mêlent pour donner sens aux gestes.

NOTES

1. GREEN A. (1970), « L'Objet », *Revue française de Psychanalyse*, XXXIV, n°s 5-6, pp. 885-1218.
2. HORASSIUS N., *Pouvoir et possession*, Colloque Pierrefeu, 1988.
3. ROBICHEZ-DISPA A. (1988), *Observation d'une relation médiatisée par l'objet chez l'enfant pré-verbalisant : le pointer du doigt*, Mémoire du diplôme universitaire de psychopathologie, Aix-Marseille II.
4. *Ibid.*
5. Cité *in* LECAMUS J. (1985), *Les Relations et les interactions du jeune enfant*, E.S.F.
6. Beaucoup de psychanalystes lacaniens considèrent que c'est surtout un travail de déconstruction.
7. POINDRON P., LENEINDRE P., LEVY F., KERVENEC E. (1985), « Les Mécanismes d'adoption chez les brebis », *in Lieux de l'enfance. L'adoption*, Privat, n°s 1 et 2.
8. JEDDI E. (1982), *Le Corps en psychiatrie*, Masson.
9. KLAUS M.H., KENNEL J.H. (1972), « Maternel Attachment : Importance of the First Post-Partum Days », *New England J. Med.*, n° 286, pp. 460-463.
10. LEZINE I. (1976-1977), « Remarques sur la prise de conscience du corps chez le jeune enfant », *Bull. Psycho.*, n° 30, pp. 253-263.
11. KLAUS et KENNEL, *op. cit.*
12. COHEN-SALMON, Ch., explosant lors du séminaire de Bobigny, dirigé par Serge LEBOVICI, 1984.
13. KREISLER L., SOULÉ M. (1987), *in Traité de psychiatrie de l'enfant et de l'adolescent*, t. II, p. 627.
14. FREUD A., DANN S. (1961), « An Experiment in Group Upbringing », *Psycho. Anal. Study Child*, n° 6, pp. 127-168, p. 165.

15. Schaal B. (1984), *Ontogenèse des communications olfactives entre la mère et son nouveau-né. Approche par l'éthologie expérimentale*, thèse en neurosciences, Besançon.

16. Klausher J., Jouve S., Ginestet D. (1988), « Déménagement et réaction dépressive », *Nervure*, n° 7, octobre.

17. Expérience décrite dans le chapitre : « Naissance des sens. »

18. Klaus K., Minde R., Seggane H. (1983), « Quelques aspects de la rupture du système d'attachement des jeunes enfants : perspectives transculturelles », *in Enfants dans la tourmente, parents de demain*, PUF.

19. Boussat M. (1986), fondateur de « Psychiatrie sans frontières », « Les Familles polymaternelles » *in Les Attachements nouveaux*, Relais Peiresc-Toulon, février.

20. Klaus K., Minde R. et Seggane H., *op. cit.*

21. Widlöcher D. (1982), *Les Logiques de la dépression*, Fayard.

22. Tellenbach H. (1979), *La Mélancolie*, PUF.

23. Alessandri J. (1986), *Différenciation sexuelle : préhension maternelle au cours de la première toilette*, thèse médecine, Marseille.

24. Millot J.-L., Filiatre J.-C. (1986), « Les Comportements tactiles de la mère à l'égard du nouveau-né », *Bulletin d'écologie et éthologie humaines*, novembre.

25. Molenat F. (1983), « Nouveau-né à risque en milieu hospitalier : les signaux d'appel au cours de l'interaction enfant/personnel soignant », *in Le Développement dans la première année*, PUF.

26. Robin M. (1983), « Les Contacts tactiles dans les jours qui suivent la naissance », *Le Développement dans la première année*, *op. cit.*

27. Ajuriaguerra J. de et Casati I. (1985), « Ontogenèse des comportements de tendresse », *Psychiatrie de l'enfant*, n° 28, 2, p. 385.

28. Ainsworth M.D.S., Bell S.M., Stayton D.J. (1979), « L'Attachement de l'enfant à sa mère », *in La Recherche en éthologie*, Seuil.

COMMENT METTRE AU MONDE UN PÈRE

Il s'est passé un phénomène curieux, quand j'ai préparé ce texte sur l'éthologie du père : j'ai collectionné les articles, accumulé les fiches cliniques, téléphoné et interrogé des amis zoologues. A chaque fois, la même situation se répétait : je posais une question sur le père en milieu naturel, et je recevais une documentation ou une fiche de travail sur ...les comportements parentaux.

Cette absence de père dans le discours zoologique est un discours : il n'y a pas de père en milieu animal [1] *.

Je propose, comme idée organisatrice de ces pages, d'assister à la naissance du père, dans le phylum naturel des animaux, puis dans la tête de l'enfant.

* Les notes du chapitre commencent p. 147.

L'invention du père dans le monde animal.

Dans le monde animal, le sexe est hors de prix. Tant que la reproduction se fait de manière non sexuée, le coût biologique est modéré. L'amibe ne consacre à sa reproduction qu'une petite somme d'énergie : au moment où elle se divise en deux, toute l'énergie de la cellule est utilisée à ce travail de division. Mais, en dehors de cette scissiparité, l'amibe mène une vie biologique bien tranquille.

Chez les poissons, les mâles s'occupent souvent des œufs et des alevins. Les parades nuptiales d'épinoche [2] sont touchantes quand elles sont anthropomorphisées : le mâle « danse » devant la femelle « pour la séduire ». Puis, il la conduit vers le nid qu'il a confectionné et lui montre l'entrée. La femelle ne peut pénétrer en entier dans ce nid trop petit et doit laisser sa partie postérieure au-dehors. Alors, le mâle en profite pour lui frotter le ventre jusqu'à ce qu'elle émette une grappe d'œufs qu'il inonde aussitôt de son sperme. Ensuite il chasse la femelle, ventile les œufs avec ses nageoires et s'occupe des alevins.

Cette poésie paternelle se dévalorise un peu quand on apprend que cette « parade », cette « danse », et cette « paternalité » peuvent se remplacer avantageusement par des leurres chimiques ou visuels qui assurent l'enchaînement des comportements avec efficacité [3].

Les couples durent longtemps chez les oiseaux : les corbeaux, champions des fiançailles et les goélands qui vivent en couple jusqu'à la puberté du petit, mais ceux que les féministes citent le plus souvent sont les manchots de la Terre Adélie. La femelle pond un seul œuf, pousse son mâle au nid, puis s'enfuit. Le père s'accroupit et enveloppe l'œuf avec le gros bourrelet cutané situé en bas de son ventre [4]. Les mâles jeûnent pendant deux mois en attendant le retour des mères et se groupent pour se réchauffer et mieux résister au blizzard.

Les exemples de comportements paternels en milieu animal abondent, mais quittons le pittoresque de ces observations naïves, pour poser deux problèmes – phylogénétique et épistémologique.

Quand on tente le survol phylogénétique des espèces, on

voit émerger une idée : les mâles participent peu à l'éducation des petits dans les espèces herbivores, alors qu'on observe des mâles paternants dans les espèces carnivores.

Dans les espèces herbivores le petit se fixe à sa mère par le mécanisme neurobiologique de l'empreinte [5]. Et, puisque la nourriture pousse partout, il suffit de suivre sa mère pour se nourrir à son contact. Parfois, quand apparaît un carnassier, les grands mâles bisons s'interposent entre le groupe des femelles accompagnées de leurs petits et font face à l'agresseur. Le plus souvent, les mâles forment un groupe, à distance du groupe des mères et des petits.

Donc, quand l'équipement génétique permet une nourriture diffuse comme chez les herbivores, l'organisation du groupe dépend plus des pressions écologiques que des pressions parentales. Ce n'est plus le cas lorsque l'équipement génétique nécessite d'aller chercher la nourriture, comme chez les carnivores. Là, pour nourrir les petits, il faut une coordination parentale.

Les goélands se relaient pour aller pêcher la nourriture et ne se trompent jamais de menu : ils rapportent des coquillages pour les adultes et des morceaux de poissons prédigérés qu'ils vont régurgiter pour leurs petits.

Cette coordination parentale n'est pas obligatoire puisque les chattes savent tout faire : élever les petits, les toiletter, chasser, leur apprendre à chasser et les protéger des mâles.

Les animaux adaptent leur programme génétique aux pressions écologiques et c'est nous, observateurs humains, qui le nommons « comportement paternel », alors qu'il ne s'agit que du comportement d'un adulte mâle géniteur qui, chez les poissons et les oiseaux, ne devient éducateur que par la vertu des enchaînements de stimulations chimiques et sensorielles.

Dans le groupe des singes, on voit apparaître la fonction de mâle éducateur chez des individus qui très probablement ne sont pas les pères géniteurs. Le fait qu'on ait décrit les comportements paternels si tardivement révèle le préjugé romantique des observateurs qui n'ont pas osé partir à la recherche du père parce qu'ils avaient en tête une représentation, où seule la femelle doit s'occuper des enfants.

Il a suffi de changer de préjugé, pour observer que certains mâles prennent soin des jeunes. Mais les scénarios sont variables. Quelques espèces sont réfractaires à ces comportements éducateurs de mâle. Les adultes mâles ne s'occupent pas de la même manière des petits mâles et des petites femelles, répétant ainsi la même différenciation sexuelle que les mères.

Souvent quand un singe mâle devient éducateur, on retrouve à l'origine de ce comportement une défaillance maternelle : lorsqu'une mère trop âgée ne peut plus mâcher la nourriture pour son petit, c'est un mâle qui prend le relais et pratique cette trophallaxie.

Certains mâles adoptent des petits orphelins, mais il faut pour cela que les enfants échappent à la convoitise des femelles qui se les arrachent [6], parfois très violemment.

Quand les grands enfants deviennent trop lourds, trop désobéissants et que la mère excédée les mord pour les chasser, on voit souvent un mâle gorille, macaque ou gibbon, recueillir cet enfant désespéré, le toiletter et jouer avec lui.

Certaines espèces sont très tolérantes, comme les babouins qui se laissent tyranniser par les petits. D'autres connaissent des évolutions de groupe très différentes : chez les macaques japonais, jamais un mâle ne s'occupe d'enfants, alors que d'autres groupes ont acquis ce comportement de mâle éducateur. Chez le magot (macaque d'Afrique du Nord), le petit s'accroche aux poils du ventre de sa mère, puis, en vieillissant, il s'accroche aux poils du dos d'un grand mâle.

En fait, ce que je viens de raconter est probablement pertinent sur le plan des descriptions, mais totalement faux quant à la dénomination. J'ai nommé comportement paternel ce que j'aurais dû nommer; comportement de mâle adulte soigneur! La parentalité dans ces comportements de soins est accessoire.

Le père planteur.

Le père biologique, le père réel, c'est celui qui a émis son sperme : pourquoi faut-il un père planteur ?

Dans le monde animal, la parthénogenèse est un phénomène fréquent : l'ovocyte, la cellule sexuelle femelle, se divise d'elle-même, sans l'intervention de cellule sexuelle mâle. Elle met seule en chantier le processus qui va donner un nouveau-né.

Mais chez les mammifères, « Tant qu'il y aura des hommes » reste un scénario inévitable [7]. Sans mâle, pas de parthénote, pas de mammifère né d'une mère seule. On a bien essayé de développer des embryons dans l'utérus de souris uniquement avec des stimulations chimiques, mais il n'a jamais dépassé le stade des premières organisations cellulaires. Dès le niveau cellulaire, il faut une différence pour permettre aux cellules de s'organiser vers l'embryon.

La parthénogenèse, reproduction sans mâle, ne se fixe pas dans les utérus de mammifères, alors qu'elle est très fréquente dans le monde animal.

En termes évolutifs, il serait intéressant de comprendre ce qui caractérise la condition des mammifères, pour découvrir le bénéfice qu'apporte cette différence.

On sait que les bactéries se reproduisent par scissiparité. Quand l'écologie est douce, la bactérie s'allonge puis se clive en deux « mêmes bactéries »; quand les conditions de milieu deviennent dures, il n'y a pas de reproduction. L'information génétique du nouveau-né est rigoureusement identique à celle de l'ancien-né. On note parfois une coquille dans la copie du texte chromosomique, un gène oublié ou placé ailleurs. Mais dans l'ensemble, la politique de l'existence, à ce niveau du vivant, c'est la copie du même. On ne peut parler de mâle ni dc femelle, puisque c'est toujours le même. Les imitations sont infinies (10^{50} par gène par organisme et par génération) [8]. La reproduction est soumise à l'environnement, au même titre que l'espérance de vie de cette espèce qui peut disparaître du jour au lendemain à la moindre variation écologique.

Avec la complexification du vivant, on voit apparaître des différences, des femelles et des mâles. Mais les mâles sont encore peu utiles. Certaines espèces de lézards continuent à se reproduire par parthénogenèse, alors que les mâles existent pourtant. Les rencontres sexuelles servent à déclencher le développement de l'œuf sans mélanger les patrimoines génétiques. De cette manière, on peut parler de reproduction sexuelle : « reproduction », parce que les nouveau-nés sont reproduits identiques à la mère. Et la reproduction est « sexuelle », parce qu'il a fallu un mâle pour déclencher le développement de l'œuf.

Chez les bactéries, on pouvait parler de reproduction mais pas de sexualité puisqu'il y avait des anciens et des nouveaux, mais ni mâles ni femelles. Alors que chez les mammifères, on peut parler de sexualité puisqu'il y a initiation sexuelle du développement de l'œuf et brassage des deux patrimoines génétiques. Le mot reproduction est inadéquat puisque, justement, le brassage sexuel oblige à l'innovation, le mélange des chromosomes invente un individu nouveau à chaque fécondation sexuelle [9].

On voit maintenant apparaître le bénéfice de la sexualité : quand le vivant se perpétue par la reproduction du même, la moindre variation du milieu peut éliminer l'espèce entière. Dans la reproduction du même, quand il n'y a pas de sexualité, les pressions écologiques sont toutes-puissantes. L'équipement génétique doit y correspondre, sinon l'espèce entière disparaît.

Alors que dans l'innovation sexuelle, toute variation de milieu facilite le développement de certains individus. L'existence de la différence permet à l'espèce de trouver une réponse individuelle à tout changement.

Ce qui caractérise la vie non sexuelle, c'est la répétition du même avec son risque d'élimination de l'espèce. Ce qui caractérise la vie sexuelle, c'est la différence, qui permet l'innovation et l'adaptation.

Les grenouilles peuvent nous éclairer sur la fonction respective de ces stratégies adaptatives. Certaines espèces pratiquent la reproduction parthénogénétique quand les conditions écologiques sont satisfaisantes. Mais quand l'eau vient à manquer, quand l'insolation se prolonge, quand la nourriture se raréfie, la sexualité réapparaît. Naissent alors des individus différents qui peuvent s'adapter à ce nouvel environnement. Si, expérimentalement, on éloigne les mâles, la parthénogenèse se poursuit jusqu'à ce que l'espèce entière, mal adaptée, disparaisse.

Le seul sexe nécessaire à la reproduction, c'est le sexe

femelle. L'apparition du mâle, en apportant la différence, apporte l'innovation et la possibilité d'adaptation.

L'idée générale à extraire de cette série d'observations, c'est que, dans une écologie facile, la stratégie du même est économique par son absence de sexualité et sa reproduction incessante de femelles. Alors qu'en écologie difficile, la différence des sexes devient nécessaire pour inventer à chaque rencontre sexuelle l'enfant qui probablement conviendra à un nouvel environnement.

Or, l'homme est ainsi fait que tout environnement, pour lui, est difficile. Prématuré à la naissance, dépendant longuement d'adultes protecteurs, sans cesse à la recherche de prothèses thermiques, mécaniques, sociales et psychologiques, l'homme si vulnérable ne peut s'en sortir que grâce à son sexe qui l'oblige à innover.

Seulement voilà, le sexe est coûteux ! On passe notre vie à résoudre des problèmes d'ordre sexuel tels que la naissance, l'identification, la formation du couple et les contraintes sociales qui s'ensuivent. On s'en sort, mais à quel prix !

En termes de biologie évolutive, on pourrait dire : l'homme planteur d'enfant, introduit la différence dans un sexe féminin qui pourrait très bien s'en passer, à condition que l'environnement soit sécurisant.

Je propose d'observer comment le père va apparaître, prendre forme, être perçu, traité sensoriellement et significativement dans les trois niches écologiques de l'enfant au cours de son développement :

– Le premier monde écologique du petit mammifère, c'est le corps de sa mère (dans son corps et sur son corps.)

– Le deuxième monde écologique, au cours du développement, c'est l'alentour de la mère, son habitat, sa famille et son réseau d'intimité.

– A distance, le troisième monde, c'est celui des circuits sociaux, des institutions et des rôles assignés par la culture.

Les embryologistes nous ont appris que, chez tous les mammifères, la mise en place des canaux sensoriels se déroulait dans le même ordre : d'abord le tact qui perçoit des messages quand l'utérus se contracte; puis l'odorat-goût, quand le bébé avale un peu de liquide amniotique et goûte ainsi sa mère; puis l'audition quand, vers la vingt-septième semaine, l'enfant se familiarise avec les informations linguistiques émises par sa mère; enfin la vision, encore élémentaire à la naissance. Il lui faudra plusieurs mois de maturation des voies visuelles pour passer de la perception élémentaire d'un objet brillant, en mouvement, distant de 20 ou 30 cm, aux perceptions combinées de ce qui caractérise un visage.

Interaction directe père-bébé dans l'utérus.

Celui qui, le premier, a pu établir dans les années 80 une interaction directe père-bébé dans l'utérus fut Frans Veldman, inventeur de l'haptonomie [10]. Il demande au père de placer ses mains sur le ventre de sa femme en fin de grossesse, et de presser très doucement. Au bout de quelques minutes, le bébé change de posture. Cette influence tactile est maintenant utilisée pour amener le futur-né à mieux se placer dans le défilé pelvien. Les gynécologues ont vite appris à utiliser cette force pour modifier la position intra-utérine du bébé.

Mais qui a communiqué par le moyen de cette pression tactile : le père, le gynécologue ou tout homme d'attachement ?

Le canal de communication olfactif entre le père et le bébé intra-utérin n'a pas été étudié pour des raisons de préjugé matrocentrique. On sait que le père est porteur d'une odeur de musc qui le caractérise [11], que la mère inhale ces molécules odorantes et qu'en fin de grossesse on les retrouve dans le liquide amniotique. Maintenant que l'on a vu, lors des échographies, l'enfant goûter ce liquide quand il est stimulé, il est théoriquement concevable que l'odeur du père, passée au travers du placenta, ait pu familiariser le bébé à cette odeur. Mais s'agit-il de l'odeur du père, ou de l'odeur de l'homme qui vit autour de cette mère ?

La communication acoustique entre le père et le futur-né a été davantage étudiée. L'ensemble des chercheurs tend à admettre que la voix du père passe facilement à travers la paroi utérine et que le bébé s'y familiarise. Il est un fait qu'un hydrophone placé dans l'utérus recueille très nettement le bruit des conversations autour de ce ventre et que lorsqu'on demande au père de parler, sa voix s'enregistre clairement sur le magnétophone qui recueille les sonorités intra-utérines.

Mais le bébé, lui, c'est dans l'eau qu'il entend et qu'il perçoit les pressions sonores. Quand la mère parle, le filtre des hautes fréquences composé par sa poitrine, son diaphragme et son utérus est énorme. Seules les basses fréquences passent à travers ce gros filtre. Et l'on entend une voix maternelle, douce, lointaine, chantante et grave. L'ordinateur qui analyse cette sonorité, donne une image sonore de la voix maternelle très différente du bruit de fond de l'utérus.

Alors que le père, lui, ne doit franchir qu'une mince paroi de muscles et d'eau avant d'arriver à l'oreille interne du bébé. Sa voix d'homme, à peine filtrée, est nettement plus intense et plus aiguë que la voix maternelle. L'ordinateur transforme la voix intra-utérine du père en une image sonore qui se superpose précisément au bruit de fond de l'utérus [12].

Si bien qu'on peut imaginer que le bébé aquatique confond le bruit des conversations et la voix de son père avec le bruit de fond de l'utérus, alors qu'il en distingue très nettement la voix de sa mère.

Ces observations opposées restent encore à travailler. Il n'y a pas de proposition claire, solidement défendable. Admettons que ceux qui soutiennent que la voix du père stimule le futur-né aient raison : cette voix masculine, est-ce celle du père ou celle de l'homme qui vit et parle autour de ce ventre féminin ?

Une idée commence à prendre forme au travers de ce pointillé d'observations : le père pénètre bien dans l'utérus, mais c'est l'observateur qui nomme cet homme « père », parce que quelqu'un lui a dit que c'était le père. En fait il s'agit plutôt de l'homme d'attachement, désigné par la mère. La mère le nomme « père » et, ce disant, elle permet la pénétration de cet homme privilégié dans son utérus.

Quand cet homme d'attachement parle avec la mère, le bébé réagit, accélère son cœur, tète ou change de posture. Je pense que lorsque cet homme parle, sa voix ne stimule pas directement le bébé. Mais stimulant la mère, la voix de cet homme stimule le bébé... par traductrice interposée. Si la mère n'éprouve pas d'émotion quand le père biologique parle, elle ne réagit pas, son cœur ne s'accélère pas, son utérus ne se contracte pas et le bébé reste indifférent aux stimulations de cet homme qui ne deviendra jamais son père, puisque la mère ne l'aura pas désigné par ses réactions émotives.

En revanche, quand la mère établit un lien d'attachement avec un homme, père biologique ou non, elle lui donne la possibilité d'interagir avec son bébé, en le traduisant. C'est l'interprétation de la mère qui donne à cet homme le pouvoir de stimuler le bébé dans son utérus.

Des études posturales [13] ont décrit le développement de la motricité du fœtus. Les images échographiques révèlent que le signifiant se met en place avant le signifié : dans un premier temps, le bébé change de posture, se raidit ou tourne la tête, sans relation apparente avec le monde. Mais après la vingt-cinquième semaine, ces changements de posture interviennent en réaction à des informations sensorielles venues du monde extérieur. Un événement signifiant, une agression pour la mère, se traduit par une agression biologique pour le fœtus.

L'homme d'attachement peut constituer un événement signifiant pour la mère qui va le traduire en informations biologiques pour le bébé. On a ainsi montré que lorsque le père est malade, le fœtus change de comportement [14]. La maladie de cet homme, privilégié par la mère, prend une signification stressante pour elle. Elle modifie les informations sensorielles qu'elle envoie au fœtus. Lorsque la mère apprend que son mari est malade, le bébé devient instable et hyperactif. Puis cette phase d'agitation est suivie d'une longue sidération. Cette séquence évoque les réactions de protestation, désespoir, indifférence que manifestera plus tard le nourrisson séparé de sa mère.

Mais si on a pu décrire comment le fœtus réagit à la maladie de son père, c'est parce que tout le monde a dit que cet homme était le père. On peut imaginer la même réaction fœtale pour tout homme investi par l'attachement maternel :

le père, c'est tout homme signifiant pour la mère, qu'elle traduit sensoriellement pour le fœtus.

Je crois que ces observations ont fait un contresens quand elles ont nommé « fonction du père » ce qu'elles auraient dû nommer « fonction du mari » ou plutôt fonction de « l'homme d'attachement ».

La mère interprète l'homme signifiant pour elle, et sa traduction sensorielle modifie l'écologie du bébé dans son ventre.

L'enfant vient de naître, et sa venue au monde n'est pas la césure que signe l'acte de naissance. C'est une continuité sensorielle dont la mise en place, commencée dans l'utérus, va se manifester maintenant dans son deuxième monde écologique : sur le corps de sa mère.

Sur le corps de sa mère, l'alentour de sa mère. La couvade.

Mais « sur le corps de sa mère » signifie que l'enfant va désormais percevoir l'alentour de sa mère, alors que « dans le corps de sa mère », l'alentour était forcément médiatisé par la mère.

L'expérience métaphorique de H. F. Harlow [15] illustre la fonction tranquillisante du corps de la mère : un petit singe est élevé au contact de deux leurres maternels. Un leurre en fil de fer qui porte un biberon et un leurre en feutre qui ne nourrit jamais.

Le petit macaque ne peut observer le monde alentour que lorsqu'il est apaisé par le contact du leurre maternel doux. Quand on enlève la « mère-feutre », l'enfant, non tranquillisé, court en tous sens, cesse de boire, de manger et dormir, il ne peut plus percevoir ni traiter les informations venues du monde alentour. Il suffit de réintroduire dans la cage le leurre doux, familier, tranquillisant pour que le petit s'y blottisse et, à nouveau, devienne capable de percevoir l'alentour du corps maternel.

Cette observation expérimentale est importante parce qu'elle caractérise l'attitude éthologique où une observation peut expliquer une autre observation. C'est ainsi que l'observation expérimentale de Harlow peut expliquer l'observation clinique que réalisa R. Spitz en 1946. Il avait décrit comment les nourrissons séparés de leur mère protestent, se désespèrent, puis se laissent mourir parce que l'environnement, en les privant du corps de la mère, a supprimé leur base de sécurité, ce qui ne leur permet plus l'exploration du monde alentour.

On peut se demander si les petits perçoivent le sexe des adultes éducateurs et organisent, eux aussi, leurs comportements autour de cette sexualisation.

En milieu naturel, après la naissance il y a toujours une longue période où le nouveau-né privilégie exclusivement les informations venues de sa mère. Sur le plan neuro-physiologique, le bébé macaque perçoit d'abord le contact de sa mère : dans l'acte même de l'accouchement, le petit, pas encore tout à fait né, s'accroche aux poils de sa mère grâce au réflexe très archaïque du « grasping ». Il se tire sur ces poils et aide à sa propre sortie. Ce faisant, il établit le premier contact mère-enfant et se retrouve contre un objet déjà familier alors même qu'il est en train de naître. Il s'accroche à un objet vivant chaud [16], dont il reconnaît l'odeur dans l'instant même de sa naissance. Plus tard, les perceptions sensorielles vont s'affiner : la couleur, la forme, la taille et le mouvement ajouteront d'autres éléments sensoriels à la constitution biologique de cette familiarité.

La reconnaissance visuelle de la mère par son petit ne se mettra en place qu'après le trentième jour [17]. A ce moment seulement, le petit reconnaît l'image de sa mère et la différencie des autres adultes du groupe. Dès qu'il voit cette femelle il s'oriente vers elle, alors qu'il s'inhibe pour les autres.

Il y a donc chez les macaques une ontogenèse de la reconnaissance de la mère, une mise en place progressive de l'image maternelle. D'abord reçue comme objet partiel, sous forme de perceptions sensorielles élémentaires (contact, chaleur, odeur, sonorités), elle deviendra plus tard, l'image visuelle maternelle, perçue de loin, et différente des autres.

Cette ontogenèse du sentiment de familiarité, décrite par H. Spitz, pionnier en étho-psychanalyse, permet de remarquer qu'à partir du huitième mois, l'enfant manifeste une angoisse dans les bras d'une personne non familière.

Aujourd'hui, on pose le problème de manière plus historique ; on observe comment un bébé auparavant familiarisé, réagit aux séparations, aux changements de personne ou de lieux. Jusqu'à l'âge de six mois, les nourrissons s'orientent vers tout objet nouveau, l'observent, le manipulent et le prennent en bouche, ce qui pour un bébé constitue le mode d'observation le plus riche en informations [18] : un bébé observe avec sa bouche plutôt qu'avec ses yeux.

Ce n'est que vers le sixième mois que l'image visuelle d'un visage, apparaissant bien après l'image tactile, l'image olfactive et l'image sonore, pourra se constituer. A ce niveau de son développement neuro-psychologique, l'enfant parvient à percevoir une différence entre une image visuelle très familière (celle de sa mère) et toute autre image. Alors, ses comportements vont changer. A partir du sixième mois, face à un objet nouveau, il regardera sa mère avant de tenter l'exploration.

Au sixième mois, un objet nouveau : naissance du père.

Dès l'instant où son système nerveux lui permet de faire la différence entre une image familière et une image non familière, il aura besoin d'être sécurisé par cette image familière pour tenter l'exploration de cette image non familière. Jusqu'à l'âge de six mois, les bébés acceptent tout étranger en tant que substitut maternel. Ils ne manifestent pas ces signes de malaise qu'on peut repérer lors des modifications posturales : se raidir, augmenter la cambrure, éviter le regard, pédaler [19], et surtout crier dans les aigus.

Après le septième mois, quand la maturation des voies visuelles qui mènent au lobe occipital du cerveau permettent l'organisation d'une image, le scénario n'est plus du tout le même. L'enfant, à ce moment, doit regarder sa mère pour regarder l'objet nouveau, doit se blottir contre elle pour tendre les bras à l'étranger, doit avoir connu avec sa mère une histoire tranquillisante pour se sentir excité par l'aventure du nouveau.

Les enfants séparés précoces qui n'ont pas connu l'histoire tranquillisante des six premiers mois, les enfants malades ou de mère malade, constituent le groupe de ceux qui manifestent la peur des objets nouveaux. Les autres enfants, les tranquillisés précoces, s'amusent avec les objets nouveaux et les humains non familiers. C'est alors que naît le père.

Pour assister à sa naissance, il faudra conjuguer le niveau de maturation biologique de l'enfant (l'accès à l'image visuelle), l'histoire de la relation entre cette mère et cet enfant et entre cette femme et son mari. Cette conjugaison va déterminer les gestes fantasmatiques qui orienteront l'enfant vers le père, cet étranger si familier.

La perception du père, d'emblée, se situe dans l'image. Mais l'antériorité des informations sensorielles venues de la mère prépare l'émotion que l'enfant va attribuer à cet étranger-familiarisé. La naissance du père dans cet espace intermédiaire entre le biologique et le social, dans cette histoire sensorielle de continuité maternelle permet à l'enfant d'explorer ce monde écologique, alentour de sa mère.

En somme, les trois forces qui gouvernent la naissance du père sont : le développement des voies visuelles de l'enfant qui lui donnent accès à l'image, l'histoire des interactions précoces qui donnent à la mère son effet tranquillisant, et la structure de l'inconscient maternel qui, par sa fantasmatique gestuelle, va présenter cet homme alentour et lui donner son statut de père.

Il existe donc une période sensible pour que naisse le père. Avant le sixième mois, le père est un substitut maternel, un homme maternant. L'enfant ne peut pas se le représenter en tant que père parce que, neurologiquement, il n'a pas encore accès à l'image familière [20].

Chez les animaux sexués, minorité du vivant qui nous concerne, l'orientation des petits vers les adultes se fait en fonction du sexe de ces adultes : les femelles d'abord. Chez les lémuriens (petits singes qui ressemblent à des renards), l'enfant s'oriente uniquement vers sa mère. Cette exclusivité peut durer de une à huit semaines [21]. Chez l'entelle (singe à longs bras), le petit s'oriente d'abord vers sa mère puis rapidement vers toute mère du groupe, enfin vers toute femelle mère ou non. Longtemps il évitera les mâles.

Chez les babouins et les macaques, l'interaction mère-enfant est fusionnelle pendant le premier mois. Le bébé quitte à peine le corps de sa mère.

Chez le macaque crabier, la mère ne laisse toucher son petit que par le mâle dominant. Mais tandis qu'il l'examine, elle l'épouille assidûment car elle « sait » que le toilettage et le massage des mâles procurent un effet apaisant. D'ailleurs, au moindre geste un peu brusque, elle le chasse, dominant ou pas.

Vers le septième mois : changement de programme, conflit des générations. La mère, excédée par son « grand-petit », le porte au milieu du groupe des mâles et l'immobilise en lui marchant sur la queue. Lentement elle place son corps en retrait puis s'enfuit en laissant le petit crier ses protestations. Un grand mâle s'approche alors du petit, le câline puis joue avec lui.

Les observations sont nombreuses, très différentes selon l'espèce, mais une idée émerge de ce pointillé naturaliste : l'orientation du petit vers les adultes est gouvernée par deux forces, son propre stade de développement, et le sexe des adultes.

Il nous faut maintenant préciser cette information naturelle grâce à une manipulation expérimentale [22]. Comme souvent en éthologie, le dispositif d'observation dirigée est très simple : une grande cage centrale, flanquée de deux petites cages latérales. Un mâle adulte est placé dans une petite cage latérale, une femelle adulte dans l'autre. Dans la grande cage centrale, on introduit des petits macaques et on note simplement vers quel adulte ils se dirigent. On constate que tous les petits – mâles et femelles – âgés de moins de quatre mois, s'orientent très régulièrement vers la femelle. Vers l'âge de trente-huit mois, les petits mâles hésitent et commencent à s'orienter vers le mâle. La puberté fait apparaître une orientation sexuelle carrément croisée, comme on aurait pu s'en douter. A l'âge adulte, les singes manifestent une orientation partagée envers les deux sexes. A ce moment de leur développement, l'état interne devient le principal facteur motivant. Lorsqu'une femelle est motivée pour la sexualité, les mâles s'orientent vivement vers elle. Sinon, ils s'orientent également vers les deux sexes, mais la structure des interactions est très différente : plus compétitive et plus hiérarchisée entre mâles, plus joueuse et plus toiletteuse entre femelle.

A partir de ce même dispositif on peut placer des petits

dans des cages latérales et introduire, au lieu d'adultes, d'autres petits dans la cage centrale. On observe jusqu'à neuf mois qu'ils s'orientent indifféremment sans tenir compte du sexe. Mais vers le seizième mois, ils choisissent des compagnons du même sexe. A partir du vingt-quatrième mois, les femelles s'orientent vers les mâles et les mâles vers les mâles. Ce qui fait qu'à partir de la deuxième année, les mâles deviennent le centre des structures d'attention du groupe. Désormais, ils constituent le pôle d'attraction.

De cette série d'observations dirigées, on peut extraire une information : il existe chez les mammifères une orientation préférentielle vers un sexe et un âge. Les petits sont d'abord attirés par les femelles adultes, puis par les compagnons du même âge. Plus tard, ils percevront une différence sexuelle et s'orienteront progressivement vers les mâles.

Le père maternant : le perçu.

On peut maintenant décrire le père maternant. Nos observations sur la première prise en paume des nourrissons nous avaient permis de proposer l'idée d'une fantasmatique gestuelle, c'est-à-dire de gestes fondés sur nos représentations. Or les pères, eux aussi, ont des symboles en tête et des paroles en bouche.

L'observation des interactions directes père-enfant va tenter de montrer comment l'idée que le père se fait de son bébé organise certaines rencontres. Ce père-là, c'est le père maternant, le père dont les féministes ont accouché dans les années 70.

Quand on a parlé de grossesse masculine [23], les sondages nous ont appris que 36 % des hommes souhaitaient porter un enfant ! Ce chiffre me paraît énorme mais il est très faible pour ce qui concerne le désir des hommes de s'occuper de leur bébé. Le simple fait de n'avoir observé les interactions directes père-bébé qu'à partir de 1976, prouve seulement à quel point dans notre culture, le mot nourrisson était invinciblement associé à celui de mère. Beaucoup d'hommes ont été privés du plaisir de materner leur bébé, et c'est aux féministes qu'on doit aujourd'hui d'observer ces jeunes hommes ravis de porter, nourrir, bécoter leur enfant et d'exercer cet art si longtemps réservé aux grands-pères.

Dans un contexte culturel dépourvu de connaissances scientifiques sur le père, les premiers éthologues comme John Bowlby et Marie Ainsworth ont décrit un univers de bébé sans père [24].

En 1974, quand des pères ont été interrogés sur ce qu'ils ressentaient quand leur enfant naissait [25], la récitation obtenue ressemblait à une extase : « C'est extraordinaire, un moment merveilleux... ; c'est un bébé parfait (il me ressemble)... ; je suis abasourdi, ivre... ; c'est tellement extraordinaire que je ne peux rien dire », etc.

Ce discours évoque celui des hystériques parlant de leur sexualité : « C'est merveilleux, rien n'est plus beau, l'amour... l'amour *... » Mais cette expression extatique est totalement dissociée de l'émotion, vide, indifférente et tellement déçue d'être indifférente : « J'aimerais tant ressentir ce que je dis *. »

Les pères savent que la naissance de leur bébé est une grande étape de leur vie. Ils vont désormais apprendre à vivre avec un enfant, changer de relation avec leur femme, donner une contrainte supplémentaire à leur aventure sociale, tandis que leur aventure affective va changer de forme, devenir moins amoureuse et plus parentale.

Cette situation réalise pour le père une véritable expérience de dissonance cognitive [26] : lorsque l'émotion n'est pas adéquate à la représentation, il faut inventer une rationalisation pour donner une cohérence à cette dissociation.

La naissance d'un bébé pour le père prend une importance énorme dans sa représentation, puisque désormais sa vie ne sera plus jamais comme avant. Mais l'expérience sensorielle est médiocre, tiède, presque irréelle. C'est la mère qui connaît l'expérience sensorielle la plus intense, la plus amoureuse, la plus douloureuse, la plus réellement vécue. Le père devrait dire : « Je sais que cette naissance est capitale pour moi, mais je n'ai pas cette expérience réelle, initiatique que ma femme a connue. » Cette dissonance cognitive provoque très souvent un sentiment de vide, de désarroi où le père ne sait pas prendre sa place – comme on peut le voir lors d'un accouchement où il porte de l'eau, tapote l'oreiller et effectue mille missions de cette importance. Les mots

« vide et désarroi » sont régulièrement prononcés par ces hommes qui se savent père, depuis l'accouchement de leur femme. Alors, comme dans toutes les dissonances cognitives, ils comblent ce vide par une récitation extatique qui, logiquement, devrait correspondre à l'émotion réelle, ressentie par leur femme. Cette récitation possède une fonction de baptême : on félicite le père parce que sa femme vient d'accoucher !

La couvade, que les ethnologues ont décrite chez les Indiens [27], se pratique tous les jours en Occident quand on félicite le père après l'accouchement de sa femme. La femme accepte cette félicitation de son mari, parce que ce rituel de couvade sociale le baptise « père ». Elle, elle n'a pas besoin de cette reconnaissance sociale en tant que mère : elle sait ! Elle a connu l'initiation sensorielle bien plus violente que cela. Mais l'homme, lui, doit passer par cette couvade qui l'associe à sa femme pour en faire un père. Lors de la naissance de son enfant, il sera baptisé « père » par la couvade sociale.

Ce statut parolier n'interdit plus aux jeunes pères de manifester avec leur bébé des interactions sensorielles directes, ces gestes paternels fondés sur leurs fantasmes.

A partir de 1976, les éthologues ont observé des situations d'interaction entre les pères et leurs nouveau-nés [28]. Dans l'ensemble, les pères sont moins toiletteurs et plus joueurs. Ils disent qu'ils éprouvent peu de plaisir à donner le biberon. Pourtant l'observation directe de leurs performances alimentaires montrent qu'elles sont comparables à celles des mères, parfois même meilleures.

C'est dans les jeux qu'on note la plus grande différence de style : les mères ont tendance à balancer doucement, à bercer, alors que les pères secouent rythmiquement leur enfant, ce qui, pour un bébé, constitue une information du plus haut intérêt.

Certains jeux sont observés avec une très forte prédominance masculine, comme pinçouiller les lèvres du bébé en mimant soi-même avec la bouche le bruit d'une tétée. On ne voit presque jamais une mère jouer à ce jeu. Les pères sont plus visuels (coucou), tactiles (toucher, pinçouiller) et moins vocalisateurs que les mères. Ils ont tendance à empoigner les membres inférieurs de leur bébé et à le faire pédaler beaucoup plus que les mères.

Mais le jeu le plus spécifiquement masculin, c'est le lancer de bébé. Les mères soulèvent leurs bébés en vocalisant, alors que les pères sont de grands lanceurs de bébés : ils soutiennent le petit à bout de bras et, sans le lâcher, le font monter et descendre comme dans un ascenseur, pour le plus grand plaisir de l'enfant.

Les mères médiatisent leurs interactions de jeux avec des poupées, des jouets et des chiffons, alors que les pères privilégient le corps à corps [29].

Ces observations encore contradictoires décrivent dans notre culture un style paternel plus physique (toucher, pincer, lancer, pédaler), et un style maternel plus intellectuel (vocalisations, présentations d'objets).

On pourrait se demander dans quelle mesure ces différences de style ont des conséquences développementales pour le bébé. Les éthologues qui ont observé la première tétée, ont remarqué que le bébé humain, seul parmi tous les mammifères, manifestait dès la naissance une rythmicité de succion. Les animaux s'arrêtent lorsqu'ils sont rassasiés ou fatigués : un veau tète plus de lait dans un seau qu'à la mamelle parce qu'il boit à longs traits et se fatigue moins. Les bébés humains tètent par salves, et ces salves rythmiques semblent indépendantes du moyen de présentation du lait, du sein ou du biberon. Cette rythmicité que Marcel Rufo a nommée « dialogue tonique avec le biberon [30] » constituerait le précurseur biologique du tour de parole.

En effet, la grande affaire des jeux, c'est la synchronisation des partenaires. Les animaux sociaux manifestent une synchronisation des postures, mais pas de véritable rythmicité. Or, les hommes et les femmes effectuent avec le bébé des « danses interactives » fort différentes auxquelles ils réagissent de manière différente, comme le montrent leurs cycles plus amples ou plus syncopés dans les jeux avec des hommes [31].

Cette perception du père maternant modifie le développement de l'enfant. « Le bébé ressent son père comme plus actif et agressif, plus brusque, plus audacieux et plus distant que la mère, et, en cela, le père favorise l'indépendance et l'agressivité du bébé... Le père... devient le médiateur de la séparation et le catalyseur de la sublimation de l'agressivité au moyen du jeu [32]. »

L'effet séparateur de cette manipulation paternelle a été observé [33] sur une population de nourrissons âgés de cinq mois qui avaient été maternés par leur père : ils vocalisaient plus en présence d'un étranger, exploraient mieux les objets et se laissaient prendre plus facilement dans des bras non familiers que des nourrissons de même âge, maternés par leur mère. Il semble que l'interaction directe de ces pères maternants donne à leurs bébés une plus grande facilité à explorer l'inconnu.

En situation naturelle pour l'homme, (c'est-à-dire aujourd'hui dans notre culture), ce père maternant se coordonne avec la mère pour élever le petit. Ces interactions directes ne constituent qu'un élément du milieu modelant. Le plus souvent, l'interaction paternelle est encore médiatisée par la mère, dans une relation à trois.

On a observé le nombre de stimulations tactiles et sonores que la mère adresse à son enfant quand se termine une séquence de jeu. Il suffit de demander au père d'assister à cette interaction pour noter un très net changement dans les comportements maternels. La plupart des mères ont été moins stimulantes du simple fait de la présence passive du père. Quand on demande au père de s'occuper à son tour du bébé, on constate que certains comportements sont nettement modifiés par la simple présence de la mère [34]. Les pères toilettent et nourrissent beaucoup mieux quand la mère est présente. Mais ils papouillent, vocalisent et lancent nettement moins leur bébé, sous le regard maternel.

Le lien affectif entre les parents rend chaque partenaire extrêmement sensible à la moindre information verbale ou gestuelle venue de l'autre. Chacun adapte les gestes et paroles qu'il adresse au bébé, à la présence de son conjoint.

Dans l'ensemble, l'effet de couple rend les interactions avec le bébé plus apaisantes [35]. Un parent seul, surtout le père, devient plus excitant pour le bébé.

Voici une illustration particulièrement élégante de cet

effet de couple qui modifie l'interaction mère-enfant [36]. Une jeune mère psychotique disait avant l'accouchement qu'elle ne saurait jamais allaiter son enfant. Plus tard, le bébé est devenu anorexique, ce qui a aggravé les angoisses de la mère. La tétée filmée et analysée au ralenti, a révélé un ajustement tonicopostural, une raideur du corps si importante que le bébé ne pouvait pas téter, pour des raisons simplement spatiales.

La mère, affolée, cherchait du regard autour d'elle et, raidissant son corps, ne plaçait pas son bébé en position de tétée.

La psychothérapeute qui, auparavant, avait établi avec cette femme un lien de transfert est venue s'asseoir près de la mère. Sans un mot, elle a posé sa main sur l'épaule de la jeune femme qui, tranquillisée par la simple présence de cette personne familière, s'est détendue, a souri et désormais a pu concentrer son attention sur le bébé. Elle a cherché le regard du petit, lui a souri, a ajusté son avant-bras et, dans la seconde qui a suivi... le bébé a recommencé à téter !

La force qui a circulé entre ces trois personnes est une force affective, chargée d'une signification qui s'est tissée lors de l'histoire interactionnelle des adultes. L'anorexie du bébé n'était qu'un symptôme de l'interaction des inconscients des adultes.

Cette méthode d'observation rend compréhensible et visible la chaîne des interactions qui, enracinées dans l'inconscient parental, ont constitué un véritable champ de forces gouvernant le développement de certains comportements du bébé.

Ce moment du père, pendant les six premiers mois de la vie de l'enfant, je l'ai nommé « père maternant », parce que son mode d'interaction avec le bébé est statutairement le même que celui de la mère. Le père entre dans le psychisme de l'enfant, directement, par les canaux de communication sensorielle, de la même manière que la mère : il répond aux mêmes lois biologiques.

Vers le sixième mois, la maturation des voies visuelles de

l'enfant crée une période sensible. Son développement neurologique lui permet de ne plus percevoir des informations sensorielles partielles, mais de combiner des ensembles et des formes.

Jusqu'alors, le visage était perçu sous forme d'éléments partiels. C'était la forme nez-sourcils-mouvement qui suffisait à déclencher la jubilation du bébé [37]. A partir du sixième mois, la reconnaissance d'un visage ne pourra déclencher la mimique jubilatoire que si elle porte un sentiment de familiarité. Sinon, le bébé percevra un visage étranger et se réfugiera dans les bras de sa mère plutôt que de sourire et gambader. Ce changement de comportement que R. Spitz avait nommé « angoisse de l'étranger » ne s'observe pas aussi régulièrement que le disent les psychanalystes. Mais cette « angoisse du huitième mois » garde une grande valeur de repère : c'est au cours de cette période que l'enfant parvient à différencier un visage familier d'un visage étranger.

Le père alors change de statut : le papa.

Le père alors change de statut.

La politique suédoise a organisé une expérience naturelle [38]. Beaucoup de femmes travaillent tandis que leurs maris restent à la maison, font le ménage, la cuisine et s'occupent des enfants. Les mères n'ont plus qu'à mettre les pieds sous la table.

Jusqu'à six mois, pas de problème, les enfants s'attachent aux deux parents malgré leur différence de style. Quelle que soit la répartition des rôles sociaux, les mères sourient plus, vocalisent plus et caressent plus leur bébé que les pères.

Les pères maternants s'occupent bien du bébé, moins toiletté mais plus excité et plus lancé que par les mères. Le développement est excellent. Le bébé manifeste des comportements d'attachement : il s'approche, touche, vocalise, et tend les bras. Il gambade et sourit autant pour son père que pour sa mère.

Mais vers le septième mois, changement de stratégie affective : le bébé oriente ses comportements de sécurité nettement vers sa mère, malgré ses fréquentes absences, comme si le corps des femmes était plus tranquillisant.

Les mères gardent leur effet tranquillisant, même lorsqu'elles mènent une vie sociale extérieure.

On trouve une observation similaire pour les enfants qui passent un grand nombre d'heures à la crèche alors qu'ils puisent la force d'organiser leur développement dans leur attachement familial. La force modelante, c'est le mariage des inconscients parentaux, bien plus que les heures d'interactions réelles.

Le fantasme maternel possède une puissance organisatrice particulière puisque, du fait de son corps tranquillisant, la mère sert de base de sécurité aux conquêtes exploratoires du petit.

Même lorsque la mère travaille socialement, son corps gouverne éthologiquement les perceptions de l'enfant. Même lorsque le père a materné son bébé, il devra, vers le sixième mois, être présenté par la mère. La mère sécurisante possède alors le pouvoir de familiariser son enfant avec ce visage. Elle peut baptiser « papa », cet homme alentour et, le désignant par ce mot et par sa fantasmatique gestuelle, y familiariser l'enfant.

Ainsi naît le père.

La mère a marqué ses premières empreintes sensorielles dans le psychisme de l'enfant, à partir du sixième mois dans l'utérus. Mais le père biologique ne pourra devenir père présenté que vers le sixième mois après la naissance..., avec neuf mois de retard sur la mère. Cette présentation est encore sensorielle, mais pour la première fois le mot « papa » prononcé à ce moment-là, réfère à une image périmaternelle.

Avant le sixième mois où il n'y a pas de discrimination des visages, un nom en vaut un autre, puisqu'il ne réfère pas à des figures différentes. Mais à ce stade de la discrimination neurologique, quand la mère oriente son buste et ses genoux vers cet autre visage, quand elle incline sa tête en souriant et en prononçant le mot « papa », elle fonde sensoriellement le premier signifiant. Son corps tranquillise l'enfant, l'oriente vers ce visage familier, le désigne et le nomme.

Le fait que cet homme ait materné son bébé a modifié le développement de l'enfant en le rendant plus éveillé, plus agressif et moins apaisable. Ce père maternant a réalisé son désir et participé à la cohésion du couple. Il devra quand même devenir père vers la période sensible du sixième mois quand la mère le désignera et le nommera... si elle le désire.

Cet accès à la référence, à la représentation, au symbole, donne à l'absence du père un statut particulier. Le retour du père au foyer après un éloignement, réalise un moment d'observation éthologique particulièrement « parlant ». Les comportements émotionnels des enfants, alors, offrent un excellent repère de la circulation des significations intrafamiliales, un révélateur de la manière dont la mère, inconsciemment, a présenté le père : « Quand j'entends leur père dans l'escalier, je dis " papa arrive ", et j'ai l'angoisse. Ma fille [trois ans] cesse de parler, s'immobilise sans vie... mon mari m'angoisse, je sens monter les larmes quand j'entends son pas dans l'escalier *. »

Le texte de cette jeune mère a donné une information : « papa arrive ». Mais le co-texte de cette phrase a communiqué une raideur soudaine, un sursaut respiratoire, une fixité du regard. Pour l'enfant encore enveloppé dans son milieu maternel, cette communication constitue une information sensorielle énorme.

Le père rentre et dit « bonjour » à une femme qui retient ses larmes et à une fillette glacée par l'angoisse maternelle.

Cet instantané naturaliste ne nous dit pas comment cette famille en est arrivée à une telle situation. L'observation directe montre comment circule l'émotion intra-familiale et comment se met en place le processus qui va attribuer un sens au père. Il faudrait faire une série d'observations longitudinales au cours de sa vie ou même à travers les générations de ses parents, pour voir comment la mère a appris à donner ce sens à son mari.

Un recueil d'informations, dans l'après-coup historique, nous a raconté comment dans son enfance, cette jeune femme avait souffert de l'effacement de sa mère. Elle était terrorisée à l'idée de répéter le couple de ses parents et de se laisser écraser, comme sa mère. Le simple bruit du pas de son mari réveillait cette angoisse.

Quant au père, on a pu observer qu'en rentrant il disait « bonjour » à sa femme et qu'elle lui répondait du bout des lèvres. Il posait alors des questions à sa fille qui se détournait et se serrait contre sa mère. Après quelques mois d'un tel apprentissage, le père, découragé, n'a plus dit un mot en rentrant chez lui.

On a entendu, plus tard, lors des entretiens avec la fillette : « Mon père m'angoissait quand il rentrait. Il ne disait pas un mot. » Et c'était vrai ! Mais la fillette établissait un rapport de causalité entre son père et son angoisse : « Il m'angoissait dès qu'il rentrait », alors que son angoisse trouvait son origine dans l'enfance de sa mère.

Autre observation clinique de « retour du père » : la fillette cesse de manger et regarde sa mère qui dit : « Va dire bonjour, tout de même... c'est ton père ! » Cette formulation est une manière de signifier : « Ce n'est que ton père », et la nécessité de se soumettre à une corvée affective.

Exemple d'une mère, haute en couleur et très vivante. Elle rit de manière complice avec ses quatre filles. Le père rentre. Personne ne le regarde. La mère dit : « Il faut être gentilles avec papa. » Seule, la petite dernière se lève et embrasse son père.

Quelques minutes plus tard, ce couple sort les chiens : la mère tient en laisse un dogue allemand de 60 kilos, tout en muscles et le père un minuscule caniche blanc, frisotté. Cette condescendance que les mots et les gestes de la mère avaient articulée lors du retour du père s'était par ailleurs exprimée lors de la promenade des chiens signifiants.

Au cours des entretiens, cette femme raconte : « Ma famille, c'est une dynastie de femmes. L'homme n'a qu'à planter sa petite graine. Il doit être gentil et transparent. Mes filles poursuivront la dynastie. »

D'autres scénarios sont observables. Il arrive que la mère dise : « Laissez papa tranquille, il est fatigué », alors que les enfants ont envie de lui sauter au cou et que le père affirme qu'il est en pleine forme ! La mère n'a fait qu'exprimer son désir inconscient d'établir avec ses enfants des rapports d'exclusivité affective.

Dans ces observations naturelles que l'on pourrait intituler : « le retour du père », on voit que le co-texte participe autant que le texte à l'attribution du sens donné au père.

Afin de dévoiler la fonction de l'absence du père, une

observation expérimentale est particulièrement facile à répéter avec les enfants de marins, nombreux à Toulon [39]. Le père est réellement absent, mais la mère le rend présent par des photos qui le montrent, des objets qui le signifient, et des paroles qui le racontent.

Le protocole d'observation consiste à montrer une pile de photos à deux populations différentes d'enfants : des enfants dont le père marin est réellement absent, des enfants témoins dont le père est plus présent. Parmi ces photos, on glisse celle du père. On essaie de remarquer le moment où l'enfant désigne son père sur la photo en pointant l'index, en regardant sa mère, et en prononçant le mot « papa ».

Quand le père est absent, 25 % des enfants désignent et nomment leur père dès l'âge de quinze mois. Quand le père est présent, il faut attendre dix-huit mois pour obtenir ce score verbo-comportemental [40].

Cette observation permet de voir comment le père naît dans la représentation. Quant au retour réel du père absent, il ramène aux observations précédentes : certains maris sont accueillis par une gestualité de fête, alors que d'autres, pourtant bien nommés sur la photo, sont accueillis par des visages tristes. Le co-texte maternel, en présentant le « père-photo », transmet une émotion qui attribue un sens au père réel.

Ce que nous apprend ce pointillé d'observations, c'est que la perception du père n'a pas la même fonction que la représentation du père.

La perception du père, alentour de la mère, donne naissance au sentiment de différence, c'est-à-dire à l'identité sexuelle. Il faut percevoir, traiter sensoriellement une différence entre deux visages, deux personnes, deux fonctions pour se poser la question de savoir à quelle catégorie on appartient. Le traitement d'une différence permet l'accès aux processus cognitifs. Il faut percevoir la différence entre deux sensations, pour faire émerger une notion abstraite : dans un univers où tout serait bleu, le concept de bleu ne pourrait pas venir en tête. Pour concevoir la couleur bleue, il faut percevoir une autre longueur d'onde que celle qui provoque la sensation que l'on nomme « bleu [41] ».

En neurophysiologie, une seule stimulation répétée, sans

différence, finit par ne plus stimuler du tout. Une information répétée n'informe plus. Il faut une différence d'information pour faire naître la prise de conscience, la pensée abstraite, la représentation.

Dans un univers exclusivement peuplé de femmes, toute représentation aurait du mal à naître. Il faudrait percevoir les différences entre femmes, ce qui est moins évident qu'une différence entre hommes et femmes.

En revanche, quand les mères désignent le père et le font vivre dans la représentation, elles permettent à l'enfant d'accéder à l'abstraction et au symbole, en accentuant la perception de la différence et en développant l'aptitude à se référer à un objet absent.

La pathologie du père représenté dans le psychisme de l'enfant réalise une sorte de contre-expérience naturelle : les psychotiques, prisonniers d'un attachement fusionnel, ne perçoivent pas cette différence. La confusion entre le « je » et le « tu », les lapsus masculins-féminins si fréquents quand ils parlent d'eux-mêmes, la non-reconnaissance de soi dans le miroir, prouve en clinique que « le psychotique n'a pas pu se dégager de la fascination narcissique, dégagement qui s'appuie sur la perception de l'asymétrie, de la différence, qu'il s'agisse de la distinction des visages étrangers, ou de la reconnaissance de sa propre image dans le miroir [42] ».

Dans cette indifférence perceptuelle, cet univers où tout est bleu, le père ne peut même pas être absent. Pour être absent, il faut une désignation référente (objet derrière la porte), il faut quelqu'un pour dire l'absence du père (il n'est pas là, il va rentrer et regarder ton carnet de notes). Il y a chez les pères de psychotiques, une absence d'absence. Alors que le père marin, lui, est absent parlé (papa n'est pas là), ou signifié par des objets (photos, vêtements, meubles). Le père d'un psychotique est souvent raconté de manière étrange : « Je me suis longtemps demandé qui était ce monsieur qui venait si souvent chez ma mère *. »

La pathologie paternelle peut se mettre en place à chacun des stades de l'ontogenèse de l'image paternelle : dans l'utérus, le père encore traduit par la mère, peut modifier l'écologie du bébé dans son habitat utérin. Si la relation de couple est plaisante, si la mère fantasme « je me sens bien auprès de cet homme qui m'a fait un enfant », elle traduira le père en contractions utérines douces qui mettront en place le bébé. Quand le père parle, l'univers utérin se modifie par les contractions haptonomiques. Et le massage se transforme en message.

Quand la relation est mauvaise, le père est traduit en spasmes et accélérations des bruits du placenta car les agressions maternelles d'origines physiques, émotionnelles ou signifiantes, augmentent la probabilité de souffrance fœtale [43].

Cette communication signifiante peut révéler une faille dans la personnalité. L'analyse récente des « événements de vie [44] » vient de découvrir que les pères font très souvent une dépression après l'accouchement de leur femme. Pour illustrer cette idée, je me souviens d'une femme qui m'expliquait : « Je fais une hypertension de grossesse. Mon docteur m'a mise au régime. L'autre jour, mon mari a mangé trop salé : ... depuis, il a des angoisses parce qu'il a peur que le bébé en souffre. »

La couvade révèle parfois un trouble de l'identité comme chez ce mari qui jouait à se déguiser en femme enceinte, en mettant des coussins sous ses robes. Cet homme très gentil, très vif, très travailleur, a épousé une femme psychotique, l'a engrossée et entourée d'attentions. Après l'accouchement, il ne pouvait plus marcher tant son bas-ventre était douloureux. Puis le bonheur l'a stimulé. Il faisait tout dans la maison : il toilettait le bébé, le nourrissait et en parlait sans cesse dans une grande euphorie. La mère s'est assise puis s'est ennuyée : « Je te fais tout. Ne t'inquiète de rien. Repose-toi et soigne-toi bien », disait cet homme plein de tendresse. La mère s'est isolée et a commencé à halluciner : « Mais puisque je te dis de te soigner... Tu n'as que ça à faire... Tu n'en es même pas capable *... » La mère s'est couchée et immobilisée, les yeux dans le vague : « C'est les médicaments qui te rendent malade... Arrête-moi ces cochonneries *. »

Quinze jours plus tard la mère, incohérente, confuse et délirante, a été hospitalisée par les pompiers. Depuis cette époque, elle vit dans un hôpital psychiatrique. Le père est retourné chez sa propre mère... avec le bébé.

La gentillesse et la gaieté que cet homme manifeste aujourd'hui envers sa propre mère et son enfant contrastent avec la grande cruauté qu'il montre à l'égard de sa femme... dès qu'elle va mieux et risque de sortir de l'hôpital psychiatrique.

Il n'avait pas osé faire un enfant à sa mère. Alors il a trouvé une mère porteuse qui lui a permis de réaliser quand même son désir détourné.

Les psychanalystes évoquent toujours la fonction séparatrice du père mais c'est peut-être le simple fait de la situation triangulaire qui détermine cette fonction en ouvrant le couple mère-enfant, en le défusionnant.

Quand le père dé-signifie la mère, comme c'est le cas dans les familles à transactions incestueuses, l'histoire familiale met en place une situation qui s'exprimera lors de l'adolescence. Le triangle différenciateur, identificateur, séparateur ne se met pas en place. La mère, étonnamment transparente, laisse toute la place au père : « Je suis très amoureuse de mon père. Il sait tout faire. Il dirige une agence de publicité. Le soir, il fait les courses en rentrant. Et la vie commence. Il met la musique et raconte sa journée en faisant la cuisine... Un jour dans la salle de bains, j'avais dix-sept ans, j'ai vu que mon père me désirait. Ça m'a rendue folle de bonheur. Depuis, nous avons régulièrement des relations sexuelles *. »

Cette jeune femme, sociologue de vingt-quatre ans, parle à peine à sa mère. « Elle a toujours été grise, chignon gris, blouse grise, assise et silencieuse. Je ne la connais pas. Elle entendait nos bruits de l'amour avec mon père. Elle n'a jamais rien dit. »

D'habitude, l'antériorité psycho-biologique de la mère lui donne plus de facilités pour dé-signifier le père. Elle peut aussi lui donner un pouvoir trop séparateur : « Ma mère ne se sentait bien qu'avec mon père. Elle le gardait pour elle. Elle disait toujours : “ Attention, papa va rentrer.” Elle lui faisait des comptes rendus. Alors il nous battait à bras raccourcis. Le pauvre. Il rentrait fatigué et était obligé de nous taper. Ma mère était vraiment très méchante de lui faire ça * ! »

L'adolescence réalise un remaniement psychologique aux antipodes des années œdipiennes : « Ma mère s'interposait toujours entre mon père et moi. Elle... faisait dans son dos des gestes excédés, ou elle me murmurait des choses tandis qu'il me parlait. Tous ces gestes visaient à lui enlever la parole. Depuis que je suis mère, je découvre mon père. Il est très différent de ce que disait ma mère. Depuis que je lui parle, ma mère déprime *. »

Lorsque le père est absentifié, la mère bénéficie d'une relation affective intense qui, à l'adolescence, se transformera en prison affective.

Une mère dit : « J'ai besoin qu'on ait besoin de moi. Quand mon mari rejetait mes filles, j'étais ravie. Je me sentais tendre et complice avec elles *. » Mais plus tard, lors de l'adolescence, cette même femme explique : « Je suis envahie, soumise à mes enfants qui se disputent ma maison, ma retraite. Je leur ai enlevé leur père et maintenant, elles habitent chez moi, me parasitent et refusent de partir. »

Le père peut ne pas naître, ou rester à l'ombre des mères. Il ne dispose, pour venir en tête de l'enfant, que d'une période sensible, du sixième au huitième mois. Si un accident fait rater ce moment biologique de la relation d'objet, le père ne se met pas en place.

On a pu le constater à travers plusieurs cas lors de la dernière guerre, quand la mère avait parlé du père prisonnier. L'absence du père avait empêché de tisser le lien réel de l'attachement. Quand le prisonnier rentrait chez sa femme, les enfants, qui connaissaient l'image de son personnage, rejetaient pourtant cet homme réel. Ils continuaient à nommer le père sur la photo, mais ils refusaient tout contact avec cet étranger dans la maison et pleuraient quand le père embrassait la mère.

C'est dire que l'image du père, son statut représentatif est nécessaire au développement de l'enfant par son effet de triangulation. Mais le père réel, marquant son empreinte dans l'enfant par ses gestes, ses paroles et sa communication sensorielle, est nécessaire au tissage du lien de l'attachement père-enfant. Or, ce père réel, actant, sensoriel, c'est le père maternant.

Le père est handicapé par rapport à la mère puisqu'il a neuf mois de retard. Il est handicapé par notre culture encore napoléonienne qui lui donne un statut viril, hypertrophié dans la loi et interdit dans la caresse. Parce que ce père, représenté par la parole maternelle, est aussi représentatif de l'État dans la famille. Ce père, carrefour de paroles maternelles et sociales était interdit de sensorialité : toiletter un enfant, le nourrir, le promener dans ses bras, c'était échanger le plaisir de la caresse, ce qui n'est pas viril !

Napoléon, prenant le pouvoir dans le contexte de la révolution industrielle naissante, avait mis les hommes à la production et les femmes à la reproduction. Or, pour se reproduire, la caresse est stimulante – c'est une affaire de femme – alors que, pour produire, il n'est pas nécessaire de caresser une machine – c'est une affaire d'hommes. Dans notre contexte post-industriel où Napoléon commence à « prendre un coup de vieux », la machine se dévalue et la caresse monte en bourse. Les pères peuvent devenir maternants. On observe alors, en clinique, l'apparition de nouveaux problèmes dus à cette évolution des rôles parentaux...

Évolution des rôles parentaux.

Comme tous les enfants élevés à l'assistance publique, Adrien avait en tête une famille imaginaire, donc idéale. Vers l'âge de vingt ans, au cours d'une marche en montagne, il assiste à une scène de soins donnés par un père à son petit garçon de quatre ou cinq ans. Ce père était musclé, puissant et portait sur son visage de très belles cicatrices. Il s'occupait de son enfant, marchait devant lui, ajustait tendrement son écharpe et s'inquiétait de sa soif ou de sa fatigue. Adrien était fasciné. Il dégustait cette scène très signifiante pour lui, et trente années plus tard m'en parlait encore avec émotion.

Il a épousé une femme active, très engagée dans l'aventure sociale, qui l'a rendu père de deux garçons. Un jour, il a proposé à sa femme débordée de s'occuper des enfants et de la maison, tandis qu'elle irait travailler. Accord conclu.

Cet homme a passé vingt années extraordinaires de plénitude affective. Il a toiletté les bébés, fait le ménage et la cuisine. La famille a très bien fonctionné, avec beaucoup d'attachement et une triangulation parfaite qui a permis l'épanouissement des garçons. A ceci près : les enfants appelaient leur mère « maman » et leur père « mamaman » ! Entre dix-huit et vingt ans, les deux garçons ont quitté le foyer et le père, aussitôt, a sombré dans la dépression. Le stress du départ des enfants, pathologie auparavant réservée aux femmes, commence à taquiner les hommes maternants.

Dans un autre cas, le père termine ses études de médecine et s'occupe de sa fille, tandis que la mère, secrétaire médicale, gagne l'argent du foyer. L'enfant est âgée de quatre ans quand le père s'installe en ville et que la mère décide de rentrer à la maison. En quelques semaines, la petite fille devient insomniaque et refuse tout aliment. L'enfant cesse de parler, de jouer et reste collée contre la porte en attendant le retour de son père qu'elle agresse dès qu'il apparaît.

Ces changements de rôles sociaux modifient les circuits de l'attachement. Malgré l'effet plus tranquillisant du corps des femmes, les hommes maternants peuvent tisser un lien d'attachement très efficace et acquérir une grande fonction apaisante. Mais le changement de rôle social, au cours du développement de l'enfant, revient au cas de figure précédent quand les femmes quittent leur foyer pour aller travailler. Les études populationnelles montrent que le travail des femmes n'a aucune incidence sur le développement des enfants. Cette information statistique est inacceptable pour un clinicien qui observe régulièrement que tous les enfants changent de comportements quand la mère va travailler. J'ai compris cette divergence d'information le jour où j'ai pu observer le départ au travail d'une mère de quatre enfants. Deux enfants se sont épanouis dès la semaine suivante. Ils sont devenus gais, actifs, responsables et entreprenants. Les deux autres sont devenus instables, anxieux et mauvais élèves dans le mois suivant le changement de rôle social de la mère. Deux enfants améliorés, contre deux aggravés, les chiffres s'annulent. Si l'on pose la question en termes statistiques, les enfants ne changent pas quand les mères travaillent. Mais si l'on pose la question en termes cliniques, tous les enfants changent.

En fait, ce n'est pas le travail de la mère qui les a fait changer, mais le changement des circuits d'attachement sous l'effet d'un nouveau rôle social. En changeant les circuits psychobiologiques de l'attachement, le nouveau rôle social modifie la répartition des forces affectives dans la triangulation familiale.

On pourrait donc imaginer un triangle où le père maternant s'occuperait sensoriellement des enfants tandis que la mère, parlée par le père, vivrait dans la représentation.

La plasticité phénoménale des enfants et l'évolution incessante des règles culturelles autorisent cette hypothèse. Nos observations expérimentales et cliniques permettent de soutenir que ce triangle fonctionnerait de manière épanouissante. Mais il convient d'y apporter trois restrictions :

– L'antériorité sensorielle de la mère nécessite, au moment de la mise en place de ce nouveau triangle, un changement qui bouleverse les enfants, mais qu'ils sont capables de réparer.

– Il faudrait connaître par l'investigation psychanalytique la signification fantasmatique de cette inversion du triangle.

– Enfin, plus que l'inversion, c'est la différenciation des rôles sexuels qui est nécessaire à l'effet identificatoire sur le développement psychique de l'enfant.

On comprend maintenant que la représentation du père est importante par son effet triangulateur qui permet l'accès à la pensée abstraite. Alors que la perception de la présence du père donne accès à la socialisation par son effet séparateur et surtout par l'étape intermédiaire qu'il offre entre la sécurité du corps maternel et l'angoisse désirée de la conquête sociale.

Lorsque les rôles parentaux se confondent, lorsqu'il n'y a pas de tiers différenciateur, l'enfant perçoit deux « mêmes » : mêmes rôles sociaux, mêmes pressions psychologiques, mêmes stimulations sensorielles. Admettons que cette similitude soit possible jusqu'à l'équivalence : le concept de bleu, de sexe, de différence ne peut venir à l'esprit de l'enfant. Quand il y a confusion des rôles, l'enfant perd le relais périmaternel, l'étape intermédiaire qui facilite la socialisation et l'apprentissage de la séparation. Ainsi, cette mère qui amenait son garçon de huit ans à ma consultation m'expliquait à quel point le couple parental avait bien fonctionné. Le père, boucher, aimait beaucoup s'occuper des bébés. Il les toilettait, les nourrissait et jouait avec eux. Il s'empressait de rentrer chez lui, pour relayer sa femme qui, à cette époque, travaillait. Elle était heureuse de ce partage des tâches ménagères et maternelles avec son mari.

Jusqu'à l'âge de quatre ans, le petit Roger s'est bien développé et le couple parental a connu quelques années de bonheur tranquille. La mère dit : « Mon mari n'aime que les bébés. Il s'est beaucoup occupé de nos quatre enfants jusqu'à l'âge de trois-quatre ans... Après, il ne leur adresse même plus la parole *. »

Quand une petite fille est venue au monde, cette deuxième enfant souffrait d'un reflux gastro-œsophagien qu'il a fallu opérer. La mère a dû beaucoup s'occuper de ce bébé fragile. A ce moment, le père s'est désintéressé de Roger devenu trop grand. Il avait toutes les bonnes raisons de s'occuper du nouveau-né malade. Si bien que Roger, très entouré par deux adultes maternants pendant quatre ans, s'est brusquement retrouvé dans un désert affectif. Il est devenu encoprétique : il a refusé d'aller au cabinet et faisait dans sa culotte. Pendant les deux années qui ont suivi la naissance de sa petite sœur, il a fallu l'opérer deux fois de subocclusion intestinale.

Sur le plan relationnel, ce petit garçon comblé, épanoui, extrêmement doux est devenu très agressif envers sa mère qu'il ne pouvait pourtant quitter. Il la surveillait sans cesse du coin de l'œil, refusait d'aller à l'école, abandonnait ses copains de quartier et s'opposait violemment à tout ce qu'elle proposait : paroles, contacts, nourriture ou jeux. Vers huit ans, il a commencé à manifester des comportements sadiques, torturé des animaux domestiques, jeté son chat par la fenêtre et observé son agonie. Il a crevé un œil à un petit voisin et promis à sa mère de lui crever l'autre dès qu'il reviendrait de l'hôpital.

Cet enfant brutalement jeté hors du paradis affectif de ses premières années n'a pas osé tenter l'aventure sociale de son âge, l'école et les compagnons, parce qu'il lui manquait l'étape d'attachement intermédiaire entre sa mère et le social, l'espace péri-maternel où se trouve habituellement le père.

On l'a confié à sa grand-mère : en quelques semaines, l'encoprésie et les comportements sadiques ont disparu. Plus tard, l'enfant n'a plus manifesté de phobie scolaire, après qu'on a demandé au père de l'emmener au football et de l'accompagner à l'école.

La confusion des rôles n'avait pas permis l'ontogenèse de cet enfant qui n'avait pu passer de la sécurité du corps maternel au plaisir de l'étrange familiarité du père. Une étape socialisante avait été supprimée. La fragilité médicale de sa petite sœur avait dévoilé la fragilité structurale de sa famille.

L'ontogenèse écologique développe l'enfant dans le corps de la mère, puis sur le corps de la mère, d'où il perçoit l'alentour de la mère, où naît le père. Si un homme intervient dans cette écologie avant le sixième mois, quand l'enfant n'est pas encore capable de percevoir l'alentour maternel, il prendra une fonction maternante agréable, épanouissante et parfois nécessaire. Si cet homme intervient après le huitième mois, il prendra une fonction d'adulte éducateur, de grand frère ou de para-père. Il sera difficile pour lui de prendre le statut de père.

L'enfant doit le percevoir lors de cette période sensible de sa maturation neuro-sensorielle et la mère doit le présenter inconsciemment par la fantasmatique de ses gestes. Si un homme désire devenir père, il devra profiter de ce moment privilégié de forces conjuguées pour se faire nommer par la mère et adopter par l'enfant. Alors, il prendra sa place dans le triangle.

Que se passe-t-il dans le psychisme des enfants sans père ? On observe, en clinique, un modèle en voie de développement : la famille monogame, mère-enfant.

Après la fusion extatique de la lune de miel, chacun se

met à penser que le miel colle un peu trop : « Quand on n'a pas de père, on n'a pas de peur » me disait cette adorable adolescente. « Quand mon père n'est pas là, je couvre ma mère de baisers, je la mords, j'exige d'elle tout de suite tout ce qu'elle me doit... Quand mon père vient lui rendre visite, je me sens glacée, j'ai envie de quitter la maison *. »

Un grand garçon de dix-huit ans m'expliquait : « Je ne peux plus regarder la télévision quand je suis seul avec ma mère. Il y a trop de sexe à la télé. Je suis très gêné. Quand mon père regarde la télé avec nous, les mêmes scènes me gênent moins. » On sent poindre dans cette remarque, la fonction interdictrice du père. Tant qu'il est là, la sexualité intra-familiale est impossible, et cette interdiction soulage, calme l'angoisse des pulsions. Le jeune est obligé d'aller courtiser ailleurs ce qui est socialement admis. Cette réflexion pose le problème de l'érotisation intra-familiale par la télévision. C'est une intrusion antiréglementaire, donc perverse qui, loin de banaliser le sexe, le rend angoissant, puisque dans la famille, tout sexe doit être interdit. Cette répression du désir intra-familial nécessite la présence d'un tiers interdicteur et fonde la première règle culturelle : la nécessité d'aller courtiser ailleurs une femme socialement convenable.

L'absence de père (et non l'absence du père) rend difficile ce déplacement du désir. Quand les psychotiques réalisent l'inceste véritable, cet inceste mère-fils est dépourvu d'angoisse, car les psychotiques dépourvus de père ne tentent pas l'aventure sociale.

La première femme disponible pour un projet sexuel est la mère. Les petits garçons disent : « On se mariera quand je serai grand. » Mais, lorsque l'adolescent ressent un désir pour cette femme dominante, son désir se charge d'angoisse car cette femme est interdite. La simple co-présence silencieuse du père, en interdisant tout désir, tranquillise le désirant. Le jeune devra se socialiser et quitter la maison de ses parents pour tenter l'aventure sociale.

Parfois la mort de la mère libère la représentation du père : « Depuis la mort de ma mère, je vois mon père autrement. Il est très différent de ce que disait ma mère. Il est gai... Elle l'appelait l'éteignoir. Il est sociable, travailleur. Je suis très étonné de découvrir cet homme *. »

Quand la fille devient mère à son tour, quand son changement de statut socio-sexuel rend la parole maternelle moins dogmatique, on assiste à la découverte de l'homme en ce père, de la personne masculine dans cette image jusqu'alors présentée par la mère : « Depuis que j'ai un enfant, je n'ai plus peur de mon père... c'est ma mère qui a peur de lui *. »

Le troisième monde écologique de l'enfant, c'est celui du père social. Il vient habituellement en tête quand on parle du père. Monde social, symbolique, juridique (nom du père), ce père-là n'existe pas chez les animaux, nous disait-on.

Le père social chez les animaux.

Et pourtant, Flo [45], une femelle chimpanzé dominante, avait élevé magnifiquement ses quatre premiers enfants qui, tous, étaient devenus dominants, comme elle. Vers leur sixième année, au début de leur adolescence, Flo avait poussé ses fils dans le groupe des grands mâles à dos argenté. Les jeunes, très intimidés, s'étaient d'abord laissé dominer. Ils avaient manifesté d'incessants comportements de soumission et, sous la pression des mâles, ils s'étaient laissé repousser en périphérie du groupe. Peu à peu, en alternant les compétitions sociales et les brusques refuges contre le corps maternel qu'ils écrasaient de tout leur poids quand ils venaient s'y blottir, ils ont pris à leur tour une place de dominants dans le groupe.

Tous sauf Flint, le dernier-né. Quand Flo l'avait porté, elle était plus âgée, moins dominante, moins attractive. Elle l'avait moins stimulé. Il semble même qu'elle se soit occupé de lui comme elle l'aurait fait d'une petite femelle, manifestant moins d'attention, prodiguant moins de toilette pendant les premiers mois. Vers le septième mois, elle n'a pas repoussé son petit mâle comme elle aurait dû le faire. Au contraire, elle a encouragé la proximité, les sourires, les offrandes alimentaires, les séances d'épouillage, comme avec une petite femelle. Le lien mère-fils a pris une forme très différente de celle que Flo avait manifestée avec ses autres garçons. Les deux animaux ne se quittaient pas. Le fils s'occupait de sa mère au lieu de jouer à se battre avec les jeunes mâles et à courser les femelles. A l'adolescence, Flo ne l'a ni repoussé ni présenté dans le groupe des mâles menaçants et joueurs. La mère et le fils sont restés ensemble, très proches l'un de l'autre. Flint ne s'est pas intégré dans la bande des galopins qui chahutent habituellement en périphérie du groupe.

Quand la vieille Flo, malade, a chuté dans un petit ruisseau, elle n'a pas eu la force de se redresser et s'est noyée. Son fils désorienté, a tourné autour du corps pendant plusieurs jours. Il pleurait, s'éloignait, revenait, buvait un peu, ne mangeait pas, dormait à peine. N'ayant jamais appris les techniques pour se nourrir ni les rituels sociaux pour se présenter, il n'a pu s'intégrer dans un groupe. Après quelques jours de désarroi, il s'est couché près du corps décomposé de sa mère et s'est laissé mourir à son tour.

Cette observation naturelle soulève une foule de questions qui, par ailleurs, ont été traitées expérimentalement. La mère, vulnérable, a tissé avec son fils un lien d'attachement comparable à celui qu'une mère chimpanzé tisse habituellement avec une petite femelle. Les jeunes mâles sub-adultes sont périphérisés avant l'adolescence par la mère qui les repousse. Les grands mâles viennent jouer avec eux et en profitent pour les dominer.

Flint, élevé comme une petite femelle, n'a pas été chassé par sa mère, et n'a pas non plus été attiré par les mâles. Les processus de détachement n'ont jamais pu fonctionner. Son seul monde était celui de sa mère. Quand elle est morte, il n'a pas su vivre sans elle.

Ce « tiers séparateur » effectué par des forces comportementales et biologiques, donne peut-être une image naturelle de proto-père.

Un autre mystère naturaliste est proposé par l'observation du meurtre des nourrissons. Les zoologues, intéressés par la notion d'investissement parental, avaient observé que chez les lions [46], il arrivait que les mâles massacrent les petits.

L'explication sociobiologique consistait à dire que cet infanticide permettait de remettre les compteurs génétiques à zéro. Les femelles devaient faire des petits avec ces mâles infanticides qui désormais « avaient la certitude » que les nouveau-nés seraient leurs enfants biologiques, assurant ainsi la survie de leurs propres gènes.

Jusqu'au jour où une autre observation de meurtre des nourrissons a été réalisée en Inde chez des langurs [47], ces grands singes sacrés. Les animaux observés vivaient dans une zone où les Indiens avaient entrepris une déforestation. En quelques semaines, plusieurs groupes de langurs en surpopulation ont été privés d'espace et de nourriture. Soudain, un mâle a attaqué un groupe voisin et tué presque tous les petits. Il se trouve que ce mâle avait vécu dans ce groupe dix-huit mois auparavant, et qu'au cours de son massacre il avait épargné ses propres enfants biologiques : il n'avait tué que les enfants des autres mâles !

Il est difficile d'admettre que ce mâle avait reconnu ses propres enfants [48] et avait planifié sa descendance génétique. Il est possible en revanche d'admettre qu'il ait perçu un sentiment de familiarité pour la femelle avec qui il avait vécu un long moment, et que cette familiarité ait inhibé ses agression envers les petits blottis contre elle.

Cette explication plus perceptuelle et moins finalisée paraît plausible. Elle nous ramène à l'éthologie humaine. Ce sentiment de familiarité chez les singes langurs constituerait le socle biologique d'un proto-triangle.

Les attachements mère-enfant sont inévitables du fait de l'utérus et des mamelles. Mais l'attachement du couple parental mis en place lors des parades sexuelles constitue les prémices d'un lien de familiarité à trois. Ainsi pourrait naître perceptuellement, le proto-père, présenté par la sensorialité de la mère, plaque tournante du triangle.

On voit donc apparaître chez les mammifères la place du père qui se situe dans cet espace intermédiaire entre la familiarité tranquillisante du corps de la mère et l'excitation angoissante de l'aventure sociale. Le père, dans cet espace péri-maternel, offre un relais sensoriel à la conquête sociale.

Le cliché de la horde primitive paraît désuet, mais il

prend sens dans le contexte culturel du XIXe siècle quand l'homme primitif, protecteur et musclé, tient à l'écart des bêtes sauvages la faible femme et le bébé qu'elle tient dans ses bras. Freud, avec cette hypothèse, n'échappait pas à son époque. Nos connaissances zoologiques actuelles apportent des informations différentes. Les sociétés animales sont plus organisées que ce qu'imaginait Freud. Chez les chimpanzés, les mâles dominants n'interdisent pas la sexualité des jeunes. Chez les babouins et les cerfs en revanche, la simple présence du dominant diminue les sécrétions hormonales des jeunes mâles qui ne peuvent participer aux parades sexuelles que lorsque le dominant disparaît [49].

Les chimpanzés ne sont donc pas du tout freudiens, alors que les babouins réalisent une véritable castration psychobiologique en présence du dominant. Mais le dominant ce n'est pas le père ! Puisqu'on vient de voir que le père apparaît chez les animaux quand la mère établit un trait d'union entre un mâle et son bébé.

On a parlé de fonction biologique innovatrice, puis de fonction psychosensorielle différenciatrice, puis de père socialisateur ; il faut parler maintenant de rôle paternel.

Le rôle, c'est le cadre des conduites assignées par les règles culturelles, c'est la trame sociale où se tissent les comportements. Désormais, ce n'est plus le biologique ou le psychologique qui organisent les comportements, c'est la règle sociale qui impose une conduite, qui induit une psychologie et peut même modifier un métabolisme [50].

Ce trait d'union sociobiologique peut s'illustrer par deux observations. Chez les babouins, la puberté biologique commence vers cinq ans. La maturité physique se manifeste vers huit ans. Mais l'autonomie sociale ne sera acquise que vers l'âge de dix-onze ans [51]. Le jeune babouin ressent et manifeste des comportements sexuels dès l'âge de cinq-six ans, mais les femelles le refusent. Il ne pourra s'accoupler qu'après sa puberté sociale, quand il aura appris les rituels d'interaction qui caractérisent la culture animale de son groupe. Dans l'histoire de son développement, la puberté biologique aura précédé l'intégration sociale. Cette dissociation bioculturelle entraîne, chez les babouins, cinq ans d'empêchement sexuel.

La fonction répressive-séparatrice du mâle dominant s'est intégrée dans un ensemble de forces conjuguées : les forces hormonales qui induisent les comportements de parade sexuelle et l'attachement qui inhibe le désir orienté vers la mère [52]. L'effet castrateur, psychobiologique, de la simple présence du mâle dominant pousse le jeune babouin à s'orienter vers les femelles d'un autre groupe puisque, dans son groupe d'origine, il subira la double inhibition de l'attachement maternel et du mâle dominant.

Enfin, la séquence des interactions sexuelles ne pourra se dérouler jusqu'à la pénétration que si les deux partenaires ont connu un développement familial épanouissant et appris les rituels sociaux qui caractérisent leur groupe de babouins.

Cette observation en milieu naturel permet d'analyser l'articulation entre le biologique et la règle culturelle.

Les humains n'échappent pas à cette articulation. Salluste soutenait qu'il était moral de marier une jeune fille dans l'année qui suivait l'apparition de ses règles, vers dix-sept - dix-huit ans !

Actuellement, l'âge des premières règles diminue à chaque génération grâce à l'effet hormonal d'une bonne hygiène d'enfance. En revanche, cette même culture qui abaisse l'âge de la puberté biologique (dix-onze ans) retarde l'âge de la puberté sociale, sous l'effet des difficultés économiques et des apprentissages prolongés. Cette dissociation biosociale crée une très longue période d'empêchement sexuel. Malgré l'énorme publicité donnée à sa libération, le comportement psycho-sexuel qui se met en place n'est pas si libéré que ça : on observe une première relation sexuelle, « pour voir », vers dix-sept - dix-huit ans, suivie, longtemps après, par une relation amoureuse, vers vingt - vingt et un ans.

Nos structures sociales constituent une force très modelante de nos comportements sexuels. Ces pressions sont dissociées des forces modelantes biologiques.

Le père des historiens.

Les rôles que les sociétés humaines ont assignés aux pères sont infiniment variables. Ce rôle paternel c'est le domaine des historiens.

« Le père n'est sûr que lorsque la mère est vierge [53]. La virginité constitue pour les hommes la signature anatomique qui leur donne l'assurance du lignage. » Encore faut-il attribuer une valeur au lignage. Chez les Romains, la matrone posait le bébé par terre et le père ne devenait père que s'il acceptait de relever le bébé. Sinon, on exposait l'enfant qui mourait presque toujours. En relevant l'enfant, le père lui donnait sa désignation sociale. Gardien du patrimoine [54], il le nommait, mais c'est en l'éduquant qu'il tissait avec lui un lien d'attachement.

L'immense puissance du père, non négociable, expliquait l'importance culturelle du parricide chez les Romains. Catilina aurait décidé de tuer son père parce qu'il ne pouvait pas envisager d'autres solutions. Après le IVe siècle, l'image de Dieu représente le père. Et quand le catholicisme imprègne la culture, le père représente Dieu dans la famille.

Le mariage, au début du christianisme, n'avait pas une fonction glorieuse. Saint Paul l'a condamné : « Il vaut mieux se marier que brûler. » Il n'est devenu sacrement que lors du concile de Trente au XVIe siècle [55].

Le rôle éducateur des pères n'était pas négligeable, mais il était monosexué. Les pères éduquaient leurs fils, les mères éduquaient leurs filles. Les soldats emmenaient leurs garçons sur les champs de bataille. La lecture à haute voix qui occupait plusieurs heures par jour, constituait un élément important de la culture familiale. Les peintures romaines comme les tableaux du XVIIIe siècle (Greuze notamment) mettent en scène des pères lisant de gros livres devant un cercle attentif : « Je lis avec mon fils aîné le traité des lois de Cicéron et de Salluste avec le second [56]. » Dans les tavernes, les crieurs publics lisaient quelques pages aux buveurs qui les entouraient.

L'instruction des filles se faisait par petits groupes féminins beaucoup moins directifs : écoute qui veut, papote qui veut.

Le rouge et le noir symbolisaient les deux valeurs qui

organisaient le destin d'un homme : le rouge du sang de l'épée, et le noir de la robe du clergé. On ignorait la paternité biologique. Le père n'était que père spirituel ou chef de clan. Il enseignait le combat, la chasse et les techniques artisanales. Cet enseignement sensoriel, par le contact, se fondait sur l'imitation plus que sur la parole, sur la contagion émotive plus que sur l'isolement livresque.

Le cas des Esquimaux d'Ammassalik [57] illustre cette fonction éducative par la sensorialité. Quand, après la dernière guerre, les Danois ont compris qu'en les assistant, ils avaient détruit leur culture, ils ont décidé de consacrer l'argent des pensions à apprendre aux enfants à chasser, comme leurs grands-pères. Les enseignants sont arrivés avec des schémas, des calculs et de savants graphiques : presque aucun enfant n'a pu apprendre à construire un kayak. Alors, quelques grands-pères ont raconté le mythe du kayak et l'histoire de la naissance céleste des phoques. Au simple contact, à la simple imitation – c'est-à-dire grâce à la perception sensorielle et à la reproduction motrice – les enfants ont appris à sentir la courbe d'un bois pour faire la varangue d'une coque et l'intensité d'un feu pour tendre les peaux. Aujourd'hui presque tous savent construire un kayak.

Le parrain, père qui nomme, père spirituel qui donne la parole s'est associé au père de famille pour assumer cette fonction paternelle.

Au XVIe siècle, quand la guerre a perdu sa valeur éducative, les études ont organisé la vie des enfants et les premiers collèges ont été construits. Les filles étaient domestiquées tandis que les garçons allaient en pension. L'histoire de la différenciation des rôles sociaux sexuels, orientait les garçons vers la fonction d'outil, et les filles vers la fonction d'ornement [58]. Quand la machine est apparue au XVIIIe siècle, les garçons étaient à la fois scolarisés et outillés pour la servir.

L'intelligence, qui n'était qu'une valeur secondaire, une valeur de femme au XIIIe siècle [59], est devenue une valeur masculine au XIXe siècle parce qu'elle donnait accès au pouvoir social. L'école est devenue l'organisatrice des nouvelles classes sociales. Ainsi, au début du XXe siècle, quand des juives russes immigrées à Montpellier s'inscrivaient à la faculté de médecine, elles ne pouvaient s'immiscer dans la compétition sociale que parce qu'elles étaient étrangères. Elles étaient encouragées par la culture juive qui avait conservé ses « universités familiales ». L'intelligence demeurait une valeur de femme juive, alors que les femmes chrétiennes vivaient encore dans l'ornement et l'entretien de la maison.

Contrairement à ce qu'on entend habituellement, ces jeunes femmes étaient très bien accueillies par les étudiants français [60]. Mais, auraient-ils accueilli aussi facilement leurs sœurs de même culture ? Une juive russe qui se « virilise », c'est amusant, alors qu'une catholique française aurait violé sa règle culturelle.

Le diplôme, aujourd'hui, devient le principal facteur de promotion sociale. Mais il permet aussi d'échapper à la loi du père et à son éducation sensorielle. On ne sait plus comment travaille un père, on ne voit plus ses gestes. L'éducation sentimentale est encore réservée aux filles, comme on peut le lire dans l'énorme presse féminine [61] où le cœur occupe un grand nombre de pages.

La télévision contribue à ce rôle égalisateur en permettant aux enfants d'échapper au destin que leur assigne le père [62]. Au lieu d'aller travailler dans sa chambre, comme le lui commande son père, l'enfant se soumet à l'hypnose téléculturelle. La relation père-fils réduite à quelques ballons de foot, quelques échanges de tennis et quelques descentes à skis où, dès l'âge de douze ans, le fils domine son vieux père de trente-cinq ans, a perdu sa fonction d'éducation sensorielle.

Le rôle paternel devient transparent devant la vigueur féminine que renforce l'État providence.

Les sociologues nous expliquent [63] que plus l'environnement social est protecteur, plus le rôle paternel devient secondaire. Au sens théâtral du terme, le rôle paternel quitte le devant de la scène pour faire de la figuration. On peut repérer cette évolution dans la manière de nommer les pères : « Domine », le tout-puissant, dans la maison romaine ; « Monsieur », Mon Seigneur, le représentant de l'État dans la famille du XVIIIe siècle ; « papa », nom familier qui n'apparaît qu'à la fin du XIXe siècle, analogue phonétique de « maman », le « Pph » de papa, donnant simplement une sensation de plus grand éloignement que le « Mmh » de maman, plus incorporateur.

Depuis les années 70, les psychosociologues soulignent « la mise à l'écart du père dans les sociétés surorganisées [64] ».

L'évolution technique a bouleversé l'écologie sociale, le monde sensoriel où se développe l'enfant. La consommation est totalement séparée de la production. On ne voit plus le père construire sa pirogue ou ferrer son cheval. On ne voit plus la mère tailler les vêtements ou coudre les chaussons. Un produit sans histoire arrive dans la consommation. C'est un objet privé de sens, sans valeur sémantique, un objet fini qui ne veut plus rien dire.

Un incident m'a rendu attentif à cette disparition du père. En aidant à la réalisation d'un petit film pour la télévision suédoise, j'ai fait remarquer au réalisateur [65] qu'il ne posait jamais la question du métier du père aux jeunes artistes interrogés. Étonnement des Suédois qui, bienveillants, acceptent de poser cette question... et n'obtiennent aucune réponse ! La plupart des jeunes talents, âgés de vingt à vingt-cinq ans, ignoraient le métier de leur père !

Au moment du montage, les techniciens se rassemblent et avouent qu'ils n'auraient jamais pensé à poser cette question. Soudain, une jeune assistante, blonde évidemment, se met à pleurer. Dans ce milieu, on s'embrasse facilement. La jeune femme pleure et dit en se mouchant : « Ma mère me disait toujours : “ Ton père, ce n'est qu'un chèque à pattes. ” »

Ton père n'est qu'un chèque à pattes.

Je décide alors de devenir attentif à cette question et demande à des psychologues d'organiser une petite enquête. Le résultat révèle l'étonnante fréquence avec laquelle les jeunes Français ignorent le métier de leur père ou n'arrivent pas à l'imaginer :

« Mon père dort dans le même lit que ma mère et c'est toujours elle qui fait le lit.

– Votre père travaille ?

– Oui... ooh, pff *. »

Cette jeune fille vient de passer son baccalauréat, possède

une voiture et habite dans la maison de sa mère, avec parc et piscine.

« Quel est le métier de votre père ?

– Ooh. Il est toujours dehors. Il se promène. Ma mère travaille.

– Quel est son métier ?

– Il est dans une boîte.

– Il se promène dans une boîte ?

– J'en sais rien, ce que je sais, c'est qu'il passe son temps à nettoyer la piscine le soir quand il rentre, et à râler parce qu'elle est pas propre *. »

Ce père travaillait de 5 heures du matin à 9 heures du soir dans la petite entreprise qu'il dirigeait. La partie visible du père n'intervenait dans la vie familiale que le soir, quand tout le monde pouvait voir – de ses yeux voir – qu'il se contentait de mettre les pieds sous la table et de râler parce que la piscine était sale.

Quand on compare ce père invisible avec le père des romans de Zola, on découvre qu'au XIXe siècle, le mineur de fond n'était pas très présent en nombre d'heures réelles. Mais la parole maternelle qui valorisait ce travail d'homme et l'organisation sociale qui nécessitait ce métier terrifiant, plaçaient le rôle paternel sur le devant de la scène. Tous les enfants connaissaient le nom des puits, des porions et les drames de la mine. Le plus glorieusement du monde, ce père absent réel, mais très présent dans sa famille, descendait dans les mines surchauffées pour y mourir de silicose, entouré par la plus tendre admiration des siens.

Nos pères actuels, dépossédés, chassés de l'espace intermédiaire entre la mère et le social ne peuvent exister sensoriellement dans leur famille parce que notre organisation sociale les efface. Ils ne peuvent plus transmettre le sens des objets, ni donner à voir, à entendre, à sentir les règles d'action dans l'existence. Le père esquimau, en montrant l'expérience sensible de la construction d'une pirogue, donne sens à l'objet : « Mon père faisait ainsi. Il chauffait l'os pour le courber et tendait le cuir de cette manière. »

Les objets sans père n'ont pas de valeur sémantique. Ils deviennent des objets sans sens, détritus de consommation.

Les rites sans père, perdent leur fonction. Ils deviennent gestes vides n'ayant plus rien à signifier.

L'école allemande de sociopsychanalyse explique la crise de l'adolescence avec les mêmes arguments que les ethnologues : « La crise d'identité qui intervient normalement dans le passage de l'enfance à l'âge adulte, semble s'accompagner d'un ébranlement de la personnalité beaucoup plus important que dans une société reposant sur des structures traditionnelles [66]. »

Cette école allemande est bien placée pour décrire une société sans père, comme l'État nazi. Société sans père ne signifie pas société sans hommes. Le viril y est hypertrophié jusqu'à la caricature. Seul le membre viril est beau. Le sexe féminin est à vomir : « Tétine funeste t'es plus, plus qu'une gosse malsaine, salope!... Les femmes ça décline à la cire, ça se gâte, fond, coule, boudine, suinte sous soi [67]! »

La femme, mammifère ignorant, doit déféquer ses enfants. Ce qui est glorifié, c'est la mère à l'enfant, ce couple uni par la mamelle. L'homme a mieux à faire qu'à torcher. Les femmes sont glorifiées en tant que « chieuses d'enfants »... On retrouve cette invraisemblable haine de la différence à travers les textes nazis : « Comme la jument des éleveurs... la femme doit avoir un pédigree... elle pourrait, exemplaire, être exposée dans un zoo féminin [68]. »

La seule manière d'être humain, le seul amour glorifiable, c'est l'amour du même, grand, blond, dolichocéphale. Cette homosexualité sadique a été analysée par un grand socioanalyste [69] : quand il n'y a pas de « père psychique », l'enfant ne peut pas échapper à la toute-puissance de cette mère dévorante. Pour trouver un semblant de libération, il cherche un père extra-familial, un substitut paternel. Il trouve alors un chef de bande, un membre politique, un père charismatique, un fondateur de secte. Le manque de père l'a rendu apte à se soumettre... pour échapper à sa mère! L'idéal du moi chimérique des enfants sans père, sans modèle d'identification affective, mène à l'amour du « même » qui s'exprime jusqu'à la caricature dans la « psychologie des masses [70] ».

Notre pratique psychothérapeutique nous donne chaque jour à entendre les angoisses provoquées par l'incertitude sexuelle. Ne pas savoir de quel sexe on est, c'est ne pas savoir qui on est. Cette idée est très facile à comprendre quand on écoute les psychotiques qui ne savent pas dire qui ils sont, quel est leur nom, à qui il réfère, quel est leur sexe, comment on doit faire quand on porte un tel sexe.

Il n'y a pas de culture sans rôles sociaux sexués.

Il n'y a pas de culture sans rôles sociaux sexués.

Dans les cultures « primitives », le premier problème à résoudre face à un objet nouveau consiste à déterminer son sexe. Nos militaires s'amusaient beaucoup en observant les sauvages qui cherchaient le sexe de l'avion ou de la caméra. Cette caractérisation des rôles sociaux sexuels facilite le processus d'identification. Mais toute identification est une amputation, un renoncement à devenir quelqu'un d'autre, à réaliser une autre possibilité de soi.

Les enfants mal identifiés ne connaissent pas ces amputations épanouissantes : être homme ou femme c'est tout pareil, disent-ils, riche ou pauvre, ici ou ailleurs, mort ou vivant... Pourquoi apprendre ça plutôt qu'autre chose ? Pourquoi se battre pour obtenir un résultat alors que l'échec n'a pas d'importance ?

Pas de projet, pas de compte à régler, pas de névrose douloureuse pour donner sens à nos souffrances. Rien. L'équilibre dans le néant. Ces non-musculations du moi organisent des destins de guimauve, des biographies à pages blanches. Parler ou se taire ? Rien à dire, rien à faire.

En comparant les cultures, on découvre l'infinie variété des rôles sexuels. Cette différence des rôles est nécessaire quoique arbitraire. Elle est tellement utile aux processus d'identité que les couples d'homosexuels finissent par acquérir des comportements différents qui sont bénéfiques aux enfants qu'ils adoptent, comme cela se pratique aux États-Unis et au Canada.

Par des méthodes différentes, dans des pays différents, des observateurs de formations différentes sont arrivés à des conclusions de même type : l'effet différenciateur du couple est nécessaire à l'identification de l'enfant [71] et à ses performances physiques et sociales [72].

Pour faire une image, on pourrait dire que l'ontogenèse de la mère dans le psychisme de l'enfant est continue. Sa permanence évolue du biologique, au psychosocial, en passant par le signifiant.

Une seule mère se développe dans le psychisme de l'enfant, alors qu'il y a trois pères. Si l'on considère les lieux de son développement, on pourrait décrire un père intramaternel, un père périmaternel et un père social.

Nos trois pères.

On pourrait décrire la mère comme un objet continu. Même quand elle s'absente, elle est remplacée par l'objet transitionnel qui en assure la permanence sensorielle et symbolique. Alors que l'ontogenèse du père connaît des stades plus marqués : le père perçu (jusqu'à six mois), le papa (quinze-vingt mois) le père social (deux-trois ans).

Le père intramaternel, c'est le planteur d'enfant. Dès ce niveau purement biologique, réel, non conscient, ce mâle géniteur en plantant sa petite graine, empêche la parthénogenèse si fréquente dans le monde vivant, et provoque un effet innovateur. Dès ce niveau biologique, la différence des sexes permet l'invention d'un nouvel être vivant. Et ce nouveau patrimoine génétique le rend capable d'évoluer et de s'adapter à une infinité d'environnements différents.

Puis le père intramaternel devient sensoriel, traduit par la mère. Son odeur, sa voix, ses caresses, sa simple présence et la signification que la mère lui attribue, modifient les communications sensorielles de la mère avec son enfant.

Après la naissance, le père persiste dans cette traduction maternelle. Mais il peut aussi intervenir directement avec le bébé. Cet homme peut réaliser des performances maternelles de très bon niveau, parfois supérieures à celles de la mère comme dans les domaines de l'éveil et de l'alimentation du bébé.

Cette fonction, appréciable pour le bébé, est très appréciée par certaines mères. Mais c'est une fonction de mari qui participe à la cohésion du couple, ce n'est pas encore le père.

Le père-visage vient au monde à partir du huitième mois, quand la maturation neurologique de l'enfant lui permet de différencier la perception entre deux visages. A ce moment, naît le père perçu en tant que visage étranger. Cette période sensible de la naissance du père crée un moment de vulnérabilité où la mère peut très bien ne pas signifier le père. Elle peut ne pas le présenter par la fantasmatique de ses gestes, elle peut ne pas le mettre en signe en n'exprimant pas les sourires, les regards, les postures et les vocalisations qui familiarisent l'enfant avec cette nouvelle perception périmaternelle.

Ce père périmaternel, ce père perceptuel, ce socle sensoriel de l'imaginaire, cet étranger familiarisé par la mère est un père parlé par tous les langages. A ce niveau psychologique, le père, du simple fait de sa présence parlée, permet la triangulation, c'est-à-dire la conscience de la différence des sexes qui donne accès à la représentation et à l'identification.

Le père su vient de naître. Le « papa » attendra quelques mois avant d'être prononcé par l'enfant, quand l'aptitude à référer sera bien développée en lui, quand la relation entre les participants du triangle facilitera l'expression de cette référence, quand l'enfant, âgé de quinze à vingt mois, deviendra capable de percevoir un objet présent signifiant le père absent et pourra le désigner à sa mère par un ensemble verbo-comportemental qui consiste à pointer l'index sur l'objet, regarder sa mère et articuler « papa ».

Les termes « papa, maman » ne sont plus des prénoms; ils désignent des fonctions différenciées seulement vers l'âge de trois ans [73] : ce n'est plus le « papa-prénom », c'est « mon papa ». Le père vient d'apparaître dans le langage. A ce moment, le père n'est plus du tout biologique, il est devenu sémantique.

Plus tard, loin de la mère, dans le social, prendra place le *paterfamilias*, le *domine* romain, le Monseigneur de l'âge classique, le « chèque à pattes » de l'âge moderne. Désormais, le père se situe dans le rôle social ou théâtral, dans l'acte juridique, la liste des contribuables, le comédien qui va jouer la représentation du social dans sa famille.

Là, tout est possible, tous les rôles ont été inventés et restent encore à inventer : de la statue du Commandeur, au tyran ou au figurant. Une femme peut acquérir cette fonction du père, cette représentation sociale, comme on le voit aujourd'hui avec les mères socialisées qui réalisent des rôles pertinents, et souvent très bien joués.

Ce père-là, représentant du discours social dans la famille, s'invente au gré des règles culturelles qui changent tous les dix ans – et tous les dix kilomètres.

C'est fou ce que les pères sont parlés par les mères qui les traduisent, et par le discours social qui leur donne un rôle. L'enfant perçoit son monde à travers les traductions parentales qui exigent du talent... et provoquent des contresens!

NOTES

1. DÉSOR D. et KRAFFT B. (1986), « Les Comportements parentaux », C.N.R.S., 6.
2. TINBERGEN (1951).
3. EIBL-EIBESFELDT I. (1972), *Ethologie. Biologie du comportement*, *op. cit.*, p. 166.
4. On sait aujourd'hui que la femelle « ne pousse pas son mâle au nid ». Le choix de ces mots est une interprétation de l'observateur. En fait, la femelle et le mâle se coordonnent autour de la couvaison.
5. Voir le chap. : « Empreinte amoureuse et tranquille attachement. »
6. THIERRY B. et ANDERSON J.R. (1986), « Mécanisme de l'adoption chez les primates : rôles de l'adopteur et de l'adopté », *C.N.R.S. Comportements*, pp. 165-171.
7. BARRA J. et RENARD J.-P. (1986), « Superflu, le spermatozoïde ? », *La Recherche*, n° 174, février.
8. OHNO S. (1973), « La Différenciation sexuelle », *Nature*, n° 244, pp. 259-262.
9. LANGANEY A. (1979), *Le Sexe et l'innovation*, Seuil.
10. Science du toucher et du sentir, dans la dimension intime et affective. VELDMAN F. (1989), *L'Haptonomie, science de l'affectivité*, Payot.
11. BARBIER M. (1982), *Les Phéromones*, Masson.
12. CYRULNIK B., PETIT J. (1986), *Ontogenèse des cris de bébé*, colloque C.N.R.S. Marseille, février, Bulletin S.F.E.C.A., 1987.
13. COMPARETTI M.A. cité *in* VINCENT M. (1985), « La Relation de la mère avec son fœtus et la relation fœto-maternelle », *in Traité de psychiatrie de l'enfant et de l'adolescent* PUF., t. II, p. 613.
14. BRAZELTON T.B. (1982), *La Dynamique du nourrisson*, E.S.F.
15. HARLOW H.F. (1972), « Love Created – Love Destroyed – Love Regained », *in Modèles animaux du comportement humain*, C.N.R.S.
16. JEDDI E. (1982), Importance de la chaleur dans l'orientation des nouveau-nés. *Corps et cultures*, Masson.

17. GOUSTARD M. (1975), *Le Psychisme des primates,* Masson.

18. SCHAEFFER H.R. (1971), « Objective Observations on Personnality Development in Early Infancy. », *Brit. J. Med. Psych.*, n° 31, pp. 174-183.

19. WIDMER Ch., TISOT R. (1981), *Les Modes de communication du bébé*, Delachaux et Niestlé.

20. Les dates du sixième ou du huitième mois sont de larges approximations : H. SPITZ parle de « la deuxième moitié de la première année ». En fait le développement de l'enfant n'est pas linéaire. Il se fait en marches d'escalier : un enfant peut être en retard à sept mois, et en avance à sept mois et demi. Il y a même des régressions normales.

21. KLOPFER (1970).

22. SACKET G.P. (1970), « Unlearned Responses, Differential Rearing Experiences, and the Development of Social Attachments, by Rhesus Monkeys », *Primates Behavior*, Academic Press, New York.

23. BYDLOWSKY M. (1986), Commentaire de son intervention lors du congrès mondial de psychiatrie de l'enfant et de l'adolescent, Paris.

24. En écrivant ces pages, je pense beaucoup au Pr. Yvonne KNIBIEHLER. Elle m'a souvent reproché de ne pas défendre les pères qui toilettent leurs bébés. Ces pages vont lui prouver qu'elle a tort : elle sera ravie.

KNIBIEHLER Y. (1987), *Les Pères aussi ont une histoire*, Hachette.

25. GREENBERG M., MORRISS N. (1974), « The Newborn Impact upon the Father », *American Journal of Orthopsychiatry*, 44.

26. FESTINGER L., CARLSMITH J.M. (1959), « Cognitive Consequences of Forced Compliance », *Journal of Abnormal and Social Psychology*, 68.

27. MÉTRAUX A. (1982), *Les Indiens de l'Amérique du Sud*, éd. Métailié.

28. LEMAY M. (1983), *L'Eclosion psychique de l'être humain*, Fleurus, pp. 586-590.

29. CYRULNIK B., ROURE J., PETIT J. (1986), *La Poupée dans le triangle*, film vidéo.

30. RUFO M. (1985), *Le Dialogue tonique avec le biberon*, film vidéo, colloque des Embiez.

31. BRAZELTON T.B. (1979), *Behavioral Competence of the Newborn Infant*, Seminars in Perinatalogy.

32. KESTEMBERG E. cité *in* LEBOVICI S. (1985), *L'Interaction père nourrisson, op. cit.*, pp. 199-211.

33. PEDERSEN F.A., RUBINSTEIN J. et YARROW L.J. (1979), « Infant Development in Father Absent Families », *Journal of Genetic Psychology*, p. 135.

34. CORBOZ A. (1985), « Le Rôle du père dans le post-partum » *Psychologie médicale*, 17, I, pp. 75-85.

35. PARKE R.D., POWER T.G., TINSLEY R.R., HYMEL S. (1980), *Parent-Infant Relationships*, Paul Taylor, New York.

36. FIVAZ E. (1980), « Analyse systémique d'une famille à haut risque », *Thérapie familiale*, Genève, 2, pp. 165-180.

37. SPITZ R. (1953), *La Première Année de la vie*, PUF.

38. LAMB M.E. *et alii* (1982), « Mother and Father Infant Interaction Involving Play and Holding in Traditional and Non Traditional Swedish Families », *Developmental Psychology*, n° 18, pp. 215-221.

39. LEWIS et BROOKS cités *in* LEMAY M. (1983), *L'Eclosion psychique de l'être humain*, *op. cit.*, pp. 586-591.

40. Observation confirmée par ATKINS R. (1986), New York, *Développement de la représentation du père*, 11e Congrès international de psychiatrie de l'enfant, E.S.F. Paris.
41. WATZLAWICK P., WEAKLAND J., FISCH R. (1975), *Changements, paradoxes et psychothérapie*, Le Seuil.
42. ROSOLATO G. (1975), « L'Axe narcissique des dépressions », N.R.P., II, pp. 15-16.
43. CULLEN J. et CONNOLLY J.A. (1985), « Bébés soumis à des stress, adultes de demain », *in L'Enfant dans sa famille*, PUF.
44. FERRERI M., VACHER J., ALBY J.M. (1987), « Evénements de vie et dépression », *Journal de psychiatrie biologique et thérapeutique*.
45. GOODALL J. (1986), *La Mort de Flo*, film TF1.
46. BERTRAM B. (1976), « Growing Points in Ethology », *in* BATESON P.P.G. et HINDE R.A., Cambridge University Press.
47. CURTIN R. et DOLHINON P. (1978), *Am. Scient.*, n° 66, p. 468.
48. HOPKINS P.O. (1979), « Le Meurtre des nourrissons », *La Recherche*, n° 96, janvier.
49. WICKLER W. (1971), *Les Lois naturelles du mariage*, Flammarion.
50. *Approche culturelle et sociale de l'évolution biologique de l'homme* (1989), 19e colloque du Laboratoire d'écologie humaine, Aix-en-Provence, mai.
51. DEVORE I., EIMERL S. (1966), *Les Primates*, Time-Life.
52. Se référer au chapitre : « Empreinte amoureuse et tranquille attachement. »
53. KNIBIEHLER Y. (1987), *La Naissance des pères*, Conférence, relais Peiresc, Toulon, février. Et *Les Pères aussi ont une histoire*, Hachette, 1987.
54. VEYNE P. (1985), « La Maisonnée et ses affranchis », *in Histoire de la vie privée*, t. I, Seuil.
55. SULLEROT E. (1984), *Pour le meilleur et sans le pire*, Fayard, pp. 99-104.
56. Dugos le Lyonnais, 1718, *in Histoire de la vie privée*, *op. cit.*, t. III.
57. GESSAIN R. (1970), *Ammassalik*, Flammarion.
58. KNIBIEHLER Y. (1987), *La Naissance des pères*, *op. cit.*
59. LAFFITTE-HOUSSAT (1971), *Troubadours et cours d'amour*, PUF., « Que sais-je ? », p. 22.
60. GILIS L., *Etudiant en médecine à Montpellier en 1908*, lettre personnelle, mai 1987.
61. RAFFIN Th. (1987), « L'Amour romanesque : mythe et réalité d'un mode féminin d'engagement matrimonial », *Dialogue*, n° 2.
62. SOULÉ M. (1987), bavardage lors des journées de pédopsychiatrie, Marseille, septembre.
63. SULLEROT E. (1984), *Pour le meilleur et sans le pire*, *op. cit.*
64. MITSCHERLICH A. (1969), *Vers la société sans père*, Gallimard.
65. NILSON E. (1982), *L'Avenir des jeunes talents*, téléfilm, Suède.
66. MITSCHERLICH A. (1969), « Le Père invisible », *Vers la société sans père*, *op. cit.*, p. 171.
67. CÉLINE L.-F. (1952), *Féerie pour une autre fois*, Gallimard.
68. Cité *in* MACCIOCHI M.-A. (1976), *Les Femmes et la traversée du fascisme*, 10/18, t. I, p. 239.
69. MENDEL G. (1968), *La Révolte contre le père*, Payot, p. 399.
70. MOSCOVICI S. (1981), *L'Age des foules*, *op. cit.*

71. BIELICKI I. et J. (1986), R.F.A., *Syndrome de carence paternelle et faiblesse du moi*, 11e congrès international de psychiatrie de l'enfant, E.S.F., Paris.

72. SKUZE D. *et alii* (1986), Danemark, *Parentage et défaut de croissance*, 11e congrès international de psychiatrie de l'enfant, E.S.F., Paris.

73. DUVAL F. et DUVAL-UZAM A. (1986), *Les Rapports de certains échecs scolaires avec la non-acquisition du schéma des structures élémentaires de la parenté*, 11e congrès international de psychiatrie de l'enfant, E.S.F., Paris.

DEUXIÈME PARTIE

LE COUPLE

QUAND LE SEXE APPARAÎT

Il faut qu'un sexe soit masculin ou féminin.

Quand deux humains se rencontrent, ils présentent d'abord leur sexe. Mais comme ils n'osent pas présenter leur sexe anatomique, ils présentent seulement les mots qui le désignent : « Monsieur ou Madame »... Parfois même, ils présentent l'état de fonctionnement de ce sexe : « Mademoiselle. »

Lors d'une rencontre, il est urgent de connaître le sexe de l'autre, sous peine de maladresse relationnelle. Les rituels d'interactions diffèrent beaucoup selon le sexe. On prescrit son corps de manière radicalement différente. Pourquoi ne dit-on pas bonjour à une femme de la même manière qu'à un homme ? Les ethnologues ont remarqué que cette différenciation se retrouve dans toutes les cultures, mais que chaque culture exprime à sa façon ce rituel de présentation [1] *. En Occident les hommes s'inclinent, les femmes s'accroupissent. Les hommes de Schom-Pen saluent en levant la main, alors que les femmes font un grand geste du bras.

Ces salutations permettent en un clin d'œil d'inscrire l'histoire et le contexte du discours à venir. Quand deux hommes se rencontrent, les signaux amicaux sont amplifiés. Il faut tendre les deux bras, ouvrir tout ce qu'on peut ouvrir : la paume des mains, les doigts, les bras, la bouche, les yeux, signifiant ainsi une disposition à l'accueil.

Mais une femme qui accueillerait de la sorte un visiteur dans l'intimité de sa chambre signifierait par ces gestes un tout autre discours. Elle doit serrer ses genoux, fermer son corsage, sourire quand même et tendre la main vigoureusement pour signifier : « Je suis très contente de vous accueillir... dans le cadre de nos relations professionnelles. » Dans un cadre plus intime, elle tourne les genoux vers l'homme, oriente son buste bien en face, sourit moins, baisse les yeux et propose une main alanguie, signifiant ainsi plus de douceur.

« Nous réagissons aux gestes avec une sensibilité extrême et l'on pourrait presque dire, en accord avec un code secret très complexe qui n'est écrit nulle part, connu de personne mais compris par tous [2]. »

Une des fonctions de la pancarte vestimentaire consiste justement à signaliser ce sexe, pour orienter les interactions gestuelles. Le sexe possède une fonction polysémique, il est bourré de significations; il envahit nos gestes, nos vêtements et nos interactions, permettant ainsi une coordination relationnelle. Les observations éthologiques expliquent comment cette fonction signifiante se met en place dans le monde vivant.

Pendant très longtemps, on a considéré que l'activité sexuelle constituait le fondement du lien social autour duquel s'organisaient les sociétés de singes. Ce postulat théorique induisait les observations des primatologues et contribuait ainsi à confondre les phénomènes sexuels avec les phénomènes sociaux. Après les années 70, certains primatologues ont entrepris d'étudier la pulsion sexuelle.

* Les notes du chapitre commencent p. 165.

Il est difficile d'observer l'innéité d'un comportement tant l'environnement participe à l'expression de ce programme génétique. Néanmoins, chaque espèce possède un programme assez précis de réalisation de ses pulsions sexuelles. Le cercopithèque à queue rouge s'accouple rarement alors que le vervet réalise de très fréquentes copulations. Les babouins, qui ressemblent à des chiens, les lémurs, qui ressemblent à des koalas sont très sexués, alors que les gibbons aux grands bras et les gorilles s'accouplent rarement [3].

Programme des pulsions sexuelles.

Le gorille s'accouple dix fois par an en milieu zoologique et seulement une ou deux fois, en milieu naturel. Ses copulations sont rares et longues. La fatigue l'oblige à s'y reprendre trois fois en une heure avant d'éjaculer. La comptabilité des mouvements de bassin donne des renseignements intéressants : tout gorille doit, pour éjaculer, effectuer entre 300 à 500 mouvements de bassin; un babouin réalise sa performance en 15 à 20 mouvements, et les macaques, furtifs, se contentent de 3 à 5 aller retour.

Ces chiffres sont intéressants parce qu'ils permettent d'illustrer l'idée qu'une performance sexuelle est en partie programmée génétiquement.

Les chimpanzés s'accouplent en toutes saisons. Les mâles dominants n'interdisent pas la rencontre entre une femelle et un dominé. Dans cette grande démocratie sexuelle, les femelles motivées viennent s'asseoir sur tout mâle candidat, à condition qu'il ait effectué ses pubertés biologique et sociale. Les babouins, eux, confirment la théorie de la horde primitive où le grand mâle interdicteur empêche l'expression sexuelle des dominés.

Chez les cerfs, la simple présence du dominant inhibe le métabolisme de la testostérone des mâles dominés [4] qui gardent leur morphologie et leurs comportements de jeunes tant que le dominant reste présent. Il suffit de l'éloigner pour modifier le métabolisme des hormones mâles des autres cerfs, changer leur aspect physique, augmenter leur poids, leur musculation, leurs comportements conquérants et provoquer la nécrose vasculaire du velours qui couvrait leur ramure d'animaux prépubères.

Comment savoir si les femelles ont un orgasme ? Comme

d'habitude, le mystère de la sexualité féminine peut s'éclairer grâce à un indice : en fin d'accouplement, la femelle macaque se retourne, empoigne l'avant-bras du mâle et l'embrasse avec une sonorité rythmique qu'on ne peut enregistrer qu'à ce moment-là.

Ces observations en milieu naturel montrent que, malgré leur soumission aux lois biologiques, les pulsions sexuelles des animaux sont déjà influencées par les pressions du milieu. Pour un même programme génétique, une même espèce s'accouple plus souvent dans la savane qu'en forêt, est plus stimulée par l'ensoleillement que par la saison des pluies et préfère les petits groupes à la surpopulation. Mais c'est le temps de vie partagée, le parcours biographique commun qui modifie le plus nettement l'expression de cette pulsion sexuelle.

Les chimpanzés en milieu naturel s'accouplent dorso-ventralement. Lorsqu'une femelle est motivée pour la sexualité elle attire presque tous les mâles du groupe. Ils paradent en se dressant sur les pattes postérieures, en tambourinant leur poitrine, en jetant des feuilles et en réalisant des prouesses de gymnastique – tout ce qui, d'après un mâle, peut séduire une femelle. Certaines, au tempérament intimiste, attirent un mâle loin du groupe et disparaissent avec lui [5]. Mais la plupart sont partageuses : elles courent à reculons pour s'asseoir sur un mâle en érection, qui effectue quelques mouvements de bassin, puis elles s'enfuient pour aller s'asseoir sur un autre.

En milieu captif, les animaux doivent partager l'espace et le temps. Vivre dans une cage les oblige à se familiariser, à s'attacher l'un à l'autre. Leurs comportements sexuels changent. Les mâles sont moins effarouchés par les femelles. De ce fait, ils semblent moins déchirés par la double pulsion qui les pousse à s'approcher de cette femelle qui en même temps les effraie. Familiarisés, donc tranquillisés, par ce début d'attachement, ils effectuent des parades sexuelles moins intenses, comme dans les vieux couples où la communication est si bonne qu'un tout petit signe suffit à faire passer l'émotion.

L'accouplement désormais se réalise en face à face [6]. Il

sera suivi d'échanges de sourires, d'offrandes alimentaires, de toilettage mutuel et même de contact de la main dans la main.

Si l'environnement écologique modifie la pulsion sexuelle, c'est l'histoire partagée des partenaires qui provoque un changement important de l'expression du même programme génétique sexuel.

L'histoire et le milieu façonnent un comportement qui émerge à peine du biologique.

En milieu naturel on observe que certains chimpanzés s'accouplent facilement, alors que d'autres, à l'écart du groupe, manifestent une grande inhibition sexuelle. Parfois, un mâle se dirige vers une femelle en chaleur et s'arrête à distance. Il s'approche d'elle en lui tournant le dos, et lorsque la femelle le sollicite, il s'enfuit en criant. Ce mâle peut la mordre ou se mordre lui-même. Lorsqu'il se laisse approcher, il synchronise mal ses mouvements avec ceux de sa partenaire et rate la pénétration.

A Toulouse, une équipe d'éthologues a observé de quelle manière l'histoire des individus pouvait modifier leurs performances sexuelles [7].

L'histoire peut modifier les performances sexuelles.

Ils ont étudié la réussite moyenne sexuelle d'insectes normalement socialisés. Toute population de criquets élevés en groupes mixtes connaît, au moment de sa motivation sexuelle, une réussite de 80 %. Cette population constitue un témoin de développement et prouve que 80 % des individus élevés harmonieusement connaîtront une rencontre sexuelle harmonieuse.

On peut alors manipuler expérimentalement l'histoire des animaux. Il suffit d'isoler quelques mâles pendant leur enfance puis de les remettre en groupe pour constater que ces animaux isolés manifestent une parade sexuelle beaucoup plus longue. Ils hésitent, s'éloignent et tournent autour de l'objet sexuel sans trop s'approcher. Plus l'isolement a été long, plus le pourcentage d'échec augmente. Le simple fait de troubler la socialisation d'un petit mâle pendant son enfance augmente sa probabilité d'échec sexuel quand il devient adulte.

L'histoire des femelles peut aussi modifier les performances sexuelles des mâles. Quand on isole une femelle durant son enfance, on trouble aussi sa socialisation. Il suffit de placer un mâle bien développé au contact d'une femelle mal socialisée pour que les parades sexuelles, mal synchronisées, entraînent l'échec du mâle. Le mâle échoue parce que la femelle a été mal socialisée dans son enfance.

Il est bien évident que lorsque les deux partenaires ont été isolés, la probabilité d'échec augmente encore plus.

La question posée est la suivante : un isolement précoce dans l'enfance du petit mâle provoque des troubles qui se manifestent longtemps après sa puberté. Un isolement précoce de la petite femelle provoque des troubles qui se manifestent aussi chez le mâle.

Tant qu'à faire intervenir l'histoire dans l'acquisition des comportements sexuels, on peut aussi observer comment les carences provoquées dans l'enfance de la mère vont troubler la future sexualité de son petit. Une jeune femelle macaque isolée pendant son enfance, ayant connu de ce fait des troubles de socialisation [8] est replacée dans son groupe d'origine. Les observateurs ont cru que la socialisation était réparée car ils ne savaient pas observer les jeux entre compagnons des deux sexes. Les animaux, eux, ne s'y sont pas trompés : ils ont refusé de jouer avec cette femelle.

Après sa puberté elle mordait les mâles qu'elle sollicitait. Il a fallu pratiquer une insémination artificielle pour l'engrosser et faire naître un petit mâle. Tout de suite, les interactions mère-enfant ont été mauvaises : la mère volait la nourriture de son petit, lui marchait sur la tête et le bousculait quand il la sollicitait. L'enfance de ce petit mâle a été consacrée à satisfaire un hyper-attachement anxieux à sa mauvaise mère. Cet excès d'attachement l'empêchait de jouer, de se socialiser et d'apprendre les rituels de son groupe. Après sa puberté, il n'a pas su parader devant une femelle. Il se trompait de côté, n'osait s'approcher pour lui monter sur les talons et la pénétrer. Il finissait par s'enfuir ou la mordre.

Le processus naturel de l'attachement de ce petit avait été troublé, parce que l'enfance de sa mère avait été troublée. Ce défaut d'attachement n'avait pas permis la mise en place des comportements de jeu et de socialisation et avait entraîné ses échecs sexuels.

Chez l'homme, l'historicité, le sentiment d'avoir une histoire personnelle et d'en faire le récit, modifie en plus ses développements.

Les enfants abandonnés manifestent les mêmes troubles tonico-posturaux et modifient les mêmes sécrétions neurohormonales que les prématurés. Mais chez les prématurés, l'environnement stable et affectueux répare ces troubles en quelques mois, alors que les enfants abandonnés gardent en eux la conscience d'une identification rétrospective : « Je suis celui qui a été abandonné[9]. » Ces enfants carencés se remarquent à l'école par leur hyperkinésie : ils ne tiennent pas en place, font des pitreries incessantes ou au contraire s'isolent totalement et manifestent une sagesse excessive qui donne une fausse apparence à leur anesthésie affective.

Il semble que la motivation sexuelle soit d'autant plus intense qu'il y a eu carence affective. Mais comme la socialisation s'est mal faite, l'inhibition est aussi forte que le désir. On observe alors des garçons incapables d'exprimer leur intense désir. Coincés entre deux pulsions contraires, ils alternent les raptus anxieux avec l'explosion auto-agressive. Ils agressent ceux qu'ils aiment et sont ensuite désespérés par ce comportement paradoxal.

Ils inventent alors des stratégies adaptatives. Le fantasme des filles carencées peut prendre la forme suivante : comment rendre un garçon amoureux d'une poubelle. Elles vont se maquiller à l'excès, porter des vêtements trop sexualisés qui promettent au garçon ce qu'elles ne veulent pas donner. Le garçon, par la forme alléché, commence à parader. La fille l'agresse, le chasse ou s'enfuit. Puis elle se désespère de son propre comportement qui a provoqué la fuite du garçon alors qu'elle désirait une lente approche affective.

Ce contresens comportemental est fondé sur la représentation de la fille. Mais cette production fantasmatique (comment rendre désirable une poubelle) est elle-même fondée sur l'histoire de cette fille.

Chez un garçon, la stratégie de la poubelle sera plutôt fondée sur la réussite sociale qui prendra valeur de monnaie affective : moi, enfant-poubelle, je ne pourrai m'autoriser à courtiser une fille que lorsque je me serai revalorisé et que ma réussite sociale m'aura rendu désirable aux yeux d'une femme.

Sexualisation très précoce des gestes des bébés.

Depuis que nos méthodes d'observation se sont perfectionnées, on découvre chez les tout-petits une sexualisation très précoce de leurs gestes. Jusqu'au huitième mois, les différences semblent plutôt fondées sur le biologique : différences de maturation osseuse et poids relatif de la graisse. Il paraît que les garçons dorment moins, pleurent plus, et sont plus « moteurs » que les filles. Il paraît que les filles sourient, vocalisent plus et s'approprient moins d'espace. En fait, les différences entre individus sont souvent plus nettes que les différences entre sexes.

Ces travaux révèlent que les garçons préfèrent les stimulations visuelles, alors que les filles sont plus sensibles aux informations sonores. Cela explique pourquoi à l'adolescence les garçons seraient plus aptes aux manipulations visuo-spatiales, telles que les lancers d'objets ou les mathématiques, et les filles plus douées pour la communication et la parole. Il y a peut-être là un saut interprétatif assez proche du saut périlleux.

Du huitième au vingt-quatrième mois, l'accord est plus solide. Un catalogue de ces différences a été établi [10] : les filles manifestent des phases de communication plus longues que celles des garçons, ce qui annonce peut-être la durée de leurs bavardages à venir. Dès l'âge de dix-huit mois, une fille sur deux sait établir une interaction sociale, par geste, parole ou sourire. Alors que la communication chez les garçons jusqu'au vingt-quatrième mois, ne peut s'exprimer que si elle est médiatisée par un ballon, un bout de ficelle, ou tout autre objet.

Quand on comptabilise les regards dirigés vers les adultes, on constate que les filles les regardent en souriant, alors que les garçons manifestent plutôt des regards associés à des comportements de crainte. Les filles sourient de plus en plus quand elles prennent de l'âge, alors que les garçons manifestent de plus en plus des comportements de menace. Ils ouvrent la bouche en carré, montrent les dents, avancent le buste, vocalisent et lèvent le bras.

A partir du dix-huitième mois, les contacts cutanés sont plus fréquents chez les filles, alors que les coups et bousculades augmentent chez les garçons.

D'une manière générale, on a l'impression que les filles développent plutôt des réseaux d'affiliation, composés de deux à trois petites filles. Elles se touchent, se sourient, se parlent et manifestent un grand talent d'imitatrices dans leurs gestes, leurs jeux et la décoration de leur corps.

Le style de socialisation des garçons est très différent. De dix à vingt mois, ils se touchent peu, s'organisent en grands groupes de 9 à 12 enfants, hiérarchisés par les comportements de compétition et d'agressivité [11].

Pour trouver une hypothèse explicative, nous allons nous servir d'une observation expérimentale : dès le neuvième mois, les comportements autocentrés augmentent chez les garçons, alors qu'ils diminuent chez les filles. Or, toutes les manipulations expérimentales, animales et humaines, permettent de donner à ces activités autocentrées la signification d'un indice d'anxiété : les isolements, les carences affectives, les séparations maternelles augmentent ces activités dirigées sur soi-même. Le petit carencé se tient la tête, serre son ventre, se balance, tournoie et se masturbe sans plaisir.

Les trois quarts d'une population de bébés-garçons âgés de dix-huit mois réagissent à un stress par une activité autocentrée, alors qu'un tiers seulement d'une population de bébés-filles du même âge se centre sur soi en cas d'agression [12].

Dès cet âge apparaissent, chez les filles, des comportements de toilette, tels que relever ses cheveux, tapoter ses vêtements et nettoyer ses mains.

L'appropriation spatiale est une des grandes différences. Très tôt, les garçons manifestent des flèches d'exploration périmaternelles bien plus longues que les bébés-filles qui s'éloignent peu de l'alentour de leur mère. Cette appropriation spatiale se manifeste dans les comportements de lancers où les garçons, très tôt, jettent des objets, alors que les filles s'intéressent peu à cette activité.

Dans les cours d'école [13], on observe que l'espace est pratiquement monopolisé par les bandes de garçons. Les filles jouent et papotent en petits groupes dans les coins. Mais il suffit d'éloigner ces garçons pour que les filles changent de jeux, deviennent plus physiques et s'approprient le même espace que les garçons [14].

Sexualisation encore plus précoce des gestes des adultes.

Les adultes ne sont pas étrangers à ces sexualisations. Dès 1974, le neuropsychologue I. Luria avait constaté que les parents percevaient leur bébé en fonction du stéréotype de leur culture. Ils décrivaient leur bébé-fille comme plus petite, plus douce, plus délicate, moins attentive que leur bébé-garçon. Les mensurations et les observations directes ne confirmèrent pas du tout cette « évidence » perçue par les parents.

Nous avons filmé la gestualité d'adultes au moment où ils tendaient une poupée à un bébé âgé de quelques jours [15]. Quand il s'agissait d'un bébé-fille, les adultes tenaient la poupée avec une gestualité très particulière : les femmes sexualisaient leurs gestes, bien plus que les hommes. Elles approchaient leur visage très près du bébé-fille, souriaient, vocalisaient, agitaient le poupon jusqu'à toucher le visage ou le ventre de l'enfant. Nous avons pensé qu'une telle gestualité permettait au bébé de percevoir un objet chargé d'une très forte sensorialité, composée d'informations visuelles, olfactives, sonores et tactiles. La mère chargeait le poupon d'une sensorialité chaleureuse.

Le même poupon utilisé avec un bébé-garçon induisait une gestualité très différente : tendu en silence, à bout de bras en détournant le regard. Parfois même, le poupon tombait du berceau tant il était mal tenu. Cet objet restait neutre pour le garçon. La mère ne le chargeait pas de sensorialité parce qu'il n'avait pas de sens pour elle, dans l'idée qu'elle se faisait de sa relation avec un garçon.

Car ce qui déclenche un comportement parental si différent ce n'est pas le sexe en soi, c'est la représentation que l'adulte se fait du statut des sexes. Pour déclencher une gestualité chaleureuse il a suffi de prendre un bébé-garçon et de l'habiller avec les attributs féminins : rubans, dentelle et liseuse rose. Le plus souvent un carton de couleur rose ou bleue posé sur le berceau d'un bébé anonyme suffisait à induire un comportement parental adapté à la condition sexuelle symbolisée par la couleur du carton.

Cette représentation induisait des interactions sensorielles très différentes selon l'idée que les adultes se faisaient de la condition sexuelle du bébé. Un petit film [16] projeté devant des étudiants montrait un bébé de neuf mois en pleurs. « Pourquoi ce garçon pleure-t-il ? » demandait l'observateur. Les étudiants répondaient : « Parce qu'il est en colère ! »

Un autre groupe, auquel on disait : « Pourquoi cette petite fille pleure-t-elle ? » répondait : « Elle pleure parce qu'elle a peur. » La même image avait provoqué une interprétation très différente selon la représentation du stéréotype sexuel, induite par la question.

Cette idée provoquait des réactions comportementales très différentes : les adultes disaient en s'adressant aux bébés-garçons : « Calme-toi un peu, mauvais caractère. Ah, ces garçons... ils veulent être servis tout de suite », alors qu'ils disaient aux bébés-filles : « Calme-toi ma cocotte, c'est rien, n'aie pas peur... »

La communication sensorielle devenait très différente selon le fantasme de l'adulte. Cette action fantasmatique pourrait expliquer pourquoi les bébés-garçons développent plus d'activités autocentrées et agressives que les bébés-filles : l'action fantasmatique des adultes ne les tranquillise pas !

La culture, c'est-à-dire les enseignants, les voisins, les médias et bien d'autres, participe à ce façonnement du comportement sexué. Les moniteurs de sport, hommes ou femmes, parlent en regardant beaucoup plus les garçons que les filles. D'une manière générale, les adultes s'adressent plus aux garçons en groupe... et aux filles dans l'intimité [17]. On pourrait dire que les adultes répètent avec les enfants, le comportement sexué que les bébés manifestent dès les premiers mois, quand les petits garçons se hiérarchisent en groupes compétitifs, alors que les petites filles se rencontrent dans de petits réseaux affiliatifs.

Depuis J.-J. Rousseau, on oppose la nature et la culture, comme plus tard, le feront Freud et Lévi-Strauss. Or, l'accumulation de ce genre d'observations permet de se demander si la culture ne constituerait pas plutôt un organisme qui différencie et renforce les tendances naturelles mal dégrossies, encore potentielles.

De cette masse de travaux, je propose d'extraire une idée et une question.

L'idée, c'est que la sexualisation des comportements est très précoce. On a pu rendre visibles des différences sexuées dès les premiers mois : les garçons s'engagent dans le monde, d'une manière plus visuelle, plus spatiale, plus anxieuse, plus collective et plus compétitive.

Les filles s'engagent dans la vie d'une manière plus sonore, plus verbale, plus paisible, plus intime et plus affiliative.

Quant aux parents, ils sexualisent leurs gestes et les objets encore plus précocement, dès le berceau!

La question qu'on peut se poser est : à quoi rime une si précoce sexualisation ?

Quand on constate le coût fantastique de la différenciation sexuelle, de l'énergie biologique, de l'acquisition des rôles psychologiques, des organisations socioculturelles consacrées pendant des vies entières à cette sexualisation des rôles, on est en droit de chercher quel bénéfice peut résulter de tant d'efforts ?

D'autant que dans la nature, la différenciation sexuelle n'est pas obligatoire. Les femelles suffisent. Il n'y a pas de mâle nécessaire! Le sexe mâle, c'est le sexe du luxe, celui qui apporte un chromosome différent pour innover, pour créer biologiquement une grande variété d'individus et pour concevoir psychologiquement une infinité de règles.

Le sexe invente la différence.

Il permet la survie biologique et engendre la vie psychologique. Mais pour ce faire, il faut se rencontrer et tenter l'invraisemblable aventure du couple.

NOTES

1. Ekman P. (1972), *Cross-Cultural Studies of Facial Expressions,* Academic Press.
2. Sapir E. (1927), *in* Frey S. (1984), *Décrypter le langage corporel,* Maison des Sciences de l'Homme, Paris.
3. Goustard M. (1975), *Le Psychisme des primates,* Masson.
4. Wickler W. (1971), *Les Lois naturelles du mariage, op. cit.*
5. Fisher H. E. (1983), *La Stratégie du sexe,* Calmann-Lévy.
6. Illustré dans le film de Annaud J.-J., *La Guerre du feu,* conseiller technique : Morris D. Et Frans B.M. de Wall, « La Réconciliation chez les primates », *La Recherche,* n° 210, mai 1989.
7. Antoniou A., Sanz J.-C., Vaysse G. (1985), « Isolement et performances sexuelles », *Bulletin S.F.E.C.A.,* t. II, n° 1.
8. Sackett G. P. (1972), « Isolation Rearing in Monkeys : Diffuses and Specific Effects on Later Behavior », *Modèles animaux du comportement humain,* colloque international, C.N.R.S., n° 198.
9. Idée développée dans le chapitre : « Enfants-poubelles, enfants de princes. »
10. Rogé B. (1984), « Les Marqueurs comportementaux du rôle sexuel : approche ontogénique », *Psychiatries,* 6, n° 64.
11. Baudonnière P. M. (dir.) (1986), *Étudier l'enfant de la naissance à 3 ans,* C.N.R.S.
12. Rogé B., *op. cit.*
13. Crepavet C. (1986), *Protoféminité et développement sexuel,* Presses Universitaires de Québec.
14. Cyrulnik B., École normale de Draguignan, *Sexualisation des cours d'école,* mai 1989.
15. Cyrulnik B., Roure J., Petit J., (1986), *La Poupée dans le triangle,* film vidéo.
16. Ekman P., Friesen W. V., O' Sullivan M., Scherer K. (1980), « Relative Importance of Face, Body and Speeck in Judgements of Personality and Affects », *Journ. of Pers. and Soc. Psychol.*, 38, 2, p. 270-277.
17. Crepavet C. (1986), *op. cit.*

DE L'EMPREINTE AMOUREUSE AU TRANQUILLE ATTACHEMENT

Les amoureux se couchent, pour mourir. Ainsi se terminent les histoires d'amour.

Pourquoi faut-il que l'amour meure?

Pourquoi faut-il que l'amour meure et ne sache vivre qu'à l'état naissant? Pourquoi faut-il que l'amour, à peine devenu objet de science, se transforme en objet triste?

J'ai eu bien du mal à découvrir l'histoire du mot. Celle de la personne amoureuse a été facile à trouver, écrite par les romanciers, les poètes et les psychanalystes. L'histoire idéologique de l'amour a beaucoup stimulé les gens d'Église, les historiens et les sociologues. Quant au mot Amour, il n'est pas français! « Il n'obéit pas aux lois phonétiques du français [1] *. » Issu du latin, *Amor* (*-oris*) il devrait logiquement donner Ameur, comme *Dolor* a donné Douleur. Éclate alors le scandale, car « le mot Ameur existe dans

* Les notes du chapitre commencent p. 202.

quelques dialectes du français où il prend le sens de rut des animaux »... C'est l'institution religieuse occitane qui a transgressé les lois de la phonétique pour introduire le langoureux « our » de l'Amour, et ajouter ainsi de l'érotique au rut, car l'histoire du mot pose le problème du « désir » animal et de l'art érotique.

Les premiers éthologues ne s'y sont pas trompés qui ont employé le mot amour chez les singes. Mais dans l'expérience de H. F. Harlow [2], où le petit macaque se blottit contre le leurre maternel en feutre et délaisse le leurre en fil de fer qui donne pourtant du lait, le mot amour est employé au sens d'amour maternel. On s'éloigne du rut pour s'approcher de l'effet tranquillisant d'un contact familier, d'un toucher ou d'une caresse amoureuse. On parle d'un sentiment dont l'amour ne constitue qu'un chapitre.

L'amour désignerait cette force affective qui nous pousse vers un objet : la mère de l'amour maternel, le déclencheur sexuel du rut, l'attraction passionnée pour la montagne, les idées, ou pour soi-même.

Simplifions, et mettons que l'amour ne soit qu'un élancement passionné, un événement intérieur exquis qui nous pousse à la recherche de l'objet correspondant. Alors le sexe, l'amour et l'attachement constitueraient des « systèmes d'affectivité » de natures différentes [3].

Le rut animal, l'« Ameur », trouverait ses racines biologiques dans la flambée hormonale qui déclenche les comportements de recherche sexuelle. Lorsque l'objet adéquat est rencontré, c'est lui qui, à son tour, déclenche le comportement sexuel, permet l'accrochage sensoriel des partenaires, met en place la spirale interactionnelle où chacun provoque la séquence gestuelle de l'autre et facilite la synchronisation des désirs... jusqu'à ce que l'extinction s'ensuive.

L'homme n'échappe pas à cette dimension. Après la flambée amoureuse des premières années de l'enfant, survient l'hibernation des désirs. Ce qui ne signifie pas hibernation des comportements, comme l'exploration de certains lieux du corps qui permet de découvrir les plaisirs localisés, comme les jeux sexuels tel que le « jeu du docteur » où l'enfant donne à un autre le droit de toucher ces endroits habituellement interdits. Pas d'amour lors de cette période glaciaire, mais jeux sexuels, dont la fonction d'apprentissage est capitale [4].

La flambée hormonale de la puberté va mettre à feu la mémoire biologique du premier amour maternel et des premiers apprentissages sexuels. Les hommes n'échappent pas au rut.

L'amour c'est autre chose, une réaction qui permet de transfigurer la loi biologique du rut, la loi phonétique de l'ameur et de transmuer l'hormone en représentation. L'Église s'y est beaucoup intéressée, puisqu'elle a pour enjeu de séparer l'âme et le corps. Les esprits religieux qui se disent métaphysiques organisent leur théorie du monde pour lutter contre l'angoisse physique, l'angoisse du biologique, pour nous faire oublier notre dépouille mortelle, notre charogne, nos esprits animaux, avec tout ce que cette représentation contient de bestiaire démoniaque. Ce qui touche au biologique est angoissant comme la vie, la mort, la naissance, la souillure, la maladie, la souffrance, et, bien sûr, la sexualité avec ses conséquences naturelles d'émission de semence, d'arrêt des menstrues et de développement d'une vie dans un ventre qui fonde l'aspect métaphysique du sexe.

D'autres hommes ne ressentent pas cette angoisse biologique : « Après la mort on pourrit dans la terre, mais on n'est pas là pour le voir. » Ceux-là acceptent sans trop d'émotion la mort ou l'avortement, une masse de cellules plus ou moins organisées, un produit biologique qui retourne à la terre, une matière qui redevient matière. Cette conception du monde s'accompagne souvent d'angoisses sociales [5], devant l'injustice des circuits sociaux, l'entrave de certaines existences, le « manque à être » de certaines psychologies.

Les religions sacrées s'occupent de la vie après la mort, alors que les religions profanes s'inquiètent de la vie avant la mort. Pour un esprit religieux, l'indignation sociale paraît bien dérisoire quand on pense à la mort infinie. L'économie de l'argent n'a pas grand sens quand on va mourir, l'épanouissement social ne signifie pas grand-chose face à l'éternité.

Cette manière de penser incite les religieux sacrés à contrôler la sexualité, puisqu'ils ont la phobie du biologique. Ils codifient les voies d'accès au sexe, les manières d'aimer et réglementent les familles. Alors que les religieux sociaux, peu soucieux du biologique, tolèrent des sexualités différentes, des formes familiales variées et des manières d'aimer infinies. Pour eux l'organisation humaine n'est pas coordonnée par la métaphysique, mais par le réseau social.

Cette distinction permet de comprendre pourquoi l'histoire d'amour est universelle alors que l'histoire de l'amour change étonnamment selon la culture.

L'histoire d'amour est universelle.

L'histoire d'amour universelle raconte toujours le même événement : la naissance du sentiment amoureux. Cette délicieuse émotion qui pousse à sortir de soi, à s'arracher de son monde pour partir à la recherche de l'objet parfait, donc idéal. Cette émotion nous conduit à tenter l'aventure : « Par hasard, elle était là, ce soir, prête à la rencontre dès le premier regard. »

Alors se déroule l'histoire d'amour, toujours la même, celle qui organise les séquences du scénario : la rencontre, l'émotion par le regard, la danse interactionnelle des premières paroles et des tout premiers gestes. Le jeu de l'approche et de la séduction, de la synchronisation des désirs et de la suggestion des engagements. L'émoi infiltre de sensualité le moindre geste, la moindre parole, le plus petit mouvement d'étoffe ou de chevelure, l'infime tremblement de la voix ou clignement des yeux. Transfiguration du banal, la moindre stimulation devient sensuelle.

Une fois que les corps sont présents, il faut présenter les âmes : on se raconte son histoire, ce qui permet de dire comment on aime, comment on craint, et de suggérer comment il va falloir se coordonner autour de cette manière de vivre.

L'interpénétration sensorielle, l'extase croisée des amoureux réalise un autre mode de connaissance : il n'est plus possible de percevoir son partenaire comme lors d'une observation à distance. Désormais la perception fusionnelle de l'autre en soi nous révèle.

Il faut que l'histoire d'amour finisse mal : par la mort ou par le mariage! La mort permet aux historiens d'amour de ne plus en parler et le mariage replace l'histoire d'amour dans son contexte social. Car auparavant, la fusion amoureuse avait créé un monde clos, une échappée en territoire privé. L'effet subversif de l'histoire d'amour met les amoureux hors-la-loi, mais pas opposés à la loi. Sa marginalité discrète suscite l'envie des gens normaux, toujours fascinés par les déviants et les pervers.

Le flash amoureux déjà s'éteint. On garde en soi le souvenir de l'extase, la nostalgie du bel objet perdu qui n'a duré que quelques mois [6]. L'apaisement sensoriel nous permet alors d'ouvrir les yeux sur le réel et sur le social qui, doucement, prennent leur revanche et nous imposent leurs contraintes. Dès que le couple amoureux pactise avec le réel, l'histoire d'amour se termine par le rituel : « Ils se marièrent et eurent beaucoup d'enfants. » Il faudrait y ajouter : « Ils s'inscrivirent aux allocations familiales et firent à la cassette d'épargne un emprunt avantageux à faible taux d'intérêt. » Le réel a repris la parole : terminée l'histoire d'amour.

Le réel a rétracté l'extase. L'amour passion doit flamber dans l'idéal, dans l'émotion tombée du ciel, dans la trace réveillée par l'autre. Il faut que l'amour passion soit passif, car toute action introduirait le travail et le réel désenchanteur. Alors on se promène, on soupire, on attend, on regarde, on est bien, là, immobiles, ensemble, fusionnés, car dans l'amour passion, « le seul objet possible est le je lui-même [7] ».

Le moment amoureux transfigure le banal, mais tout apaisement de l'extase laisse apparaître un réel sans âme : la famille et ses contraintes, la société et ses règles. Le réel et ses lois deviennent persécuteurs, empêcheurs d'extase. Si l'on veut s'enivrer encore un peu, garder en soi le sentiment merveilleux d'élation désincarnée, il faut se coucher, se concentrer sur la flamme vacillante du plaisir amoureux, et attendre la mort.

Les amoureux nous charment, comme nous charment nos évasions, nos jolies folies, comme nous fascinent ceux qui osent échapper aux lois.

Le scénario amoureux met en scène le désir de tout homme de rencontrer l'autre, celui qui lui correspondra et qui, en épousant la totalité de son être, provoquera le sentiment de complétude, de plénitude, de totalité fusionnelle et extatique.

Cette histoire universelle, abondamment écrite en Occident, aurait été inventée par les Arabes au XIe siècle, et se retrouverait de nos jours écrite mot à mot, de la même manière, en Asie et en Inde [8].

Cette histoire doit mal finir. Les amoureux rentrent au bercail du monde d'ici-bas, et s'y laissent mourir comme meurt l'amour. Voilà pourquoi les amoureux pleurent et racontent toujours la même histoire d'amour.

L'histoire de l'amour est très particulière.

L'histoire de l'amour, elle, est très particulière, étonnament variable au gré des cultures. Ce sentiment est imprégné de social alors qu'on le croit intime.

Nos sentiments subissent les pressions de la pensée collective : chez les Grecs l'Amour n'est pensable qu'entre un homme et un adolescent [9]. Entre un homme et une femme c'est la reproduction qui prend sens, pas l'amour. La civilisation hébraïque prône la méfiance envers ce sentiment qui nous possède jusqu'à l'hypnose et le christianisme le considère comme une vocation inférieure à l'amour de Dieu [10].La culture occitane, en transformant le mot, a révélé l'empreinte qui transformait la chose. Si l'on avait poursuivi la culture latine on aurait fait l'Ameur, pas l'Amour. Quand Ovide conseillait à l'homme d'avoir les épaules légères et le bassin vaillant, il parlait d'une production du plaisir, pas d'amour. En revanche quand les dames des cours d'amour provençales donnent leur écharpe à l'homme qui désire devenir leur amant, elles mettent en scène une belle histoire d'amour, où l'amoureux courtois devra partir s'il veut gagner le cœur de la dame.

Il est classique de dire que l'amour occidental est né au XIIe siècle. Dans le Var, à Pierrefeu, à Hyères, Signes et Porquerolles, les premières cours d'amour provençales ont rendu leurs jugements et promulgué le code de la bienséance et du bel Amour [11].

Faut-il épouser un homme qui s'est estropié avant le mariage ? (sentence 8) : il est convenable d'épouser un homme estropié, parce qu'il s'est blessé au travail ou au combat. Si on ne l'épouse pas dans cet état, on risque de le décourager de travailler.

« Faut-il aimer son mari ? » (sentence 12). Unanimité de ces dames qui répondent : On doit aimer son amant. Le mari concerne la sécurité, le bien et le lignage, pas l'Amour.

La mythologie de Tristan et le culte de la Vierge racontent l'amour sublime. L'amant idéal s'en va. Le courant de l'amour sublime se développe dans l'amour religieux, la « sacralité sexuelle » pour reprendre une expression de Mircea Eliade.

C'est l'époque où le « je » s'exprime dans la littérature. Vers le XIIIe siècle, l'intériorité apparaît dans les chansons, dans les poésies, où les trouvères disent la douleur d'aimer.

Jusqu'alors, la parole référait au groupe, aux lois générales. On mangeait avec ses doigts dans une marmite commune (il n'y avait ni fourchettes ni couverts). On dormait dans le même lit, on partageait la maisonnée. La première utilisatrice de la fourchette a été excommuniée parce que cet outil signifiait qu'elle se désolidarisait du groupe [12].

Vivre en groupe, c'est bénéficier de l'effet tranquillisant social : dans une maisonnée, dans une bande apparentée, dans un hôtel de ville, dans un bordelage (bordel), il y a toujours une table commune, un coin de feu, un tapis de jeu.

Dans le groupe, la parole est abstraite ou rhétorique. Quand l'intériorité apparaît dans la culture, quand le « je » s'exprime dans la littérature, il marque l'apparition du premier phénomène de désolidarisation. Le corps social commence à se fragmenter. Ce processus affaiblit l'effet tranquillisant du groupe, ses certitudes théoriques et ses croyances apaisantes. Le « je » augmente la référence à une authenticité de l'intime. « Je » est haïssable pour ceux qui souhaitent l'effet tranquillisant du « on ».

Les adorateurs du « je » acceptent d'en payer le prix : « Fragmentation du groupe, doute, critique systématique des valeurs, plongée intérieure, avec pour corollaire le mystère des songes, des sentiments, des valeurs privées, des fantasmes et de l'intimité. Le *Roman de la Rose*, la quête du Graal et l'interprétation des rêves en ont été les prémices [13]. »

Les adorateurs du « on » préfèrent la soumission aux lois du groupe, un choix sexuel mal personnalisé, illustré par les estampes médiévales représentant des partouzes municipales, quand les prêtres organisaient les fêtes sexuelles et quand les parents décidaient les mariages sans même penser aux désirs des mariés.

La Renaissance invente l'amour cynique, naturaliste, opposé à l'amour sublime des troubadours occitans. Le XVIIe siècle pose le problème de l'amour égoïste qui mène à la brutalité amoureuse du Grand Siècle, avec son libertinage et son mépris des grands sentiments. Quand J.-J. Rousseau et Restif de la Bretonne proposent de nourrir les enfants au sein, pour respecter les lois de l'allaitement naturel, ils créent les structures d'attachement, qui s'institueront lors de la Révolution française, mais ils ne changent rien à l'intériorité de l'expérience amoureuse.

La Révolution invente le mariage civil et le divorce, où l'amour quitte les sphères mystiques pour descendre sur la terre des hommes.

Et quand Napoléon invente le père représentant de l'État dans la famille, il crée la structure familiale qui caractérisera l'Occident, jusqu'aux années 70 féministes; il n'a rien changé aux aventures amoureuses.

Il est difficile de survoler l'histoire de l'amour sans citer Stendhal et sa passion, Balzac et son mariage à l'essai, l'impudeur romantique, l'amour fou d'André Breton, avant d'en arriver à l'amour objet de science inauguré par Freud, développé par les psychanalystes et aujourd'hui analysé en éprouvette par les neurobiologistes [14].

Quand les jeunes gens d'aujourd'hui deviennent « cohabitants » pour 30 % des couples [15], ils modifient leurs structures d'attachement. Ces couples se disputent plus que les couples mariés [16], peut-être parce que les partenaires y négocient sans cesse leur contrat alors que les couples mariés, « indissolubles », se résignent.

Le développement actuel des familles monoparentales concrétise dans l'espace de l'appartement, dans les interactions quotidiennes, un lien d'exclusivité mère-enfant.

Aujourd'hui, un jeune de trente ans, bien développé, diplômé, commerçant, conducteur d'ambulance ou dentiste, continue à vivre dans sa chambre d'enfant. Il établit avec sa mère un lien de dépendance hostile, comme au début de son adolescence [17].

Le sentiment amoureux est une émotion universelle, hors du temps et non soumise à la culture.

Alors que l'histoire de l'amour canalise cette émotion pour l'intégrer dans des voies de communication sociales. Cette histoire prend la forme que lui donne sa culture et que l'individu digère pour en faire sa propre valeur. L'attachement, lui, se tisse au gré des pressions extérieures. Ce lien subit la force des structures sociales, de l'organisation des familles, de l'architecture de la maison et de l'urbanisation des quartiers.

Ce lien intime s'organise au gré des pressions écologiques et fantasmatiques, où les interactions quotidiennes, par leur durée et leur répétition donnent sa puissance au banal.

L'amour est une surprise qui nous arrache à l'insipide, l'attachement est un lien qui se tisse au quotidien.

Que l'amour soit une surprise ne signifie pas que tout homme soit surprenant. On ne tombe pas amoureux de n'importe qui, n'importe où. Il faut compter avec les lois du temps : les jeunes tombent davantage amoureux que les personnes âgées. Dans les lois de la rencontre amoureuse, le hasard ne joue que pour une faible part. L'histoire de l'individu organise la manière dont il apprend à aimer au cours du développement de son affectivité. En clair, il existe une ontogenèse de l'amour.

Nous sommes tous nés d'un désir.

Admettons, pour la poésie, que nous soyons nés du sentiment amoureux de nos parents : c'est vrai pour 75 % des premiers enfants, ce n'est vrai que pour 30 % des quatrièmes. Or, les aînés, trop responsables, deviennent plus tristes et plus anxieux, alors que les derniers, en échappant à l'investissement parental se développent plus tranquillement !

Cette notion épidémiologique [18] s'oppose au lieu commun qui voudrait que l'amour possédât une vertu éducative.

Peut-être vaut-il mieux proposer l'idée plus générale et plus biologique que toute vie naît de l'union : union de deux éléments comme l'hydrogène et l'oxygène, union de deux cellules sexuelles, comme celle du mâle et celle de la femelle, mais aussi union de deux personnes comme l'homme et la femme, la mère et l'enfant.

Parfois l'objet d'amour est un être humain ; ailleurs, c'est une montagne et l'on devient alpiniste ou un instrument de musique..., cet élan qui nous pousse vers l'autre est source de vie. La vie sans l'autre n'est pas vivable.

L'enracinement du sentiment amoureux.

Cette notion bien vague s'éclaire en décrivant l'ontogenèse du sentiment amoureux. Quand nos parents ont fusionné leurs gamètes au cours d'un acte sexuel, l'œuf fécondé s'est planté dans la paroi utérine et s'y est développé. A partir d'un certain niveau d'organisation biologique, cet être vivant est devenu capable de percevoir et de traiter certaines informations venues du monde extérieur, c'est-à-dire de sa mère et de son alentour [19]. Après le cataclysme écologique qui permet de passer du monde aquatique de l'utérus au monde aérien des bras maternels, on peut observer un comportement curieux : le nouveau-né pleure ! Il a été chassé du paradis utérin [20], par les contractions de l'accouchement. Il a dormi pendant le travail d'expulsion quand sa tête a cogné contre les os du bassin et quand son corps tordu s'est faufilé dans le défilé pelvien. Il s'est finalement réveillé tout nu, mouillé et gelé dans un monde aérien où il a dû, pour la première fois de sa vie, se débrouiller seul, respirer seul, s'accrocher et déglutir.

Imaginez que vous êtes tombé sur la lune. Nu, sous un soleil de glace. Vous avez très peur car vous ne savez pas comment vivre dans cet univers. Un tremblement de lune vous bouscule en tous sens. Vous ne reconnaissez aucun de ces bruits inquiétants. Ils sont bien plus intenses et bien plus aigus que ceux du monde d'où vous venez. Ce nouvel univers glacé, sonore et lumineux jusqu'à la douleur, vous secoue comme jamais vous ne l'avez été dans votre monde antérieur où une suspension hydraulique vous balançait doucement.

Le réveil est terrible. L'angoisse vous fait crier. L'air froid pénètre vos poumons qui se déplissent et vous font mal. Dans ce chaos de lumière blanche, de glace, de cris intenses et suraigus, de chocs violents... soudain une voix familière : on dit votre nom à voix basse. C'est plus fort et plus aigu qu'auparavant mais vous reconnaissez le ton et la musique de cette voix entendue à l'époque où vous étiez tranquille. Fol espoir des désespérés, vous tournez la tête et les yeux en direction de la source sonore. Aussitôt les autres informations s'éteignent, car vous aspirez à n'entendre que ce morceau délicieux de parole qui vous hypnotise. Avide de cette chose sonore, vous y tendez en vous agitant. Alors on vous prend. Comme un hamac, des bras vous enveloppent et vous mettent dans un creux, bien au chaud. Sur votre face arrive une odeur connue, une douceur intense que vous palpez avec vos mains et explorez avec votre langue. Alors, après la souffrance, après la recherche désespérée d'un autre à aimer, vous sentez dans votre bouche cet être qui coule en vous et vous remplit de chaleur. Vous êtes comblé : tous vos creux sont remplis. Le froid se transforme en chaleur, la sonorité devient une stimulation comme une musique forte et vivante. On ne vous secoue plus, on vous berce, comme avant. Mais vous ne savez pas encore que c'est un autre qui vous satisfait. Vous croyez avoir retrouvé le paradis parce que vos connaissances antérieures sont re-connues, plus intenses, plus vivantes qu'avant, mais un peu différentes : plus localisées sur le dos, sur les mains et surtout sur la face par où s'introduit la mère que vous entendez, que vous sentez, que vous goûtez encore mieux qu'avant.

Vous venez de connaître votre première expérience amoureuse ! Cette connaissance vous pénètre et vient du fond de vous-même, de la fusion de votre mère en vous, comme toute connaissance amoureuse et mystique.

Ce roman de la naissance est certainement réel, puisque

chacune des phrases écrites repose sur une observation d'éthologie clinique [21]. Il m'a permis de décrire en termes quotidiens les bases biologiques du processus amoureux. D'abord, il faut avoir reçu une expérience sensorielle pour en garder la trace. Ensuite, il faut avoir perdu cet univers de sens pour aspirer à le retrouver et pour chercher l'aimé [22]. L'implosion amoureuse survient lors des retrouvailles où la familiarité des sens reconnus nous apaise et nous comble.

L'amour n'est pas un lien, c'est une révélation.

Cette rencontre doit peu au hasard, car elle nécessite de la part du sujet amoureux un état de quête. Pour chercher il faut aspirer; pour désirer il faut manquer. La satisfaction entraîne l'apaisement des sens comme lorsqu'on est repu après un bon repas, comme lorsqu'on devient réfractaire après l'acte sexuel et comme les enfants gavés d'amour deviennent insensibles.

Pour que l'implosion amoureuse advienne, il faut que l'objet d'amour soit porteur des traits fondamentaux auxquels aspire le quémandeur. Le bébé qui vient de naître ne pourrait pas éprouver de l'amour pour une plaque d'acier froid ou pour un bouquet de ronces. Il lui faut de la peau, de la chaleur, de la douceur, de l'odeur et des paroles pour réveiller en lui les traces de sa mémoire d'un bonheur parfait, d'une plénitude sensorielle passée.

C'est pourquoi l'objet d'amour n'est pas une personne. C'est un révélateur narcissique, un objet qui doit porter les traits sensoriels susceptibles de réveiller en nous la mémoire du bonheur.

Le premier amour est une épousaille qui permet de retrouver dans le monde extérieur cette familiarité fusionnelle éprouvée dans l'utérus. Freud parlait « d'hallucinations de désirs », là où un éthologue parlerait d'évocation des premières traces laissées en nous. La volupté sensorielle des nouveau-nés exprime l'aptitude à l'amour de celui qui cherche l'objet révélateur de soi.

Les bébés abandonnés, enfants privés d'amour maternel, répètent étonnamment un même scénario comportemental après la quête exaspérée, ils manifestent le désespoir, puis l'indifférence affective. Les enfants sans amour ne possèdent pas la base de sécurité qui leur permet de partir à la conquête du monde. Ces enfants anaclitiques ne peuvent se reposer sur personne. Ils sont trop petits pour se débrouiller seuls, alors ils se replient sur eux-mêmes, augmentent leurs activités autocentrées, se balancent, se masturbent, sucent leur pouce ou arrachent leurs cheveux avant de se recroqueviller, à plat ventre et fesses en l'air.

S'ils survivent, ils garderont en eux la trace de cette privation qui organisera un véritable destin de carence affective. A l'école, ils mettront au point une stratégie affective fantasmatique : « Je vais gagner l'affection des autres en me sacrifiant, puisqu'on ne peut pas m'aimer pour moi-même *. » Ce désir de sacrifice les élève au-dessus du lot des enfants normalement aimés. « C'est tellement exceptionnel de se sacrifier qu'on va exceptionnellement m'aimer. »

Plus tard, ils rencontreront un partenaire qui cherche une bonne affaire affective : « Il fera tout ce que je veux, il m'aime tant et je le sens si faible *. » Pour la rendre heureuse et s'en faire aimer, ce jeune homme, âgé de vingt ans se sacrifiera. Il mènera la vie de sa femme et souffrira intensément d'une angoisse de dépersonnalisation... à l'âge de quarante ans !

Quand l'amour initial se transforme en cage affective, l'enfant ne parvient pas mieux à conquérir son monde. La fusion amoureuse monopolise ses sens. Il perçoit sa mère, mais pas son alentour. Son monde est réduit à la pléthore amoureuse. C'est la lune de miel... jusqu'à la nausée, jusqu'au jour où, furieux de ne pouvoir vivre ailleurs, il va haïr celle qu'il aime et lui reprocher de ne pas lui avoir donné la force de la quitter : « Tu ne m'as pas préparé à la lutte pour la vie... tu m'as gardé pour toi... je te déteste et ne peux vivre sans toi *... »

Il faut de l'amour pour que l'enfant s'intéresse au monde, puis il faut que l'amour meure pour que l'enfant devienne une personne, pour l'éduquer, c'est-à-dire le conduire hors de soi. Sans amour, les choses ne prennent pas sens. Mais lorsque l'amour ne s'éteint pas, la fusion crée un monde siamois.

Par bonheur, dès le sixième mois, commence le drame de l'objet. La maturation du système nerveux permet à l'enfant de voir sa mère et non plus de la percevoir. Le plaisir n'est plus déclenché par la fusion des deux corps, ni par l'emboîtement des stimulations sensorielles qui alimentent le sentiment océanique de l'amour. Désormais, l'étonnement devient stimulant alors qu'auparavant c'était la fusion qui provoquait l'extase. La mère ne se dilue plus à l'intérieur du bébé, elle devient objet d'intrigue et d'exploration. Il convient de la mordre et de la lécher pour la goûter, de mieux l'observer par la bouche ou la dévorer des yeux. Il convient de détailler ses formes, ses couleurs et d'explorer ses orifices en mettant les doigts dans sa bouche, son nez, ses oreilles ou ses yeux.

Après le sentiment océanique des premiers mois, se met en place le plaisir d'explorer, de grimper, d'embrasser et de mordre. Il faut découvrir l'objet maternel qui progressivement s'éloigne et se détache. Cet individu si proche est différent de soi. Il faut maintenant découvrir ses réactions et apprendre à se coordonner avec elles.

L'émotion n'est plus fusionnelle, l'attachement se met en place. Le lien prend sa distance. Il se tisse entre deux individus proches, mais différents. C'est l'époque des conflits, des haines d'amour où l'enfant mord et frappe celle qu'il aime. Il souffre de la puissance de ce géant féminin qui lui impose ses désirs, à lui, sa majesté le bébé.

On ne peut ressentir un tel sentiment que lorsque notre personnalité est mal dessinée, parce que l'on est encore enfant, parce que le bouleversement de l'adolescence a déstabilisé nos repères ou parce que nous nous sommes mal construits au cours de notre histoire.

Par bonheur, nous connaissons tous cette difficulté, ce moment flou de notre personne où nous devenons aptes à l'amour, quand notre réceptivité à l'autre lui permet de pénétrer en nous, par une faille de notre être.

Quelle est la fonction du moment amoureux ? A quoi peut servir cette curieuse époque, normalement pathologique ?

Tout à l'heure, nous avons décrit le premier amour du bébé ouvert à tous les mondes, « berceau des réceptions [23] » période où il est le plus apte à la fusion amoureuse. Plus tard, quand le moi se forme, l'amour s'apaise. Le grand enfant observe et étudie son monde familial. Lorsque arrive l'adolescence, la flambée hormonale et l'angoisse de l'anticipation – « le choc du futur [24] » – déstabilisent le jeune, qui ressent une émotion en quête d'objet.

Les neurobiologistes ont identifié une substance – le V.I.P. (vaso-intestinal-polypeptid) que déclenchent les activités buccales telles que le baiser ou l'alimentation et que sécrète l'intestin. Elle agit sur le cerveau et provoque l'érection. L'ensemble fonctionnel est curieux mais révèle à quel point l'état amoureux ouvre notre intérieur au monde. Cette activité survient à un stade particulier du développement de notre corps. La flambée hormonale de la puberté provoque une alerte cérébrale qui réveille en nous ce « berceau des réceptions » engourdi par l'enfance.

L'organisme est bouleversé par ce moment sensible où les hormones, les neuro-médiateurs et même le sommeil paradoxal se mettent de la partie pour nous rendre plus aptes à incorporer l'objet d'amour. On sait que l'augmentation du sommeil paradoxal facilite les processus d'apprentissage [25]. Or, l'état amoureux augmente le sommeil rapide et profond. Il réactive cette aptitude du nouveau-né qui en sécrétant beaucoup de sommeil paradoxal possédait une grande aptitude à l'apprentissage rapide, à l'incorporation de son monde maternel.

Domestication de la vie amoureuse.

Quand l'amour s'éteint, après avoir noué le premier fil qui va tisser le lien de l'attachement, « la domestication de la vie amoureuse par la civilisation entraîne un rabaissement général des objets sexuels » : Freud, déjà, avait repéré comment la mort de l'amour donnait naissance au lien.

L'objet d'amour n'est pas une personne, c'est un objet partiel, sensoriel, intense, qui résulte de la rencontre entre une réceptivité extrême et cet objet qui va s'y imprégner.

L'objet d'attachement « rabaisse » cette incandescence mais permet la découverte d'une vraie personne avec laquelle va se tisser au quotidien un lien réel et inconscient.

On tombe amoureux, puis, quand l'amour s'éteint, on découvre le réel dans la personne aimée. Alors, on l'explore, comme le petit avait exploré sa mère dès qu'il avait cessé d'être envahi par l'amour.

On tombe amoureux, et quand on s'en relève..., on s'attache!

La fonction biologique de l'amour consiste à enclencher l'attachement. L'émotion amoureuse réalise une période sensible où l'organisme devient particulièrement apte à incorporer l'autre, en en prenant l'empreinte.

Histoire de l'empreinte.

Une queue leu leu de canetons est à l'origine de l'histoire de l'empreinte. La légende scientifique raconte que Konrad Lorenz, voulant observer l'éclosion des poussins, s'était couché près des œufs et y avait somnolé pendant vingt-quatre heures. Il avait vu sortir tous les poussins de la couvée mais il était très fatigué. Quand il a voulu rentrer chez lui, tous les canetons l'ont suivi à la queue leu leu. Il les a ramassés et portés près de leur mère. Mais dès qu'il s'éloignait les canetons piaillaient et ne se calmaient que lorsqu'ils se blottissaient contre les mollets de Lorenz.

Cette légende traîne dans tous les livres. Elle a l'avantage d'être schématique. Ce que raconte Lorenz est moins scientifique, mais tellement plus humain. « Quand j'étais enfant, les marais du Danube n'étaient qu'une forêt vierge de roseaux, de joncs et d'arbustes entre lesquels mon amie Gretl et moi jouions souvent. Nous avions remarqué que les canards adultes s'enfuyaient devant nous alors que les canetons nous suivaient. Nous jouions aux canards et les canetons jouaient à nous suivre. Ils connaissaient bien la règle [26]. »

Cette impression d'enfant a marqué Lorenz qui ne savait pas encore qu'il allait consacrer une grande partie de sa vie scientifique à résoudre ce problème et qu'il ferait travailler sur ce sujet plusieurs centaines de chercheurs de toutes nationalités.

A plus de quatre-vingts ans, il disait encore : « Et je prétends que, souvent, l'effort de toute une vie est déterminé par une expérience vécue dans l'enfance. C'est après tout, l'essentiel de l'empreinte [27]. » Lorenz a transformé en objet de science cette observation des canetons. L'objet de science n'est donc pas si neutre, puisqu'on trouve dans l'enfance du chercheur le thème qui a motivé sa recherche.

Le milieu éthologique en a fait une démarche méthodique. L'observation naïve montre en effet que les oisillons suivent leur mère et piaillent des cris suraigus de détresse dès qu'un obstacle ou une erreur de parcours les en sépare. Très souvent chez les oiseaux, il suffit de quelques heures après la naissance pour que le petit apprenne à identifier sa mère et la suive dans tous ses déplacements.

Déjà la manière de formuler l'observation naïve pose plusieurs questions. J'ai dit... « que le petit apprenne » : s'agit-il d'un apprentissage ou d'un comportement qui se met en place sans apprentissage ? J'ai écrit... « identifier la mère »; sur le plan théorique, cette manière de parler signifie que je pense que la mère constitue une forme privilégiée parmi toutes les informations issues de l'environnement. Enfin, j'ai observé naïvement que « le petit suit sa mère dans tous ses déplacements ». Cette phrase propose à l'observateur un item comportemental qu'il va pouvoir manipuler expérimentalement.

Tous les ingrédients sont en place pour réaliser une observation expérimentale.

Dès 1935 Konrad Lorenz avait publié ses expériences sur l'empreinte et provoqué des réactions très vigoureuses. La psychologie expérimentale qui dominait les idées à cette époque pensait que l'apprentissage se limitait au conditionnement classique de Pavlov ou à l'apprentissage par essai-erreur de Thorndike. Dans un contexte politique d'avant-guerre où l'inné prenait valeur de référence pour la droite, alors que l'acquis rassemblait les penseurs de gauche, la publication de Lorenz ne calmait guère les esprits.

L'expérience la plus démonstrative a été réalisée par un élève de Lorenz [28]. Dès la sortie de l'œuf, l'observateur attrape les canetons et les isole dans des paniers en osier. Au milieu de son laboratoire, il a fait construire un tunnel circulaire, en verre transparent, comme une piste cycliste. Au centre de ce circuit, un rail permet de déplacer à volonté un leurre-canard en celluloïd. A chaque heure après la naissance, il prend un [illegible] pose dans le tunnel de verre [illegible] loïd sur son rail. Il suffit [illegible] caneton, d'enregistrer ses [illegible] courbes de validation sta- [illegible]

[illegible] zième heure, les réactions [illegible] suivent le leurre, l'aban- [illegible] ou s'immobilisent d'une [illegible]

[illegible] seizième heure, on note [illegible] ne doit rien au hasard : [illegible], quelles que soient sa [illegible] immobilise le leurre, le [illegible] and on l'accélère, il le [illegible]

[illegible] heure, les canetons suivent de [illegible] canard en celluloïd, et après la trentième [illegible] le phénomène redevient aléatoire.

L'observation naïve de Lorenz et de Gretl quand ils étaient enfants, commence à prendre forme et pose des questions gênantes : le poussin peut donc, en une seule rencontre, acquérir un comportement qui persistera toute sa vie. Cette acquisition peut se faire par le simple fait des développements biologiques, à condition que la rencontre entre l'objet d'empreinte et le sujet (entre le leurre et le caneton) se fasse au cours d'une période critique, située entre la treizième et la seizième heure après la naissance. Ce processus n'a rien à voir avec les formes habituelles de l'apprentissage telles que le conditionnement. Il suffit de mettre en présence l'animal et une stimulation, à un moment précis de son développement, pour inscrire un comportement définitif. Ainsi pensait Lorenz.

Les manipulations expérimentales peuvent modifier toutes les variables que l'on souhaite. L'objet d'empreinte naturel, c'est la mère, puisque l'enchaînement des réactions biologiques la met en place, à ce moment-là. Mais on peut remplacer la mère par un leurre en celluloïd, en carton, une bille d'acier, un ours ou un tracteur : il suffit qu'il soit perçu, lors de la période sensible.

N'importe quel objet peut imprégner. Mais en dehors de cette période privilégiée, pas un seul ne le pourra [29].

Puisque l'observation éthologique introduit le temps en biologie, il faut suivre le devenir de ces animaux imprégnés à des objets divers. Cela permet de constater que l'imprégnation, très précoce, oriente longtemps après, lors de la puberté, le choix d'objet sexuel !

Ainsi un canard imprégné précocement par un nounours orientera plus tard ses parades sexuelles vers ce nounours et se désintéressera de la cane proche et consentante.

Les observations et expérimentations sur l'empreinte ont été innombrables et Lorenz a dû nuancer ses affirmations. La période sensible est très limitée dans le temps chez les canetons, mais elle est bien plus longue chez les mammifères : quelques semaines chez les chiens et les chats, quelques mois chez les singes, de longues années chez les hommes. Le socle biologique de cette période sensible repose sur l'organisation neurologique du cerveau, soit parce qu'il sécrète une enzyme qui favorise la mémoire, l'acétylcholinestérase [30], soit parce que les bourgeonnements de ses neurones continuent jusqu'à l'âge de vingt-cinq ans chez l'homme [31]. En fait les personnes âgées continuent à faire pousser des bourgeons synaptiques [32]. Ce qui signifie que même l'homme d'un grand âge, dont le cerveau commence à fondre, continue à exercer la plasticité de ses neurones.

La période critique qui dure trois heures chez les canetons, n'est donc pas si critique que cela. Certains chercheurs, pour nuancer cette rigidité, ont proposé la notion de période sensible. Nous croyons aujourd'hui que l'expression de « réceptivité variable aux événements » correspond mieux à la personne humaine, ce qui dilue beaucoup la notion d'empreinte.

Les manipulations chez l'animal sont innombrables : on peut l'imprégner à des objets de catégories différentes comme la mère, un mâle, un compagnon, un habitat, un aliment, une sonorité, une couleur ou une infinité de formes diverses.

On peut supprimer la période sensible avec une substance et constater alors que l'animal ne s'imprègne plus aux objets de son milieu. On peut au contraire augmenter cette sensibilité en isolant l'animal, avant de lui faire rencontrer l'objet d'empreinte : l'isolement antérieur à la rencontre le sensibilise et l'attache encore plus!

Chacune de ces observations pose une question au clinicien, mais l'idée générale à tirer de cette encyclopédie de travaux pourrait s'énoncer de la manière suivante : l'être vivant perçoit certains éléments de son milieu et s'y imprègne selon son équipement génétique, selon le stade biologique de son développement et selon l'histoire qui l'y a préparé. L'objet d'empreinte tracé en lui, représente désormais une forme privilégiée de son environnement. L'inscription du sujet dans son milieu est ainsi faite : lorsque les traces internes rencontrent cet objet externe, les comportements manifestent la mise en place du lien parental et, bien plus tard, la mise en place du lien sexuel, comme si la mère écrivait dans l'enfant sa future sexualité! Cet événement trace dans le cerveau l'aptitude à tisser un lien avec un objet extérieur privilégié.

La première rencontre, c'est l'objet maternel, qui inscrit l'aptitude à la filiation : réaction de suivre, d'imiter et de se familiariser. Plus tard, les compagnons permettront d'exercer cette aptitude, grâce aux jeux socialisateurs et sexualisateurs [33]. Bien plus tard, cette trace orientera le choix d'objet sexuel, la formation du couple et les conséquences qui s'ensuivent.

Reste à négocier le concept d'empreinte, différent pour chaque espèce et pour chaque histoire individuelle.

L'idée générale proposée est que l'empreinte organise le lien : filiation et préférence sexuelle.

L'empreinte organise le lien.

« Ce concept de période critique a un très fort contenu théorique [34]. » Même si l'on emploie aujourd'hui les termes de « périodes sensibles » ou « réceptivité variable », on pense que tout être vivant passe par une période de son développement où toute expérience marque un effet durable. Cette empreinte réalise une contrainte, où le milieu induit un type de réactions. Il s'agit donc d'une restriction des potentiels biologiques. Mais l'absence d'empreinte ne permet pas l'organisation d'un développement. La restriction des libertés est encore plus grande quand il n'y a pas d'empreinte, puisque l'être vivant, sans empreinte, ne peut pas s'inscrire dans son milieu, ne peut pas devenir.

Les expériences d'isolement social permettent de défendre cette idée. L'animal observé était élevé le plus naturellement du monde jusqu'à l'apparition de la période sensible où il était isolé. Privé de stimulations sociales uniquement pendant cette période, il était ensuite replacé dans son groupe. On observait alors que cette privation d'empreinte avait désorganisé le développement de l'animal qui ne parvenait plus à tisser de lien avec sa mère. Il ne la suivait plus, répondait mal à ses appels et ne pouvait plus se synchroniser avec son objet d'empreinte. Il s'isolait et cessait de se développer. Il se socialisait mal, ne jouait plus avec ses compagnons, les évitait ou les agressait. Tout événement déclenchait en lui une réaction immédiate d'auto-agression.

Le petit isolé n'a pu apprendre la mise à distance, le recul, la relativisation que donne le jeu. En somme, il prend tout au sérieux. Il se bat, se désespère et s'isole. Il ne peut pas apprendre à se socialiser, à exécuter les rituels de coordination, ni à mettre en place les jeux sexuels qui, plus tard, lui permettront de synchroniser son « désir » avec ceux d'un partenaire [35].

Lorsque l'animal reçoit une empreinte, en incorporant le monde extérieur, il apprend à percevoir une catégorie privilégiée, à s'y orienter et s'y synchroniser. Lorsqu'un être vivant est privé d'empreinte, le seul objet perçu demeure lui-même : c'est donc vers lui-même qu'il orientera ses comportements. Parfois il s'agit de comportements de plaisir, tels que le balancement, l'auto-reniflement ou la masturbation. Parfois c'est vers lui-même qu'il orientera toute émotion intense. Un animal isolé s'auto-agresse, se mord, se tape la tête contre les murs dès qu'un autre tente d'établir une relation avec lui.

Un bref isolement au cours de la période sensible suffit à augmenter les auto-agressions [36].

La sensibilité organique de cette période semble programmée génétiquement puisqu'elle est différente pour chaque espèce, mais cette programmation du temps biologique n'empêche pas l'histoire de l'animal ni l'influence de son milieu de nuancer cette réceptivité. Ainsi les poussins ou canetons élevés en surpopulation deviennent moins sensibles à l'empreinte parentale : il suffit de réduire l'espace et d'y mettre beaucoup de poussins, frères et sœurs, avant la période sensible. On constate alors que l'imprégnation à la mère devient moins nette. Le caneton suit et imite ses compagnons alors qu'il répond mal à la présence maternelle. A l'inverse, les oisillons élevés dans un milieu pauvre en stimulations recevront une très forte empreinte parentale : ils répondent vivement à la moindre information venue de la mère.

Tout se passe comme si l'organisme récepteur offrait une seule place à prendre.

La fin de cette période sensible pose un autre problème théorique important. Avant cette période, l'animal est ouvert à une foule d'objets possibles. Dès qu'il a reçu l'empreinte, il se familiarise avec cet objet qui constitue désormais un monde structurant pour lui : il le suit, le regarde, l'écoute, le renifle, l'imite et s'y apaise. Le bénéfice immédiat pour le petit, c'est un apprentissage particulièrement facile, tant il est attentif et réceptif à tout ce qui vient de cet objet. L'autre bénéfice immédiat qui en découle est l'effet tranquillisant de cet objet d'empreinte : tout ce qui vient de cet objet est familier, connu, le petit sait y répondre et y adapter ses comportements. Il s'ensuit que tout ce qui ne vient pas de cet objet devient inquiétant, car le petit n'est pas organisé pour répondre au non-familier. Cela explique pourquoi avant la période sensible le petit ne manifeste aucun comportement d'angoisse : pas de piaillements, ni de diarrhées émotives, il peut s'orienter vers tout objet stimulant. Alors qu'après la période sensible, l'enfant organise son développement autour de l'objet d'empreinte. Mais ce faisant, il devient sélectif, il différencie le familier du non-familier.

A partir de ce stade de son développement, il manifeste des comportements d'angoisse : il crie dans les aigus, souffre de palpitations et de diarrhées émotives, il court en tous sens, ou se cataplectise. Cette mollesse musculaire le rend incapable de structurer son développement en l'absence de l'objet d'empreinte.

A partir du stade de l'empreinte, la catégorisation du monde devient claire : le petit se développe dans un monde familier, limité et tranquillisant, alors qu'il se désorganise dans un monde non familier, ouvert et angoissant.

Cette incorporation de l'objet permet de catégoriser le monde et, en quelque sorte, d'en connaître le code. Dès qu'un être vivant se familiarise avec un objet d'empreinte, il est sécurisé donc entreprenant. Il devient craintif et cesse d'explorer, en l'absence de cet objet.

Cette empreinte explique aussi les réactions de perte tellement différentes selon les espèces. Chez le loup où l'empreinte, intense, précise, s'effectue avec un animal privilégié, dominant, tel que le chef de la meute ou l'homme, toute perte est catastrophique. Lorsque le dominant vient à disparaître, le monde interne du loup se vide totalement, car l'empreinte a créé avec ce dominant un attachement exclusif.

Les chacals ont une période sensible beaucoup plus longue. Les objets d'empreinte sont diffus. L'animal s'attache au groupe plutôt qu'à un individu. Lorsque le dominant vient à disparaître, les substituts sont nombreux. Ce qui explique pourquoi les réactions de perte d'attachement sont modérées chez les chacals, alors qu'elles peuvent mener un loup à se laisser mourir.

Cette série d'observations fait apparaître l'idée que la peur et la perte dépendent du sujet, bien plus que de l'objet [37]. Un « raisonnement à l'évidence » dirait que le sujet a peur parce que cet objet est effrayant, ou bien que le sujet souffre parce qu'il a perdu l'objet de son amour. Un raisonnement éthologique dit au contraire : le sujet a peur parce qu'il a incorporé une catégorie d'objet à laquelle il s'est familiarisé et que l'objet présent lui est étranger.

Nous sommes donc autorisés à dire que les sentiments de peur, d'amour ou de perte résultent de modifications intérieures au sujet. Ce n'est plus l'objet qui fait peur au sujet, comme dans une réflexion issue du modèle mécanique où une cause provoque un effet. C'est le sujet qui ressent de la peur pour cet objet qu'il catégorise parmi les objets étrangers parce que, des années auparavant, il a incorporé l'empreinte d'une autre catégorie d'objets auxquels il s'est familiarisé.

Le sujet devient créatif dans la peur, dans l'amour ou dans la perte et non pas réactif comme on le croit habituellement : il est devenu craintif parce qu'un chien lui a fait peur..., il est devenu délinquant parce qu'il a manqué d'affection, etc.

Mais cette modification endogène résulte d'une autre conception de la biologie : on ne peut plus penser la biologie en tant que métabolisme à l'intérieur d'un corps isolé du monde. Il s'agit maintenant de métabolismes où l'intérieur incorpore les pressions extérieures pour créer une aptitude.

Le récepteur n'est pas réactif, il est incorporateur, et l'objet d'empreinte n'est pas hasardeux, comme on le croyait. Pour imprégner, il doit provoquer une impression. Quand le récepteur est disposé à l'accueillir lors de sa période sensible, l'impression peut venir d'une mobilité qui stimule le récepteur et provoque une sensation d'événement. Parfois, au contraire, c'est la répétition qui va créer la sensation de permanence de l'objet : à force d'être là, il finit par ne pas rater la période sensible et imprègne le sujet.

Quand on crée une sensation d'événement sensoriel en faisant clignoter faiblement une lumière sur un objet immobile, le caneton, rendu attentif, sensible à cet objet signifiant qui se détache du fond, va s'y blottir, s'y tranquilliser et explorer le monde alentour. Dès lors, il va s'inhiber ou s'affoler en présence de tout autre objet stimulant mais non familier.

Chaque canal de communication propose ses objets d'empreintes : objets visuels tels que les visages, les couleurs, les luminosités ; objets olfactifs, objets tactiles, objets de chaleur, de pesanteur ou objets sonores comme les cris et les paroles.

En somme, il faut que l'objet fasse impression à un moment réceptif, pour devenir objet d'empreinte incorporé dans le sujet. Dès lors, le sujet devient capable de s'inscrire dans son milieu et de devenir un individu.

Cette structure, « objet d'empreinte-sujet imprégné » prend la forme descriptible d'une interaction et crée une biologie croisée qui permet l'incrustation d'un sujet dans son milieu.

Les animaux terminés à la naissance, ceux dont le code génétique prévoit l'arrêt du développement dès la mise au monde, sont à peine imprégnables. Ils vivent dans un monde où les pressions écologiques s'articulent parfaitement à la biologie interne. L'animal répond aux stimuli du milieu et s'y familiarise, sinon il meurt. Pour s'adapter, il lui suffit de réagir aux informations. Il ne les incorpore pas, il ne les fait pas siennes. Il n'y a pas de création de structure entre l'animal et son monde, il y a simplement réaction à une stimulation. Les méduses traitent quelques informations élémentaires comme la luminosité ou la salinité et y adaptent leurs réponses comportementales : elles s'orientent dans un sens ou dans l'autre ou se ferment plus ou moins selon ces stimuli. La tique du chien accrochée aux branches basses, ouvre ses pinces dès qu'elle perçoit une molécule d'acide butyrique, ce qui la fait tomber sur la peau du chien dont les glandes sébacées sécrètent cet acide. Ces êtres vivants sont des parts de milieu. Ils sont agis par des signifiants biologiques. Lorsque la salinité vient à changer sous l'effet d'une modification écologique, toute la population de méduses va répondre à cette stimulation et, attirée par la salinité, échouer sur les côtes et y sécher.

Alors que le caneton, une fois qu'il aura digéré son empreinte et classé son monde en objets familiers et stimulations étrangères, pourra gouverner ses réactions : il pourra choisir de se réfugier vers l'objet familier pour fuir l'objet d'angoisse. A partir des oiseaux, l'empreinte permet l'interprétation biologique du milieu. Un début d'individualisation apparaît : le caneton, en structurant son monde, échappe un peu à l'immédiateté des stimulations biologiques.

L'empreinte filiale détermine les préférences sexuelles.

L'autre manière d'éloigner son regard consiste à observer le devenir de cette empreinte au cours de l'histoire d'une vie. Dès les années 50, Lorenz avait proposé : l'empreinte filiale détermine les préférences sexuelles.

Les premières observations furent anecdotiques comme cela arrive souvent lors des démarches sémiologiques. Une petite antilope isolée de ses congénères lors de son enfance a

ıomme seul. L'attraction vers son gar-
.nents de joie et les réactions à le suivre
L'empreinte filiale fonctionnait comme
ɛlques années plus tard, quand l'antilope a
.miers émois sexuels, elle a dédaigné les sti-
s de ses congénères pour tenter de saillir son gardien.

Lorenz raconte comment en nourrissant un chouca à la main, il l'avait imprégné au point qu'à l'âge adulte ce petit corbeau avait ignoré ses compagnes et préféré parader devant la main de Lorenz. Tous les propriétaires de perroquet pourront refaire cette expérience et observer comment leur perroquet parade, gonfle ses plumes et tournoie devant la main de l'homme qu'il convoite sexuellement.

Une expérience célèbre a rendu des canards homosexuels [38] : il a suffi de nourrir ensemble trois canards carolins mâles au cours de leur période sensible. Chacun s'est imprégné à l'autre et, l'âge survenu, chacun a courtisé l'autre et l'a poussé au nid en tentant de le couvrir. Cette manipulation prouvait que l'empreinte gouvernait la préférence sexuelle : « Sept ans après l'empreinte, ils vivaient encore ensemble malgré la présence de nombreuses femelles. » Un coquelet imprégné par un canard courtisait des canes et les poursuivait dans l'eau quand il atteignait l'âge adulte. Une tourterelle-diamant-tachetée adorait un canard capucin, une chienne désirait une chatte, un cheval devenait fou d'amour pour une ânesse · ces manipulations prouvent que l'empreinte gouverne la préférence sexuelle.

Voici enfin l'explication de nos perversions sexuelles!

Ce n'est pas que les idées simples soient fausses. Simplement elles sont simples. Or, je ne connais pas de problème complexe qui, lorsque la question est posée clairement, ne devienne encore plus complexe!

C'est ce qui est arrivé au phénomène de l'empreinte : on s'est rendu compte que les canards carolins homosexuels, à chaque saison, l'étaient un peu moins, que les coqs leghorn ne se soumettaient pas à cette loi biologique, que les choucas finissaient par oublier l'objet de leur flamme dans certaines circonstances. Finalement, d'expérience en expérience, on découvrait que l'empreinte filiale n'était pas irréversible et que la préférence sexuelle changeait selon l'espèce et les conditions d'imprégnation.

De cette série d'aventures, il reste une seule loi générale : tout organisme connaît des réceptivités variables, des périodes plus ou moins sensibles aux événements de l'environnement. Ces réceptivités permettent d'incorporer certains objets d'empreinte et de tisser avec eux un lien affectif. Ce lien gouverne un chapitre du développement, en organisant le monde autour d'une catégorie d'objets familiers et tranquillisants, ce qui, par contraste, différencie les objets étranges et angoissants.

Pour compliquer le tout, l'objet d'empreinte chez un petit d'homme est un adulte, un être qui pense – en plus ! Quand le petit induit certains comportements parentaux, l'adulte perçoit les stimulations de l'enfant et pense qu'il les perçoit. Cette réaction pensée modifie ses réactions comportementales, qui modifient à leur tour les réactions de l'enfant.

C'est une faculté très étonnante que de pouvoir penser sur nos contenus de pensée. Les animaux, incontestablement, comprennent. Ils se représentent le monde sous forme d'images, d'odeurs ou de sonorités : un monde sans paroles. Mais pensent-ils à leur manière de penser ?

Ils s'étonnent devant une forme étrange, une odeur intéressante, ou un mouvement inhabituel, mais ont-ils envie de réfléchir à la manière dont ils s'étonnent ?

Ce qui caractérise l'espèce humaine c'est son aptitude à faire une sémiologie à distance, c'est-à-dire à interpréter un système de signes qui réfère à quelque chose qui n'est pas là. Alors que la sémiologie animale est immédiate. Un agneau déclenche le comportement maternel de sa mère qui en le léchant, le marque à son odeur. Ce faisant, les deux partenaires amorcent la spirale interactionnelle de l'attachement. Il suffit d'interrompre cette spirale en empêchant la communication olfactive (ou sonore, ou tactile) pour troubler l'attachement.

Cette spirale biologique n'épargne pas l'espèce humaine comme on a pu l'observer lors des interactions précoces. Mais notre aptitude à la sémiologie lointaine modifie beaucoup notre monde perceptuel.

Notre manière humaine de penser explique presque toujours nos conduites en termes de projets, de désirs et surtout de croyances. Les croyances qui aujourd'hui organisent le plus intensément nos destins peuvent se classer en croyances internes et en croyances externes [39].

Les hommes qui croient que leur destin est gouverné par des forces extérieures se retrouvent en bas de l'échelle sociale où ils occupent des postes soumis à l'opinion d'autres hommes. Alors que ceux qui croient en un déterminisme interne, un choix intime de leurs projets d'existence se retrouvent dans les postes à responsabilités, dans des histoires de vie plus libres, moins soumises aux contraintes sociales.

Nous avons introduit cette notion de croyance interne et externe pour observer les réactions comportementales des mères quand elles entendaient crier leur bébé. Nous avions appris par ailleurs que la structure sonore des cris de bébé véhicule une émotion qui déclenche une réaction comportementale maternelle [40]. Il nous suffisait de constituer deux populations : une population de bébés avec mères à croyances externes et une autre population de bébés avec mères à croyances internes. Quand l'inévitable cri se produisait, il fallait observer les réactions comportementales des mères et analyser les items du « toucher le bébé » et du « parler au bébé ».

Quand un bébé criait, la « mère-externe » manifestait un long temps de latence avant de toucher son bébé (caresser, tapoter, prendre au bras, donner le biberon, etc.). Ce faisant, elle produisait très peu de paroles à l'adresse de son bébé. Alors que la population de « mères-internes », celles qui croyaient au déterminisme intime de leur destin, répondaient beaucoup plus vite aux cris du bébé, le touchaient beaucoup plus et surtout produisaient beaucoup plus de paroles [41].

Notre manière de penser modèle notre manière d'agir et modifie le monde perceptuel du bébé : un bébé qui vit dans un milieu où l'on croit aux déterminismes externes se développe dans un environnement sensoriel froid, à faible rescousse comportementale, à faibles interactions parolières.

Alors qu'un bébé né dans un milieu où l'on croit à un déterminisme interne, où l'on pense que les décisions peuvent gouverner les vies, où l'on croit à la liberté, se développe dans un monde sensoriel chaud, où la proximité des contacts, des stimulations auditives, olfactives et tactiles va épanouir ses comportements et ses métabolismes [42].

L'objet d'empreinte, chez l'homme, prend une forme sensorielle qui dépend aussi de la manière dont cet homme se pense.

Ce genre d'observation qui permet de concevoir que la sémiologie humaine est lointaine alors que la sémiologie animale est proche, autorise aussi cette idée : le déterminisme animal est à longue durée ; le déterminisme humain est à brève échéance.

La sémiologie humaine est lointaine parce que la parole transmet une émotion ou une pensée qui réfère à un objet absent, alors que la sémiologie animale nécessite la proximité de l'objet pour stimuler la communication.

Le déterminisme animal ainsi soumis à une chaîne de stimulations immédiates évolue vers une catastrophe si un maillon vient à manquer : il suffit d'empêcher un canal de communication entre la brebis et l'agneau pour détruire l'attachement, définitivement. Alors qu'une mère humaine séparée de son bébé connaîtra cet empêchement sensoriel, ce trouble du tissage du lien. Mais le simple fait de se penser en tant que mère lui permettra de tâtonner lorsqu'elle reprendra son bébé dans ses bras et de renouer ce lien sensoriel, parce qu'elle l'aura ainsi pensé. Les observations continues révèlent que toute séparation trouble les interactions mère-enfant et que les retrouvailles sont maladroites. La mère est souvent intrusive, parfois au contraire retenue, comme gênée. Le bébé, souvent avide d'affection, peut agresser ou demeurer indifférent. Le plus souvent, il suffit de quelques heures, quelques jours ou quelques semaines pour tisser à nouveau un lien harmonieux.

Il n'empêche que cette séparation a réalisé une période sensible, une période de vulnérabilité où toute faille a pu se révéler. C'est pourquoi on retrouve souvent, dans la population des enfants martyrs, un antécédent de longue séparation [43].

La plupart des enfants réparent les traumatismes de la séparation en quelques jours, mais quand celle-ci perturbe le sommeil ou crée des troubles alimentaires, ils sont interprétés par la mère et risquent, en révélant une faille de son inconscient, d'enclencher une spirale de troubles relationnels durables.

Je voudrais illustrer la sensibilité génétique avec l'exemple du langage et la sensibilité vitale avec l'exemple du « syndrome de Stockholm ».

On n'a jamais vu un bébé de trois mois parler couramment sa langue, ni chanter la *Tosca* ou critiquer Lacan. Il lui faut du temps pour développer ces aptitudes. S'il fallait enseigner aux enfants leur langue maternelle, leur faire répéter la phonétique, réciter le vocabulaire et expliquer la syntaxe, les résultats seraient mauvais. Or, en quelques mois, le processus langagier se met en place à une vitesse étonnante. L'enfant parle sa langue sans jamais l'avoir apprise.

L'apparition du langage illustre la sensibilité génétique.

Quelle que soit sa culture, quel que soit son milieu, l'aptitude au langage connaît la même ontogenèse chez tous les petits. Vers le quinzième mois, tout enfant tente la parole ; il en connaît la musique avant de l'articuler correctement. Au dix-huitième mois, apparaissent les associations de deux ou trois mots qui désignent une chose, une qualité, un possesseur : « Papo-bo-amoi » (= mon beau chapeau). A l'âge de quatre ans il parle couramment. En trente mois, il a acquis tous les secrets de sa langue. Il en connaît la musique, les mots et les phrases qui lui permettront sa vie durant de parler sans accent, c'est-à-dire avec l'accent de son milieu. En deux ans, il sait employer les mots, les expressions, les périphrases, les règles et exceptions aux règles que sa culture a mises au point en plusieurs siècles.

Cette aptitude particulière au langage se situe entre le vingtième et le trentième mois, où l'enfant réalise des performances extraordinaires. Cette période surdouée se manifeste toujours lors de la même période quelle que soit la langue –

asiatique ou européenne – et quel que soit le milieu des parents – paysans de la Creuse ou énarques parisiens.

L'aptitude au langage est la même chez tous les enfants du monde quelle que soit leur couleur ou leur culture. L'ontogenèse de la langue passe par les mêmes processus de développement. Mais les croyances parentales stimulent ou ralentissent l'apprentissage de l'enfant. Le jour de l'entrée à l'école, les enfants des « classes dirigeantes » réalisent des performances langagières nettement supérieures à celles des enfants des « classes laborieuses ».

Cette association d'observations permet de penser que tous les êtres humains possèdent une période sensible, biologique, génétiquement programmée, qui leur permet d'acquérir une langue, à un moment précis de leur développement. Mais certains traits du milieu vont épanouir cette faculté alors que d'autres vont l'entraver au point que, à capacité égale, les performances de langage deviendront très différentes selon les enfants.

La force qui a permis cette différence de performance a été médiatisée par l'expression corporelle des adultes, leurs gestes, leurs réactions, leurs vocalisations qui ont modifié l'expression matérielle de leurs pensées, sous forme de communications sensorielles.

Cette période sensible de l'aptitude au langage dépend de la maturation du cerveau des enfants. Elle est universelle puisqu'elle fait partie du capital chromosomique humain, mais elle est très modifiée par l'histoire de l'enfant et les pressions de son milieu.

Se trouvent ainsi réalisées pour le langage, les mêmes conditions biologiques, psychologiques et interactionnelles que pour l'empreinte chez le caneton. Mais ce n'est pas l'empreinte chez le caneton puisque les canetons ne parlent pas. C'est la loi générale de la rencontre entre un organisme sensible et un objet d'empreinte puissant qui permet d'évoquer une empreinte humaine.

Pour vérifier cette hypothèse, les manipulations expérimentales sont moralement interdites : il faudrait constituer plusieurs groupes d'enfants et les priver de langage pendant vingt mois, à des périodes variables de leur développement.

On pourrait prendre cent enfants et interdire aux adultes de leur parler, de la naissance à deux ans. Un autre groupe serait isolé du langage de un à trois ans. Un autre de deux à quatre ans, etc. Puis, on observerait les troubles ainsi provoqués.

Cette méthode expérimentale est inacceptable, et pourtant elle fut tentée. Psammétique Ier, en Égypte, sept siècles avant Jésus-Christ, avait fait élever des nouveau-nés par des chèvres. On ne connaît pas le résultat de cette expérience. Mais au XIIe siècle, l'empereur Frédéric II, petit-fils de Barberousse, avait acheté quelques nouveau-nés pour les confier à des gardiens silencieux. « Il voulut savoir par l'expérience quelle sorte de langue et d'idiome avaient les enfants, quand ils grandissaient sans parler à personne. Et il commanda aux servantes et aux nourrices de donner du lait aux bébés, de les faire sucer à la mamelle, de les baigner et de les nettoyer mais de ne les cajoler d'aucune manière ni de leur parler ; car il voulait savoir s'ils parleraient l'hébreu, première langue qui fut, ou le grec ou le latin ou l'arabe, ou bien la première langue de leurs parents, de ceux dont ils étaient nés. Mais il s'efforçait en vain car les enfants ou les bébés mouraient tous [44]. »

Le cas des enfants sauvages est difficile à interpréter parce qu'on ne connaît pas les causes de leur abandon, ni les conditions de leur développement. Ont-il été abandonnés parce qu'ils étaient très retardés ou sont-ils retardés parce qu'ils ont été abandonnés ? On s'intéresse moins aujourd'hui à ce problème parce que les troubles sont trop massifs et qu'on ne peut en faire une analyse méthodique. Mais en Inde, Kamala, découverte sans langage à l'âge de huit ans, a vécu dix ans avec un pasteur [45]. Elle comprenait un grand nombre de consignes mais n'a pu apprendre à prononcer que quelques mots.

La clinique peut remplacer la méthode expérimentale et nous fournir quelques renseignements, sinon rigoureux, du moins très stimulants. Isabelle, élevée jusqu'à l'âge de six ans et demi par sa mère sourde et muette, dans un isolement social total, parlait très bien après deux années passées dans un centre de puériculture.

Les enfants sourds, privés de langage au cours de la période habituelle d'acquisition, puis démutisés, connaissent une évolution comparable. L'apprentissage est laborieux. L'accent et la mélodie de la phrase restent chaotiques, comme lorsque l'on apprend sur le tard une langue étrangère, mais, dans l'ensemble, la récupération est possible... jusqu'à l'âge de quinze ans [46].

Lorsque le lobe temporal gauche [47] a été abîmé par une tumeur ou un accident, le langage ne peut plus s'articuler ni se comprendre. Douze enfants ainsi atteints ont été suivis dès le moment où ils avaient perdu le langage et rééduqués. Les plus jeunes ont récupéré un langage correct en deux ou trois ans; ceux âgés de huit à dix ans ont mal récupéré : le vocabulaire était pauvre et la syntaxe faible, mal articulée. Après l'âge de douze ans, la récupération a été mauvaise.

Cette observation clinique confirme l'idée de sensibilité variable aux événements, mais atténue l'impression de rigidité que donne la notion de période sensible chez les animaux. Elle y ajoute la notion de plasticité, fabuleuse chez l'homme : plasticité du cerveau qui continue jusqu'au grand âge et plasticité de la personne qui reste modifiable. Quant à la culture, sa plasticité est si grande qu'on pourrait dire que son seul trait permanent, c'est le changement!

Pourtant, un événement vital peut à nouveau provoquer une période sensible.

Pour réfléchir à cette idée, une situation quasi expérimentale nous est offerte par ce qu'on appelle le « syndrome de Stockholm [48] ».

Un changement affectif brutal : le « syndrome de Stockholm ».

En ce jeudi 23 août 1970, la banque du Crédit Suédois à Stockholm connaît son ron-ron habituel. A 10 h 15 une rafale de mitraillette stupéfie tout le monde : deux malfaiteurs viennent de rater leur cambriolage. Ils ont été repérés, la police encercle la banque, et tire à la mitraillette. Les deux malfrats viennent de déclencher un processus psychologique qui se répètera lors d'autres prises d'otages.

Dans un premier temps, les otages sidérés observent l'agresseur qui ne les agresse pas vraiment. Ces deux bandits ne sont pas très effrayants malgré leurs armes. En plus ils viennent de passer un contrat très rassurant : il suffit de ne pas bouger pour qu'il ne soit fait aucun mal. La règle est simple.

L'attente a duré cinq jours, pendant lesquels cette petite communauté de deux malfaiteurs et quatre victimes a dû partager le territoire, les sièges, la nourriture et les besoins intimes. Pendant cinq jours et quatre nuits les victimes ont pu observer, côtoyer et découvrir ces deux hommes surprenants. Pauvres, courageux et même exceptionnels, car eux au moins avaient osé sortir de l'engourdissement quotidien. Le motif de leur tentative de vol était bien compréhensible. Ces hommes inattendus offraient aux quatre victimes une sensation d'événement, de rupture et de découverte.

Le danger venait du dehors. La police faisait du bruit avec ses haut-parleurs et provoquait l'angoisse avec ses phares et ses menaces.

La situation émotive était claire : les otages découvraient le monde étrange et stimulant de malfaiteurs plutôt sympathiques. Et cette petite communauté se retrouvait encerclée et menacée par les forces de l'ordre. Dès le premier jour, les otages avaient pris le parti des voleurs : « Ils [la police] mettent tout le monde en danger avec leurs tireurs d'élite... Nous avons pleine confiance en ces deux hommes [les voleurs] », disaient-ils au téléphone. Un otage a même témoigné : « Heureusement que les voleurs nous protègent de la police. »

Au bout du cinquième jour, quand les malfaiteurs rendirent les armes, les otages sortirent les premiers pour les protéger et empêcher la police de faire encore des bêtises. Au cours du procès, ils refusèrent de témoigner contre leurs ravisseurs. Ils expliquaient même le sentiment de gratitude qu'ils éprouvaient envers ces hommes « qui, malgré leurs grandes difficultés, leur avaient laissé la vie ». Une femme otage a divorcé pour épouser un malfaiteur. Le plus stupéfiant c'est que le changement d'opinion et d'émotion envers ce groupe marginal est encore ressenti par les ex-otages qui, quinze ans après cet événement brutal, continuent de rendre visite à leurs ravisseurs en prison.

Depuis 1970, ce scénario comportemental et émotionnel s'est souvent répété. J'ai eu l'occasion d'entendre des otages m'expliquer que pour que ce changement brutal et durable survienne chez des adultes, il fallait que le champ de forces affectives s'organise de la même manière avec trois partenaires : un groupe d'otages soudainement dépersonnalisés, un groupe de ravisseurs dont on découvre l'humanité et un groupe de normalisateurs qui, en voulant rétablir l'ordre, devient répressif.

Dans ce triangle situationnel, le rendez-vous urgent n'a plus de sens, pas plus que le chéquier dans la poche. L'otage est soumis à la moindre décision du ravisseur qui peut le tuer, pour un mouvement de tête ou une tentative d'aller aux toilettes.

Cette sensation de l'imminence de la mort provoque une sidération émotive totale. Mais en quelques secondes, s'organise une phase stable où l'otage découvre son dominant tout-puissant. Commence alors l'interaction des deux personnalités. Il ne faut pas que le ravisseur soit brutal ou incohérent ; il lui suffit d'être décidé et rassurant. Il doit donner le code de survie : « Si vous faites ça, il ne vous arrivera rien. » Le dominé, dont la conscience est entièrement captivée par cette présence, ressent alors une impression forte et rassurante. L'hyper-vigilance attentive du dominé crée les conditions les meilleures pour la réceptivité d'un événement. Le dominant prend la fonction tranquillisante et impressionnante qui caractérise l'objet d'empreinte.

Cette interprétation est confirmée par nombre d'otages qui racontent que, pendant des années, ils n'ont cessé de penser aux ravisseurs. Ils les revoyaient en image dans la journée. Et dans la nuit, leurs rêves étaient peuplés par ces bandits tranquillisants.

Dans cette relation d'empreinte amoureuse où l'imprégné pense à l'objet, ce monde clos, intense et merveilleux où chacun se remplit de l'autre, sera déchiré par l'intervention de la police persécutrice. Décidément, la société entrave toujours l'histoire d'amour en introduisant le réel et le code social.

L'otage pense que désormais le danger vient de la police et

de la société ignorant le contrat tranquille passé avec son ravisseur. Car il se sent lié à cet homme émouvant, dont il a découvert les motivations... humanitaires, bien sûr! La bête police, les méchantes forces de l'ordre, la vie quotidienne répressive vont briser le charme : le danger vient du dehors.

Lorsque le ravisseur est brutal, il empêche le lien, il provoque la rétraction de la victime qui ne cherche plus à le comprendre. De même lorsqu'il est incohérent ou malade mental. Cette situation de relation entre une victime et son agresseur est très différente du syndrome de Stockholm.

Certains otages se réfugient dans le sommeil, la maladie, la diarrhée émotive ou la perte de connaissance. D'autres ne se laissent pas du tout imprégner. Mais dans l'ensemble, ce qui est très étonnant, c'est la répétition du même scénario.

Au palais de justice de Nantes quand, le 19 décembre 1985, toute une Cour d'assises a été prise en otage par trois malfrats, les victimes ont encore volé au secours de leurs ravisseurs : « Nous avions confiance en eux, nous avons eu plus peur de la police... » Une étudiante en droit fait dédicacer son Code pénal par le chef des ravisseurs [49], les avocats, attendris, accordent les circonstances atténuantes en citant Albert Camus dans *L'Homme révolté* : « L'humour et la dérision c'est le luxe des désespérés [50]. »

Le baron Empain [51] raconte avec admiration comment son ravisseur lui a coupé le petit doigt. Sans aucune connaissance chirurgicale, il a trouvé d'emblée l'articulation et tranché d'un coup sec presque sans lui faire mal : quelle habileté, quel sang-froid a manifesté cet homme du peuple! En revanche, dès le début de l'affaire, le baron se sent agressé par la police qui le harcèle de questions. Il se sent méprisé par sa femme qui vient de découvrir quelques irrégularités dans sa vie conjugale.

Les modifications déclenchées par cet événement sont durables. Des années plus tard, les « victimes » se regroupent en associations pour défendre leurs ravisseurs, faire connaître leurs idées, satisfaire leurs besoins ou même... les épouser. L'ambassadeur de Grande-Bretagne, Sir Geoffrey Jackson a rallié les Tupamaros qui l'avaient kidnappé. Patricia Hearst, adolescente au moment de son rapt, donc particulièrement apte à la réceptivité amoureuse, a épousé le terrorisme de ses ravisseurs et agressé sa propre famille [52].

Cette série de données me permet d'illustrer une idée : une émotion intense peut créer un moment de grande réceptivité à un objet d'empreinte. Le récepteur et le marqueur peuvent se rencontrer et tisser ensemble un lien affectif.

Les amoureux, lors de leur coup de foudre, les mystiques, lors de leur révélation, et les foules, lors de leurs événements extatiques, ne nous disent pas autre chose.

NOTES

1. Roy B. (1985), *Ameur, douleur, saveur. Le genre humain*, éd. Complexes, n° 13, décembre; cité *in* Belzeaux P. (1987), « Autour de l'amour », *Psychiatries*, n°s 7-8.
2. Harlow H.F. (1972), « Love Created, Love Destroyed, Love Regained », *in Modèles animaux du comportement humain*, C.N.R.S., colloques internationaux, n° 198, décembre.
3. Bowlby J. (1978), *L'Attachement*, PUF., t. I, p. 314.
4. Une thèse est actuellement en cours sur *Les Amours enfantines* de cette période de latence où le sentiment amoureux semble dissocié de la pulsion génitale, pour donner ce « sentiment sans espoir » dont parlait Freud.
5. Moscovici S. (1988), *La Machine à faire des dieux*, Fayard.
6. Poinso Y. (1987), Conférence au relais Peirex, Toulon, mars.
7. De Mijolla-Mellor S. (1987), « Le Phénomène passion », *in La Folie amoureuse, Dialogue*, n° 2.
8. Kakar S., Munder Ross J. (1987), *Les Pièges de l'amour érotique*, PUF.
9. Burney P. (1973), *L'Amour*, PUF.
10. « Il serait bon à l'homme de ne pas toucher à la femme... Un homme qui n'est pas marié prend à cœur les intérêts du Seigneur. » Saint Paul, *Epître aux Corinthiens*, 50 ap. J.-C.
11. Lafitte-Houssat J. (1971), *Troudabours et cours d'amour, op. cit.*
12. Elias N. (1973), *La Civilisation des mœurs, op. cit.*
13. Ariès Ph. et Duby G., « L'Emergence de l'individu », *in Histoire de la vie privée, op. cit.*, t. II.
14. Vincent J.-D. (1986), *Biologie des passions*, éd. Odile Jacob.
15. Sullerot E. (1984), *Pour le meilleur et sans le pire, op. cit.*
16. Roussel L. (1983), Communication personnelle lors du congrès du Club européen de la Santé, Pr. Sand, Bruxelles.
17. Alleon A.-M., Morvan O., Lebovici S. (1983), *Adolescence terminée, adolescence interminable,* PUF.
18. Henry L. (1948), « La Mortalité infantile dans les familles nom-

breuses », *Population*, 3, cité *in* BOURGUIGNON O. (1984), *Mort des enfants et structures familiales*, P.U.F.

19. Entretien FRYDMAN R. et NOEL E., *in Les Ages de l'homme*, E.S.H.E.L., 1988, p. 52, et chap. « La Vie avant la naissance. »

20. On a pu observer chez les macaques comment un stress maternel provoquait un désordre végétatif important chez le fœtus. L'épidémiologie humaine nous apprend que les prématurités et morts intra-utérines surviennent souvent chez des mères hyperactives, transplantées ou stressées : l'utérus n'est pas toujours un paradis !

21. Voir chap. « La Vie avant la naissance » et « Naissance du sens ».

22. KAKAR S., MUNDLER ROSS J. (1987), *op. cit.*

23. SPITZ R. (1968), *De la naissance à la parole. La première année de la vie, op. cit.*

24. SCHWOB M. (1984), *De l'amour plein la tête*, Hachette.

25. HARTMANN E. (1970), *Biologie du rêve : incorporation des stimulis externes dans les rêves*, Dessart, p. 269.

26. NISBETT A. (1979), *Konrad Lorenz, op. cit.*

27. *Ibid.*

28. HESS E.H. (1959), « Imprinting, an Effect of Early Experience », *Science*, n° 130, pp. 133-141.

29. Toute modification de la période sensible modifie la forme du lien : les chatons jouent différemment, se blottissent moins et répondent mal aux sollicitations de la mère. OHAYON M., MILLET Y., CAULET M., CYRULNIK B., FADY J.-C. *et alii* (1988), *Attachment and Paradoxical Sleep : Effect of Antidepressant Drugs*, congrès de neuropsychopharmacologie, Munich, août.

30. CHAPOUTHIER G. (1987), « Des molécules pour la mémoire », *La Recherche*, n° 192, octobre.

31. CHANGEUX J.P., *L'Homme neuronal, op. cit.*

32. HAW J.-J. (1980), Colloque de gérontopsychiatrie, Marseille.

33. PETERSEN A.F., GARRIGUES P., ROQUEFEUIL G. de (1984), *Le Jeu en tant que résolution de problèmes chez l'amiral et l'enfant*, E.S.F.

34. DORÉ F.Y. (1983), *L'Apprentissage : une approche psycho-éthologique*, Montréal-Maloine.

35. SACKETT R.P. (1972), « Isolation Rearing in Monkeys », *in Modèles animaux du comportement humain*, C.N.R.S.

36. ANDERSON J., CHAMOVE A.S. (1985), « Early Social Experience and the Development of Self-Agression in Monkeys », *Biology of Behaviour*, n° 10, pp. 147-157.

37. DORÉ F.Y. (1983), *L'Apprentissage, op. cit.*

38. SCHUTZ F. (1965 B), « Homosexualität und Prägung », bei *Enten. Psycho. Forschg.*, 28, pp. 439-463.

39. DUBOIS N. (1987), *La Psychologie de contrôle*, Presses Universitaires de Grenoble.

40. Voir chap. : « Naissance du sens. »

41. Observation inspirée par SHERMAN L.W. (1984), « Development of Children's Perceptions of Internal Locus of Control. A Cross Sectional and Longitudinal Analysis », *Journal of Personality*, n° 52, pp. 338-354.

42. L'éthologie transculturelle ajoute un énorme déterminant culturel à ces petits gestes quotidiens, ce qui relativise beaucoup cette observation. STORK H. (1989), *Enfances indiennes*, Le Centurion.

43. FAHLBERG V. (1981), *Attachment and Separation*, practice 5, Londres, British Agence for Adoption and Fostering.

44. Duby G. (1979), *L'Europe au Moyen Age*, Flammarion.
45. Singh J.A.L. et Zingg R.M. (1980), *L'Homme en friche*, éd. Complexe.
46. Vetter J. (1972), *Langage et maladies mentales*, E.S.F., p. 54.
47. Hecaen H. (1977), « Le Cerveau et le langage », *in La Recherche en neurologie*, Seuil.
48. Bigot T. et Bornstein S.J. (1988), « Schème paradoxal de comportement lors de prises d'otages (syndrome de Stockholm) », *Annales de psychiatrie*, vol. 3, nº 3.
49. Communication personnelle : Pr Besançon, lors du Colloque *L'Agressivité*, Paris, 1988.
50. Logeart A., *in Le Monde*, 27 février 1985.
51. Baron Empain (1985), *La Vie en jeu*, J.-C. Lattès.
52. Skurnik N., (1988), « Le Syndrome de Stockholm (Essai d'étude de ses critères) », *Annales Med. Psycho.*, nºs 1-2.

COMMENT FAIRE UN COUPLE

Aux poissons, l'éthologie reconnaissante.

L'épinoche, ce petit poisson d'eau douce au dos épineux, a joué un grand rôle dans l'étude des comportements de cour, parce qu'il se colore en rouge au moment du frai. Dès qu'un mâle termine son nid d'herbes, il se met à « danser ». Une femelle, passant par là, le trouve très séduisant parce que ses sécrétions hormonales l'ont rendue sensible aux informations de couleur et de mouvement. Comme hypnotisée, elle suit le mâle et se laisse conduire au nid. Là, le mâle dansant, passe sous l'abdomen de la femelle jusqu'à ce que les œufs en sortent. Il les arrose aussitôt de son sperme. Après la troisième femelle, le mâle épuisé se calme et se met à « éventer » les œufs en bougeant doucement ses nageoires pectorales [1] *.

* Les notes de ce chapitre commencent p. 234.

Les parades nuptiales ou la force du sexe.

Je vous ferai grâce de la parade nuptiale du bombyx du mûrier, que vous trouverez dans tous les manuels de sciences naturelles [2]. Cette parade permet d'illustrer la force du sexe : dès que le mâle perçoit un dix milliardième de molécule d'odeur femelle, il oscille comme un radar, avant de mettre le cap droit sur la femelle qui a émis son odeur à plusieurs kilomètres de là.

Les parades nuptiales chez les insectes sont fascinantes. L'avantage des vers luisants, c'est qu'il nous permettent de poser un problème à la fois neurologique et épistémologique. Les femelles ont un abdomen qui sécrète une substance fluorescente nommée luciférine. Lorsque la maturation neurologique de la femelle et les conditions écologiques la rendent mûre pour la rencontre sexuelle, son cerveau sécrète une enzyme, la luciférase, qui en oxydant la luciférine, va la rendre phosphorescente.

La tête des mâles est essentiellement constituée par d'énormes yeux dont les facettes sont très sensibles à la longueur d'onde émise par cette luciférine phosphorescente. Rien ne les stimule plus que cette longueur d'onde qui possède pour eux une immense valeur « érotique ».

Les comportements que l'on peut observer au cours de leur parade sexuelle constituent un excellent repère de l'organisation de leur système nerveux. Ces comportements de parade permettent de comprendre quelles sont les aptitudes naturelles de l'être vivant observé. On pourrait dire aussi : dites-moi comment vous courtisez, je vous dirai comment vous êtes fait.

Dans cette optique, pourquoi ne pas décrire la parade nuptiale chez la morue, à moins que vous ne préfériez celle de la truite ou de l'omble chevalier ou encore celle des crapauds. Le mâle coasse et balance la tête selon une intensité et un rythme qui hypnotisent la femelle. Il peut alors grimper sur le large dos de la femelle, grâce aux callosités qui poussent sur ses doigts.

Lors de ce survol sexuel à travers les espèces, on constate l'étonnante nécessité d'une parade nuptiale, même dans les espèces où la fécondation est externe, même chez les hermaphrodites comme les escargots qui portent les deux sexes et se courtisent quand même.

On peut penser que la fonction biologique de la parade nuptiale consiste à préparer les corps et synchroniser les désirs. Les serpents préparent cet état par des informations sensorielles – couleurs, chaleur et postures – qui hypnotisent un congénère réceptif à ces informations. Le cobra royal mâle s'enroule autour de la femelle et frotte sa tête contre elle jusqu'au moment où, suffisamment stimulée, elle prend la posture qui expose son cloaque. Le cobra mâle y introduit alors un hémi-pénis.

Chez la punaise des lits (cimex lectularius) [3], le mâle perfore la carapace dorsale de la femelle pour y injecter son sperme qui rejoindra l'utérus par voie sanguine. Cette brutalité sexuelle est d'autant plus inutile que la femelle possède un vagin qui ne servira jamais.

Le catalogue des comportements sexuels chez les insectes et les vertébrés inférieurs est savoureux parce qu'il propose une variété insoupçonné de sexualités possibles qui prennent des formes invraisemblables.

Les parades sexuelles sont aussi variées que les manières de vivre. Les serpents s'attirent par la chaleur et s'excitent par le toucher [4]. Or, l'équipement neurologique des serpents les rend très sensibles à la moindre variation de température, et leur mode d'existence consiste justement à fouir, enfoncer la tête sous terre ou sous l'eau pour toucher, sentir, « palper » avec la tête : c'est donc avec leur tête qu'ils courtisent.

Les lézards, au contraire, vivent sur le sol. Leur cerveau est très sensible aux couleurs et aux changements de vitesse. La communication sensorielle la plus utilisée au cours de leur parade est la parure colorée des mâles et la fuite des femelles.

Le système nerveux des oiseaux les rend particulièrement aptes à percevoir les informations sonores, visuelles et posturales. C'est donc par des chants, des couleurs de plumage et des danses qu'ils se synchroniseront sexuellement.

A partir de ce programme commun de comportements (sons, couleurs et mouvements), les mises en scène sont nombreuses. Le canard mandarin déploie une aile, puis l'autre. Il tourne autour de la femelle convoitée en lui montrant son ravissant triangle de plumes orange, intimes, habituellement cachées sous l'aile.

Il s'agit d'une véritable « conversation » biologique où les objets informateurs ne sont pas des mots, mais des formes, des sonorités, des couleurs et des postures, auxquelles le partenaire peut « répondre ».

Bien avant l'apparition de la parole, il existe dans le monde vivant une très importante sémiotique.

Lors des comportements de cour, les offrandes alimentaires sont fréquentes. Ainsi ai-je pu, comme beaucoup de promeneurs sur l'île de Porquerolles, assister à la naissance du symbole à partir d'un comportement biologique. J'ai eu la chance de photographier un poisson-signifiant ! On appelle souvent le sterne « petite mouette », en fait, il s'agit d'une hirondelle de mer : fine queue d'aronde blanche et tête encapuchonnée de noir dès les premiers beaux jours. Vers le mois de mai, lorsque le mâle est motivé pour la sexualité, il attrape un poisson et se précipite vers une femelle qui s'enfuit en criant. Après plusieurs essais infructueux, la parade du mâle, ses cris, ses mouvements, l'émotion provoquée par ses postures et amplifiée par le poisson, finissent par stimuler sexuellement la femelle. « Timidement » d'abord, elle touche le poisson dans le bec du mâle, puis elle le saisit. Si elle l'avale, c'est qu'elle considère ce poisson comme un poisson-poisson, comme un aliment, et le mâle peut aller se faire cuire un œuf. Mais si elle saisit le poisson et le tient en travers de son bec, c'est qu'elle attribue à ce poisson une fonction qui n'est plus alimentaire : il devient poisson-signifiant.

Le poisson-signifiant n'est plus un poisson.

Lorsque la femelle adopte la posture : tête rentrée poisson en travers du bec, elle signifie ; elle met en signes matériels un message qui réfère à sa disposition interne. Elle informe le mâle qu'il peut passer à la séquence suivante. Dès qu'il perçoit ce signe, ce dernier rapproche ses cercles autour de la femelle et s'apprête à la monter.

L'acquisition de cette signification, l'attribution d'une fonction sexuelle à un objet alimentaire, permet d'assister à la naissance du symbole. Ce poisson alimentaire s'est chargé d'une signification sexuelle. Cette attribution de sens vient de l'histoire commune des deux animaux qui ont inévitablement appris dans leur enfance à recevoir un poisson de leurs parents. Ce poisson est devenu polysémique, l'histoire et le contexte l'ont chargé de plusieurs sens. Il peut signifier : « Ceci est un aliment. » Mais peut vouloir dire aussi : « Cet aliment t'est offert par un être d'attachement. Cette offrande empêche toute émotion agressive. Si je le prends dans mon bec par le travers, en rentrant ma tête pour ne pas éveiller en toi une crainte, ce poisson, dans ce contexte postural, “ veut dire ” que nous sommes prêts à échanger de l'affection, de la proximité, des contacts physiques comme le faisaient nos parents quand ils nous rapportaient un poisson au nid. » Un objet réel s'est chargé d'un sens venu de l'histoire des deux animaux.

La sémiotique des coucous utilise le lézard. Le mâle tient un lézard dans son bec mais la culture coucou veut qu'il ne le donne à la femelle qu'après l'accouplement.

Des cailloux, brins d'herbe, bouts de bois, régurgitations alimentaires et bien d'autres objets sont utilisés pour signifier à un partenaire une disposition à la rencontre sexuelle.

Dans les champs de blé de Porquerolles, ou sur les tas d'ordures de Toulon, les femelles goélands prennent l'initiative de la parade. Pour approcher le mâle convoité, elles adoptent la posture des petits; elles rentrent la tête en s'accroupissant et en poussant de tout petits cris suraigus, analogues aux cris de quémandage alimentaire. Le mâle, charmé, régurgite des aliments et tient dans son bec un bout de poisson prédigéré. Cette bonne manière signifie que la femelle peut s'approcher encore plus près et prendre la posture sexuelle.

Les objets se chargent de sens. L'animal ne les traite plus en tant qu'objets physiques dont le poids, le volume, la chaleur et la couleur contiennent des informations uniques. Ces objets deviennent porteurs d'une fonction signifiante. Mais pour acquérir une valeur sémiotique, ils ont dû advenir dans l'histoire commune des deux partenaires et laisser une trace dans leurs structures cérébrales.

Lorsqu'un martin-pêcheur offre un morceau de plastique coloré à une femelle, ce n'est pas le plastique qui érotise la femelle, c'est la couleur vive qui la stimule. Cet éveil d'un plaisir biologique va permettre sa synchronisation au « désir » du mâle déjà préparé. Mais le mâle ne peut pas la stimuler avec n'importe quoi : seuls les objets associables à une émotion agréable pourront acquérir cette valeur érotique. L'agrément de cette stimulation se fonde sur une stimulation neurologique (couleur, odeur) et sur une stimulation historique, souvenir d'un poisson ou d'un lézard offert par un être d'attachement.

L'histoire se conjugue à la neurologie pour créer du sens.

Pourquoi faut-il que l'autre « ait quelque chose », qu'il éveille en nous une impression de charme, un plaisir à le regarder, à l'écouter et le sentir. La séduction passe par un canal sensoriel : l'œil, l'oreille ou le nez. Ces canaux de séduction sensorielle constituent une sémiotique du corps qu'utilise l'homme.

Quand on observe dans notre histoire la quantité invraisemblable d'argent, de temps et de techniques consacrés aux maquillages, aux vêtements et aux bijoux, on se dit que tous ces efforts doivent bien avoir un sens, assumer une fonction !

Les ornements fugaces, tels que le maquillage, la poudre sur les joues ou la peinture sur les lèvres permettent de modifier rapidement notre apparence émotionnelle. Le changement de vêtements, le port de bijoux, le parfum avant de sortir, révèlent notre intention de déclencher chez les autres une émotion différente... « ce soir-là ». L'enjeu sexuel et social change de forme : il ne s'agit plus de s'habiller comme au travail, il faut maintenant se décorer pour donner de soi une autre image. Ces apprêts sont fugaces. Quelques heures plus tard, le charme du parfum évaporé, la robe froissée et le maquillage négligé n'auront accordé à ce contrat social qu'un apparat de quelques heures.

D'autres parures, telles que les cheveux, les poils du visage, les étuis péniens, les ceintures, les boucles d'oreilles ou broches de nez permettent un décor plus durable. La stabilité de ces objets oriente leur fonction sémiotique vers une socialisation plus durable.

La sémiotique des poils a toujours été politisée.

La sémiotique des poils a toujours été politisée.

Chaque changement de chevelure signifiait un changement de socialisation. Quand on se laissait pousser les cheveux alors qu'il était convenable de les porter courts, on signifiait par ce discours capillaire notre intention de s'opposer à l'ordre établi. C'est pourquoi l'Église a toujours vivement réagi aux changements de longueurs des poils. D'autant plus que les poils codent aussi la sexualité. Une chevelure naturelle donnerait chez les femmes de très longs poils, de la tête aux mollets. Alors que chez les hommes, on observerait un hirsutisme diffus autour du visage, sur les épaules et sur le corps. Or, pas une seule culture n'a laissé se développer cette tendance naturelle. La chevelure a toujours été codifiée, sexualisée et socialisée. Il faut dès le premier coup d'œil savoir à quel sexe on a affaire. Et, puisqu'il n'est pas de bon ton de montrer nos organes génitaux comme le font les mammifères et les enfants pré-verbaux, nous devons montrer un substitut – un vêtement ou une chevelure – référant à notre sexe anatomique soigneusement camouflé.

Nos poils acculturés, nos chevelures signifiantes, codifient nos communications pour nous socialiser. Si je rase les côtés de mon crâne et teins en violet la raie du milieu, je signifie par là que je désire m'intégrer dans un groupe minoritaire, de préférence contre-culturel.

Napoléon III ne s'était pas trompé quand il avait interdit le port de la barbe, car les porteurs de barbe diffuse, de 1850 à 1870, signifiaient par là qu'ils s'opposaient aux porteurs de barbichettes et de rouflaquettes des « petits napoléoniens ». Jules Vallès, à cause de ce message capillaire, s'est retrouvé en prison.

Pour les femmes, la chevelure naturelle flottante, dans le contexte du Moyen Age chrétien, signifiait qu'elles laissaient s'exprimer leur nature sensuelle, leur féminité spontanée, leurs poils animaux comme ceux de leur pubis. La société de cette époque avait parfaitement entendu le message et l'avait interprété comme une expression de la tentation du diable : il a donc fallu cacher les cheveux sous des coiffes et des cornettes. L'ère élisabéthaine a remplacé ce signifiant bestial par un substitut cultivé : la perruque. Les poils devenaient sublimes donc exprimables en termes acceptés par le groupe.

L'évolution culturelle a transformé cette perruque en super-signal qui, sous Louis XIV, a pris une valeur sociale. Plus elle était imposante, plus elle permettait de repérer la fortune de celui qui la portait car seuls les hommes riches pouvaient se payer un « macaroni » de 50 centimètres, (80 centimètres pour la femme d'un homme riche) [5].

Quand les ornements deviennent permanents comme les cicatrices cutanées, les dents limées, les cous allongés ou les mutilations rituelles telles que circoncisions, fentes péniennes ou clitoridectomies, ils révèlent un ordre social rigide [6]. Cette mutilation rituelle permet l'intégration sociale. Interdire ces mutilations en imposant une loi occidentale reviendrait à priver ses individus de leur séduction sexuelle et à les clochardiser. Il vaut mieux tenter de modifier la culture du groupe en proposant un autre mode d'intégration sexuelle, tel qu'un sacrifice d'argent ou une épreuve initiatique [7].

Cette histoire de la chevelure raconte en termes d'objets humains, de techniques et de règles ce que les animaux nous avaient déjà fait comprendre sur la fonction sexuelle et sociale du poil et de la plume.

La pancarte éthologique, ses revendications sexuelles et sociales.

Le corps et ses vêtements composent d'excellentes pancartes sexuelles et sociales. Les chapeaux et les chaussures permettent en un clin d'œil de savoir de quelle manière une femme érotise : le chapeau maniéré d'une dame qui porte de longs gants, le rustique fichu d'une fille aux mains rouges ou le bonnet montagnard d'une femme en godillots permettent de prévoir des sexualités différentes.

Les hommes signalent leur sexe et leur statut social de la même manière. L'étui pénien des indigènes de Nouvelle-Guinée assigne efficacement le statut social de celui qui le porte. Il suffit d'enfiler un tube de 50 centimètres convenablement pointé vers l'avant, grâce à une mince ficelle de fibres végétales nouées autour de la taille, simple et discret pour les jours de semaine, un peu plus habillé pour les jours de fête où l'étui, tirebouchonné et coloré, exprimera l'intention d'élever le débat.

Les Européens ne font pas autre chose : les tableaux de Brueghel peignent soigneusement les braguettes décorées et boutonnées pour y mettre les pièces de monnaies. Ce lieu vestimentaire a donné sens aux « bourses » – mot qui réfère à une notion à la fois sexuelle et sociale. Récemment, les jeunes gens passaient de l'eau de javel sur cet endroit de leur blue-jean pour le souligner en le décolorant.

L'étui pénien ou la braguette décolorée n'ont pas grande valeur libidinale, mais ces signaux vestimentaires permettent de savoir de quelles manières il va falloir érotiser avec ce partenaire.

Les gestes et les rythmes comportementaux participent à cette synchronisation sociale.

Après la dernière guerre, dans les années 50, les soldats américains avaient beaucoup d'attraits pour les filles européennes. Pourtant l'aboutissement n'était pas aussi fréquent que les jeux sexuels le laissaient prévoir, car les séquences de comportements de cour, différentes selon les continents, provoquaient un grand nombre de contresens comportementaux [8].

Le « flirt » avait envahi l'Europe, car aux États-Unis on peut sans trop de difficultés embrasser une fille sur la bouche après un regard, un sourire ou quelques paroles. Le baiser sur la bouche ne signifie pas à coup sûr que la fille acceptera l'aboutissement intime. Alors qu'en Europe, l'accès à la bouche est un stade interactionnel bien plus tardif dans la cour. Le baiser intime signifie une promesse. Si bien que les filles européennes, quoique séduites par les jeunes Américains, les trouvaient brutaux. Elles interprétaient cette précocité du baiser comme un comportement de dévalorisation. Vexées, elles les rejetaient et ce code comportemental de la parade sexuelle, cette synchronisation des temps de cour, différente selon les cultures, explique en partie le faible chiffre des mariages entre Américains et continentaux, malgré leur attrait mutuel.

Les vêtements, les gestes, les mimiques et les décorations du corps prennent part à la cour comme une pancarte où seraient écrits des renseignements concernant le style sexuel et la catégorie sociale du courtisan. Cette pancarte éthologique de la rencontre sexuelle explique pourquoi le choix du partenaire doit si peu au hasard ou plutôt, pourquoi le hasard de la rencontre n'existe qu'à l'intérieur d'un tout petit choix de partenaires possibles, « le groupe des éligibles » [9].

Pour parvenir à cette pancarte éthologique, nous devons d'abord subir les contraintes écologiques. Le village a longtemps constitué l'espace géographique où devaient s'effectuer les rencontres. La paroisse au XIXe siècle, la ville au XXe siècle, l'orientation professionnelle et sociale de certains quartiers, le développement moderne des transports ont marqué culturellement cet espace géographique.

Plus le statut économique est élevé, plus les couples se forment tard. Dans les populations ouvrières, les couples se forment tôt. Dans les groupes où l'autonomie sociale est longue à acquérir, les partenaires mettent longtemps à se rencontrer. Ces contraintes sociales sont exposées sur les pancartes éthologiques vestimentaires, capillaires et gestuelles, telles que le baise-main, la manière de se présenter, le choix du vocabulaire, les citations ou phrases emblématiques : « Ça m'interpelle quelque part ». Ces contraintes écologiques gouvernent la formation des couples. On se rencontre dans des quartiers ou dans des lieux signifiants. Les bas quartiers, les rues riches, les boîtes de nuit sélects, les restaurants chics, les lieux sportifs, artistiques ou politiques permettent la rencontre de ceux qui conçoivent une même manière de vivre. Fréquenter ces lieux, c'est augmenter la probabilité d'y rencontrer le partenaire qui rêve du même projet d'existence.

Dès ce niveau comportemental et écologique, on voit poindre l'homogamie, la recherche du semblable, l'attirance par le miroir. Mais dans ce miroir, ce qu'on voit, c'est soi de l'autre sexe.

De cet ensemble de contraintes physiques, intellectuelles et sociales résulte un choix du partenaire extrêmement déterminé. Si l'on tient compte uniquement des caractéristiques physiques, on découvre qu'on se rencontre à tailles comparables : les grands avec les grandes, les petits avec les petites [10]. A couleur comparable : les noirs avec les noires, les blonds avec les blondes.

Il ne faut pas oublier qu'on raisonne en termes populationnels : tout le monde connaît une petite femme qui a épousé un grand, une blonde qui a épousé un noir. Ces cas minoritaires posent un problème de psychologie individuelle qui ne concerne pas un raisonnement « populationnel ».

En revanche, on constate que les sourds-muets s'épousent entre eux, de même que les durs d'oreilles, ou les aveugles. Ces attirances physiques créent des valeurs différentes. Les aveugles considèrent que le fait d'avoir des enfants non voyants vaut quand même la peine de leur donner vie. Alors que les voyants ont tendance à demander l'avortement lorsque le diagnostic prénétal découvre un gène porteur du caractère non voyant.

Certains caractères sont plus sélectifs que d'autres : l'intelligence et le diplôme possèdent une plus grande valeur d'attirance sexuelle que la couleur de la peau. Dans les quartiers où se mélangent les populations et les religions, on voit une proportion non négligeable de mariage mixtes, noirs-blancs, juifs-catholiques, mais on ne voit pratiquement jamais de Q.I. [11] élevés épouser des bas Q.I. [12]. Ce qui signifie que nos caractéristiques intellectuelles possèdent un rôle sélectif plus grand que nos caractères physiques, parce que c'est dans notre manière de penser que s'expriment le mieux nos projets d'existence.

L'hypothèse esthétique de la fonction biologique du beau chez la truite saumonée.

Arrive le moment très peu social où cet homme et cette femme se retrouvent face à face. La civilisation s'estompe pour laisser place à ce que je voudrais appeler l'hypothèse esthétique [13].

L'importance du sentiment de beauté dans le monde vivant pose un problème de fond : quelle est la fonction du beau ?

La truite éprouve-t-elle un sentiment de beauté pour le moucheron qu'elle gobe ? On connaît mal le vécu d'une truite émue par un moucheron, mais rien ne nous empêche d'observer le comportement de cette truite stimulée par le leurre du pêcheur : une plume voletante qui évoque un super-moucheron. L'efficacité de ce leurre se fonde sur son pouvoir stimulant. Il faut bien admettre que les informations sensorielles du leurre ne sont stimulantes que pour la truite parce que cet animal y est particulièrement réceptif. Le leurre possède son pouvoir parce que la truite est très sensible à ce genre d'information (couleur, mouvement, miroitement). Dans le langage d'aujourd'hui on dirait que les processus cognitifs de la truite la rendent apte à traiter cette information. En somme, rien n'est plus naturel que le leurre.

Il est très étonnant de voir à quel point les femmes savent se transformer en leurres pour hommes. Elles savent souligner certains lieux signifiants de leur corps, remonter leurs seins, envelopper leurs hanches dans un tissu qui en soulignera le mouvement, dessiner leurs lèvres, colorier leurs paupières. Ce programme minimum sexuel est une constante qu'on retrouve dans toutes les cultures. Le maquillage de Cléopâtre était exactement le même que celui des femmes d'aujourd'hui : bleu à paupières, rouge à lèvres et fard à joues.

L'esthétique possède le pouvoir de déclencher une émotion agréable. Ce sentiment de beauté caractérise un groupe d'appartenance. La femme africaine civilisée se perce le nez pour se rendre belle. Elle pense que les femmes occidentales qui gardent leur nez bouché par un cartilage entier prouvent leur incapacité à s'élever au-dessus des lois de la nature : elles ne sont pas cultivées parce qu'elles ont gardé leur nez naturel.

Les femmes sont attirées par le mode de vie, alors que les hommes sont attirés par le physique d'une femme. Et personne ne s'y trompe, car une femme qui désire se rendre attirante soigne son corps et se plaît à le rendre désirable, alors qu'un homme qui souhaite se placer sur le marché de l'affectivité, sort sa belle voiture et expose ses indices de réussite sociale. La pancarte éthologique fonctionne ici très bien.

Le théâtre, le cinéma, le roman et la danse contribuent à ce versant émotionnel de l'esthétique. Les pays à forte tradition orale ou religieuse où les mythes sont tous les jours racontés et dansés n'ont besoin ni de romanciers ni de mises en scène puisque le mythe est quotidien. Cette création romancée n'apparaît que dans les cultures à faibles mythes, comme s'il fallait mettre en mots et en scènes les problèmes qui éveillent nos plus fortes émotions.

La mode, elle, possède la fonction d'esthétiser la signature du groupe social [14]. Miroir social, indice de reconnaissance, production de sens, elle fonctionne comme un signe qui permet aux individus de même culture de se séduire entre eux.

Ces signes vestimentaires, quasi linguistiques, participent aux pressions sélectives qui, en véhiculant des émotions esthétiques, permettent aux individus d'une même culture de se reconnaître et de se plaire.

On ne peut pas faire l'amour avec n'importe qui, mais dès que les signes sociaux auront permis la rencontre, il faudra bien synchroniser nos émotions et permettre ce travail tout à fait biologique des modifications du tonus sphinctérien, des pressions intracaverneuses, lubrifications, pistons, compressions et tamponnades qui signent l'aboutissement sexuel, quelle que soit la culture du mammifère considéré.

Toute une part de la biologie est dénuée de sens, parce qu'elle échappe à nos sens : comment équilibrer nos labyrinthes, ouvrir les récepteurs des corps spongieux de notre verge ou les sécrétions lubrifiantes de nos vagins ? Mais dès qu'elle accède à nos sens, la biologie prend sens. Ces comportements, ces gestes, ces peintures du corps sont utilisés comme des signes pour éveiller une sensorialité et communiquer une émotion.

J'ai bien connu « Flo » une vieille femelle chimpanzé dominante [15]. En tant qu'homme je la trouvais carrément laide. Non seulement sa calvitie lissait le milieu de son crâne, mais en plus, ses poils de côté, rares, et raides, hérissaient sa face d'une couronne stupide. Des dents marron et noires, une lèvre supérieure bien trop longue, un gros ventre, de molles boursouflures fessières, et pour ainsi dire pas de tétons. Les chimpanzés mâles l'adoraient !

Sa pancarte éthologique éveillait une sensorialité parfaitement communicante. Elle savait synchroniser ses postures, ses vocalisations avec celles des mâles motivés, mais inquiets ; elle savait mettre à distance le jeune mâle pubère impétueux, encore mal socialisé ; elle savait apaiser et stimuler le mâle socialement convenable, mais émotivement instable [16].

Ces femelles dominantes arrivent à orchestrer le comportement de leurs courtisans et à leur faire exprimer le type de sexualité qu'elles aiment. Certaines femelles de tempérament intimiste s'approchent du mâle convoité et lui exposent leurs callosités fessières roses et gonflées. Le mâle séduit, érige. La femelle alors marche à reculons et vient s'asseoir sur lui, mais très rapidement, elle se dégage et s'éloigne. Le mâle appâté la suit, elle s'assoit sur lui , s'en va, il la suit et finalement le couple disparaît dans les taillis pour ne revenir qu'un ou deux jours plus tard.

D'autres femelles sont moins sélectives. Quand elles sont motivées pour la sexualité, elles sollicitent tout mâle qui passe à proximité et généralement s'accouplent, à la file, avec tous les candidats.

C'est bien la femelle qui induit ce style de relation sexuelle : les femelles intimistes répètent avec chaque partenaire la même parade sexuelle, et les femelles sociables ne deviennent jamais intimes. Alors qu'un même mâle, intime avec une femelle intime, peut s'accoupler en public avec une femelle sociable.

Dans les rencontres amoureuses humaines, les paradeurs ne disent jamais ce qu'ils sentent, ou plutôt ils ne le disent jamais avec des mots. Il est encore très rare qu'une fille s'approche d'un garçon anonyme et lui dise : « Monsieur, vous me plaisez, voulez-vous me pénétrer. » La paradeuse ne peut verbaliser son émotion intime parce que les mots possèdent un grand pouvoir d'amplification émotive. Cela explique que notre paradeuse puisse communiquer son émotion grâce à quelques signes du corps, alors que dire cette émotion avec des mots provoquerait une telle émotion qu'elle ne pourrait plus contrôler la communication. La parole sans corps serait bien trop brutale.

Le langage silencieux : caresses, regards et chaises.

Dans le « langage silencieux [17] », les signaux non verbaux expriment une communication sensorielle immédiate. Ils véhiculent et transmettent l'émotion dans le contexte où elle se déroule. Alors que le langage verbal permet plutôt de transmettre des informations sur un monde absent, émotions passées ou à venir.

L'analyse éthologique du face à face montre comment le langage non verbal synchronise nos désirs bien mieux que nos paroles. Souvent avec les étudiants, je projette deux diapositives du visage d'une jolie femme [18]. Le photographe a retouché l'une de ces photos en élargissant les pupilles avec un pinceau noir. Je suis le seul à savoir quelle photo a été retouchée. Je dis : « L'auteur a photographié le visage d'une femme au moment où elle désire avoir des relations sexuelles et à un autre moment où elle ne le souhaite pas. Voulez-vous lever la main pour désigner la photo prise au moment où elle désire avoir des relations sexuelles ? »

Les résultats sont massifs : très régulièrement les trois quarts de la salle votent pour la photo où les pupilles ont été artificiellement dilatées. Cette mydriase, nettement perçue, véhicule non consciemment une émotion de chaleur sexuelle. La salle ne s'y trompe pas, ni les hommes ni les femmes. Mais personne ne sait dire pourquoi un visage est plus sexuel que l'autre.

Cette information biologique, cette dilatation des pupilles, s'explique par la sécrétion d'un neuromédiateur atropinique provoquée par l'émotion sexuelle. Le courtisan perçoit ce signal et l'interprète de manière non consciente mais parfaitement adéquate : « Ça marche ! »

L'espace entre les deux partenaires peut désormais se réduire et permettre la mise en jeu d'autres canaux de communication : l'odeur et le toucher.

On sait que, dès la naissance, les bébés-filles sont plus caressées que les bébés-garçons. Cette différence s'accroît avec le développement. Les mères caressent plus les petites filles que les petits garçons et les pères font de même. Les enfants eux aussi sexualisent leur manière de caresser leurs parents [19]. Les filles caressent beaucoup leur mère et très peu leur père. Les garçons, dans l'ensemble, sont moins caresseurs : ils touchent discrètement les endroits les moins sexualisés du corps de leur mère (épaules, avant-bras) et, en vieillissant, ils touchent de moins en moins leur père.

Si l'on fabriquait un bonhomme-caresse moyen, et une bonne-femme-caresse moyenne et si l'on y peignait une tache correspondant à chaque caresse, on verrait apparaître en quelques années, une coloration très différente. Les bonnes-femmes, couvertes de taches de peinture, auraient été touchées, caressées, embrassées sur tous les lieux du corps, révélant des zones à grande circulation publique et d'autres, moins fréquentées, car plus intimes. Alors que les bonshommes dessineraient des coloriages, localisés, espacés, de plus en plus transparents avec l'âge.

Les physiologistes ont souligné la fonction tranquillisante des caresses [20]. Les neurobiologistes ont isolé la molécule de morphine naturelle, l'endorphine, sécrétée lors d'une caresse. Cette petite molécule se fixe sur les neurones de la moelle qui reçoivent les messages douloureux. En saturant les circuits, ils bloquent la transmission de la douleur. Caresser un enfant qui vient de tomber possède une valeur relationnelle et un effet antidouloureux. C'est pour ça qu'on frotte le genou qu'on vient de se cogner, ou qu'on appuie sur la dent qui nous fait mal de façon à envoyer nos endorphines vers les circuits de la moelle où ces molécules entreront en compétition avec les messages douloureux.

Non seulement les caresses possèdent une vertu tranquillisante et antidouleur, mais en plus, elles participent à la constitution de l'identité et à l'émergence de la pensée [21].

Peut-être cela explique-t-il que les petites filles s'apaisent si bien à la caresse, accèdent très tôt à la parole et deviennent rarement hypocondriaques, à l'inverse des garçons [22] !

L'hypothèse qui prend forme et s'étaie quand s'accumulent les observations, c'est que les garçons se développent dans une carence affective par rapport aux filles !

L'observation durant plusieurs années de couples de nationalités diverses filmés dans des cafés a permis de découvrir que les Portoricains se touchaient en moyenne 180 fois par heure, les Parisiens 110 fois et les Londoniens 0 fois.

La théorie la plus féconde pour analyser les approches

amoureuses est la suivante : la simple présence d'un autre dans notre champ sensoriel provoque en nous le double sentiment contraire d'attraction et de crainte.

Lors des conversations, on peut observer comment l'intimité entre partenaires se maintient à un niveau « confortable », entre la solitude de l'éloignement et l'angoisse de la proximité.

Deux chaises sont placées à une distance précise. On fournit aux bavardeurs un tas de photos pour stimuler la conversation. On filme de loin, puis on analyse au ralenti les séquences comportementales. Une mine de renseignements jaillit de cette situation très naturelle. Plus l'expérimentateur approche les chaises, moins les partenaires se regardent. Quand ils sont du même sexe, il se regardent facilement. Quand les chaises sont espacées de 3 mètres, ils se regardent pendant 72 % du temps de bavardage. Mais quand elles sont rapprochées à 60 cm, les locuteurs ne se regardent que pendant 50 % du temps de la conversation. Quand les locuteurs sont de sexes différents, ils se regardent moins : à 3 mètres, 58 % du temps de bavardage, à 60 cm, 30 % du temps.

Ce comportement non conscient peut signifier que « l'évitement du regard quand la proximité est trop grande permet de diminuer la sensation d'intrusion [23] ». Il est un fait que les amants qui désirent cette intrusion continuent ce contact par le regard, même quand la proximité est très grande, car la pénétration amoureuse commence par le regard.

Mais dans un café, soutenir le regard d'un interlocuteur trop proche, risquerait de prendre un sens non souhaité. Le corps à corps, c'est l'espace des combats et de l'amour. C'est le lieu des échanges d'émotions violentes. Pour apaiser cette intrusion, il faut détourner le regard.

Ce langage silencieux s'exprime de bien d'autres manières. Le sujet pénétré dans son espace péricorporel, dans sa bulle proxémique, se penche en arrière, détourne la tête et regarde fixement un détail, en dehors de cet espace intime. On peut aussi dresser une barrière en se grattant la tête, en se masquant la bouche avec ses doigts. On peut se toiletter, se tapoter les cheveux ou se frotter le nez. Le fait d'allumer une cigarette réalise une activité de déplacement qui a pour fonction d'apaiser l'angoisse provoquée par la trop grande proximité.

Cette expérimentation initiale a stimulé d'autres observations : quand on parle de sujets intimes, on ne regarde pratiquement pas son interlocuteur. Comme si l'intimité, merveilleuse impudeur, ne devenait supportable qu'à la condition de ne pas ajouter l'émotion du regard.

En revanche, plus on éloigne les chaises, moins on sourit. Il ne faut pas en conclure que les chaises jouent un rôle dans le déclenchement du sourire, mais plutôt que la sensation d'intimité induite par la proximité des chaises provoque un malaise anxieux qui ne peut s'apaiser que par un sourire pour séduire l'agresseur.

Ce que nous font comprendre ces chaises, c'est que l'intimité tant désirée nous angoisse !

Lorsqu'un enfant n'a pu mettre en place les moyens d'apaiser cette angoisse pour bénéficier du plaisir de l'intimité, il exprime ce trouble par des comportements du style : « J'agresse ceux que j'aime tant l'intimité m'angoisse, alors que je me sens aimable avec des gens anonymes, à grande distance affective *. »

Le leurre qui par ses décors vestimentaires, capillaires et cutanés avait joué un si grand rôle dans la pancarte éthologique lors de l'organisation des groupes, intervient à nouveau lors de la coordination des couples.

Le rôle fondamental du leurre : prostituées et don Juans.

De la truite à l'homme, une idée semble émerger de cette éthologie comparée des comportements de cour : le rôle fondamental du leurre. L'authenticité du leurre commence très bas dans le monde vivant. L'épinoche ne peut s'empêcher de parader devant toute femelle au ventre gonflé. Si ce ventre est gonflé d'œufs, le mâle viendra s'y frotter jusqu'à ce que la femelle expulse son sac d'œufs, et l'observateur humain trouvera ça très naturel. Mais si ce ventre féminin est gonflé par une maladie virale, l'épinoche mâle viendra s'y frotter tout pareil, et l'observateur humain trouvera ça stupide ou dégoutant, tant notre interprétation fait partie de notre manière d'observer le monde.

L'épinoche mâle, lui, ne voit qu'une forme ronde qui stimule son comportement de parade.

Très souvent les mâles imprégnés d'hormones prennent des parures sexuelles colorées. Cette information sexuelle stimule les femelles qui s'approchent de cet ensemble coloré. Les varans mâles, ces énormes sauriens d'Asie, colorent leurs flancs d'une large bande bleue qui met en signe leur disposition interne à la sexualité : les femelles grises trouvent cette parure très attirante.

Je voudrais reprendre l'exemple du leurre sexuel chez les animaux pour en faire une question humaine, une sorte de métaphore naturaliste.

Le plus célèbre des leurres sexuels naturels nous est proposé par l'empis, moustique d'eau douce très carnivore. Sa femelle, cent fois plus grosse que lui, le considère comme un moucheron et le gobe s'il la courtise de face. Les mâles ont trouvé un stratagème : ils attrapent un moucheron et sécrètent alentour un cocon de soie aux mailles suffisamment espacées pour que la femelle puisse l'apercevoir. Très intéressée par ce petit cadeau, elle écarte les soies... et le mâle en profite.

Des mâles d'espèces voisines fabriquent le même emballage mais ne mettent même plus de moucheron à l'intérieur. La femelle écarte les soies du paquet-cadeau et, sur le plan sexuel, ça marche tout pareil [24].

Cette histoire réjouit les gens à qui je la raconte et leur plaisir me pose un problème : si le moucheron d'eau douce possède un tel écho en nous, c'est parce que son comportement réveille la trace d'un souvenir où nous avons utilisé nous-mêmes un leurre sexuel. Cette métaphore animale nous parle de nos propres tentatives ; le soir où la jeune fille a discrètement emprunté la fourrure de sa mère pour paraître plus femme, le soir où le jeune homme a invité sa belle dans un restaurant très au-dessus de ses moyens, pour la leurrer socialement.

Ce leurre fonctionne intensément lors des stimulations sexuelles. Sa grande efficacité se fonde sur nos plus chers désirs. Tout le monde se sert du leurre sexuel dans la mesure où, pour séduire, il faut montrer à l'autre la part de soi qui le stimule au mieux.

Parfois ce leurre agit seulement en tant que déclencheur d'émotion : il ne réfère pas à l'intime part de soi que l'on voudrait offrir à l'autre. C'est ainsi que fonctionnent prostituées et don Juans.

C'est très étonnant de voir à quel point nous nous soumettons aux lois non écrites qui réglementent nos vêtements et nos cheveux, alors que pendant longtemps le port des vêtements dépendait de lois écrites. Le mot « livrée » désignait le vêtement offert par le souverain à ses familiers. Très rapidement, il est devenu le vêtement obligatoire, « livré » par l'employeur à ses serviteurs. Chaque aristocrate écrivait sur le corps de ses employés la couleur de leur fonction : rouge pour un laquais, noire pour un domestique. Entre les galons de passementerie, le maître marquait l'emblème de sa famille.

Les poils, on l'a vu, étaient très socialisés : seuls les cochers pouvaient porter des favoris, les domestiques devaient rester glabres, quant aux valets de pied ils devaient se faire une raie sur la tête. Sans parler des nourrices qui ne pouvaient porter de rubans sur leur coiffe que lorsqu'elles allaitaient.

Les costumes discriminatoires étaient nombreux : rota blanche et rouge pour les juifs du XVe siècle, housse à capuchon gris des lépreux, drap rouge cousu sur la poitrine des bohémiens [25].

Depuis le Moyen Age, toutes les tentatives pour imposer aux prostituées des obligations vestimentaires ont échoué! On leur interdisait de porter des joyaux, des orfrois ou des galons brodés qui évoquaient le sacerdoce : elles en portaient! On les obligeait à se coiffer court : elles se coiffaient long! Elles devaient porter des vêtements rayés, elles ne l'ont jamais fait!

En revanche, elles se parent elles-mêmes d'attributs vestimentaires et adoptent les postures sexuelles qui permettent dès le premier coup d'œil de savoir que ces femmes mettent leur vagin en location. Leur style vestimentaire révèle, apparemment, la manière dont elles érotisent : cuir et chaînettes pour les sadiques; velours, fourrures et longs cheveux pour les masochistes; sportives sympas ou dames maniérées, on sait quand même qu'il s'agit de prostituées et on perçoit d'emblée le style de sexualité qu'elles vendent.

Régulièrement, le gouvernement se préoccupe de ces professionnelles du sexe, des femmes qui utilisent le filon libidinal des hommes pour en extraire un peu de monnaie. Mais je ne connais pas de mouvement moral qui se soit indigné de l'érotisation des restaurants où pourtant se met en place le stade préparatoire au lit. Le professionnel des plaisirs de bouche accepte, lui, de se socialiser, de payer impôt et de porter costume. Cette érotisation de l'orifice buccal, pourtant préparatoire à l'érotisation de l'orifice vaginal, s'intègre dans la culture, alors que les prostituées s'en excluent [26]. Leur pancarte éthologique, vestimentaire et posturale, réfère uniquement un rôle sexuel professionnel, donc un rôle sans plaisir ni sacré.

Don Juan, lui aussi, utilise ces leurres comportementaux pour apprivoiser les femmes sans amour et sans lien. Il approche, rassure, amuse et banalise, jusqu'au moment où la femme s'étonne et se retrouve au lit.

Une femme fait ses courses dans un supermarché. A cent lieues du sexe, elle ne pense qu'à ses lessives. S'approche un homme qui dit une banalité. Elle répond, sans le regarder, par une banalité. De rayon en rayon, ils arrivent à la caisse. L'homme est là qui lui aussi paye. Deux ou trois mots sont échangés. Il lui propose de porter son sac. Elle refuse. Ce monsieur l'embête un peu, mais ne l'inquiète pas. Alors il porte son filet à provisions. Pendant le trajet il dit deux phrases amusantes. Vraiment pas inquiétant, ni même envahissant. Tandis que la femme rentre en voiture, ce monsieur lui fait quelques petits signes amicaux dans le rétroviseur. Les deux voitures se garent. Il l'aide à vider son coffre. « Elle veut... elle ne veut pas », comme le chante Mozart dans *Don Giovanni*.

Après tout, un bavardage amical..., elle s'ennuie tellement, elle a tant de soucis ces derniers temps. Un peu d'air frais. Il porte les filets, elle range la cuisine, il dit des choses très simples, gentilles et parfois drôles.

En moins d'une heure il est dans son lit ! Elle est surprise d'avoir accepté. Elle est surprise aussi de l'ambiance qui a entouré cette rencontre sexuelle. Pas d'émotion, pas de chaleur, pas de fièvre. Un calme enjoué pendant cette furtive rencontre.

Pourquoi pas après tout. Ce n'est pas si grave. Une petite musique : « Pas la grande aventure... j'aurais refusé la grande aventure, alors que cette rencontre pourquoi pas... un peu tiède quand même *. »

Elle prépare le dîner, tandis qu'il s'habille. Étonnée d'avoir accepté si facilement, sans l'avoir espéré, sans y penser ensuite, juste un peu la tiédeur des corps. A peine un événement. Curieux.

« Ma voiture a un drôle de bruit, dit-il, je vais jeter un coup d'œil pendant que tu cuisines *. » Elle entend la voiture qui démarre, trop bien, trop vite, trop fort. Elle se met à la fenêtre avec un pressentiment d'étrangeté, juste pour voir don Juan s'enfuir en quatrième vitesse.

L'escroquerie sexuelle! Elle aurait accepté cette molle aventure s'il avait mangé avec elle, simplement mangé, parce qu'alors ils se seraient rencontrés. Tandis que là, elle se sent manipulée, méprisée, séduite et abandonnée. C'est trop bête. Elle ne peut pas s'asseoir à table parce qu'elle y voit deux couverts. Elle qui a accepté une toute petite aventure à peine sexuelle, se sent soudain très malheureuse. Elle en a pleuré toute une semaine. Encore maintenant, quand elle est triste, cette humiliation lui revient en tête, comme une gelure affective.

Les prostituées et don Juans utilisent des leurres comportementaux pour louer ou pénétrer un vagin. Mais cet appât est une escroquerie car il ne réfère pas à un sentiment intime. Il se contente de déclencher une émotion, pour la financer ou la manipuler, sans tenir sa promesse émotive.

Le « truc » de don Juan tracasse beaucoup les hommes qui voudraient bien connaître la recette. La mésaventure de cette femme permet de comprendre que si don Juan parvient à leurrer les femmes aussi facilement, c'est qu'il leur sert ce qu'elles attendent : gaîté et légèreté. « L'abuseur de Séville » n'abuse que parce qu'il amuse.

L'espace intime des femmes.

Le stade ultime des comportements de cour est l'accession à l'espace intime des femmes. Le plus intime, bien sûr, c'est celui qui est situé sous la peau, dans l'espace interne de la personne. Pour accéder à cet espace, il y a des voies d'accès naturelles. Cela n'empêche pas qu'au moment de l'acte amoureux, de l'implosion sexuelle, les partenaires se serrent très fort et souvent même enfoncent leurs ongles ou mordent l'autre pour mieux réaliser cette pénétration. Ces morsures ou ces griffures amoureuses s'observent dans toutes les espèces où la pénétration constitue l'acte sexuel. On ne se mord pas dans les espèces où la fécondation par voie externe ne nécessite pas la pénétration. Cet espace interne devient un lieu hyper-signifiant. L'émotion qu'on y ressent fournit un socle biologique à nos représentations. On imagine qu'on va se loger chez quelqu'une et la manière dont on envisage de s'y loger fournit un excellent marqueur de nos modes relationnels. Certains hommes imaginent une pénétration douce, un accueil confortable et chaleureux. Les morsures sont remplacées par des jeux de bouche, les griffures par des caresses. D'autres qui préfèrent la griffe et la dent ont une pénétration qui ressemble à une effraction. Je veux dire que, observer une relation sexuelle, c'est observer la structure de notre inconscient.

L'autre espace intime, c'est la peau, le contact, sous les vêtements, sur les cheveux, sur les lèvres, sur les lieux du corps signifiant l'intimité. On peut poser sa main sur l'épaule ou l'avant-bras de notre voisine, mais il y a peu d'autres endroits de son corps qu'on pourrait toucher en toute amitié. Poser sa main sur les seins de sa voisine risquerait de prendre un sens différent, issu de la fonction de ce lieu du corps.

Il n'y a pas d'espèces vivantes qui permettent d'accéder directement à ces lieux. Il faut toujours des rituels d'interaction pour réduire les espaces et permettre l'accès à ces lieux d'intimité, très investis par nos émotions et nos significations.

Les martins-pêcheurs connaissent bien cette question. Au moment de la parade sexuelle, le mâle prépare le nid, puis s'en va chercher femelle. Les chants d'approche permettent un repère spatial à grande distance. Quand la proximité est réduite il faut abandonner les signaux acoustiques pour passer aux signaux visuels plus proches. Le mâle cherche des objets colorés, fruits, feuilles, morceaux de verre, bouts de plastique ou détritus qu'on trouve au bord des rivières. Il les ramasse et les dispose devant la femelle. Il s'agit peut-être d'une fonction esthétique permettant de provoquer une émotion chez la femelle, en tout cas, elle observe attentivement les objets colorés que le mâle dépose devant elle au point de ne plus percevoir les autres informations du monde extérieur et, d'objet en objet, elle se retrouve au nid. Là, les partenaires vont passer au stade ultérieur du langage spatial, à une plus grande intimité, bec à bec et corps à corps avant l'accouplement.

Cette utilisation de la biologie de l'espace, cette information sensorielle portée par un espace mathématique de plus en plus rétréci permet de canaliser les partenaires vers l'intimité.

Lorsque les couples humains deviennent proches, après avoir subi les contraintes géographiques, sociales, puis vestimentaires, ils en arrivent au stade de la synchronisation des mouvements, la « synkinésie » [27]. La disposition du corps et des membres dans l'espace dessine une série de postures signifiantes. Supposons que l'homme adopte une posture de sollicitation érotique envers la femme. Mettons qu'il se dispose près d'elle, avance la tête en l'inclinant, et tende discrètement une main vers elle. Puis, arrêt sur image, il s'immobilise.

La femme, face à cette disposition posturo-spatiale, peut fermer l'espace du couple ou l'ouvrir.

Pour le fermer, il suffit de détourner les genoux en dehors de l'axe qui se dirige vers l'homme, de regarder ailleurs, de croiser les bras ou de mettre une main devant son visage. Cette posture qui ferme l'espace du couple permet au courtisan de ressentir qu'il ne pourra pas passer à la séquence suivante du comportement d'approche.

La femme, au contraire, peut diriger ses genoux vers le courtisan, orienter son visage vers lui et tendre une main dans sa direction. Si elle ouvre les bras, ce geste devient suffisamment signifiant pour que l'homme comprenne que l'espace le plus intime lui est ouvert.

Toutes ces postures véhiculent une émotion et une signification qui permettent la synchronisation du couple.

Ces comportements signifiants d'ouverture ou de fermeture spatiale continuent à s'exprimer pendant l'acte sexuel. Un tiers des hommes se plaint d'éjaculation mal synchronisée avec le plaisir de sa partenaire, éjaculation prématurée la plupart du temps. Mais le même éjaculateur précoce peut devenir éjaculateur retardé avec une autre partenaire. Souvent, la femme partenaire de l'éjaculateur prématuré, ferme les cuisses au moment où elle sent monter son plaisir.

Si l'on admet que ce comportement est signifiant, on peut demander à quoi il réfère, quel sens la femme attribue à cette émotion.

« Au moment où mon mari me fait jouir, je le déteste, car le plaisir qu'il me donne risque de me soumettre à lui, je ne veux rien lui devoir *. » « J'ai peur des plaisirs violents qui risquent de m'envahir. J'ai peur de perdre le contrôle de moi et de laisser échapper des pulsions affreuses d'agressivité ou de recherche de plaisir que je ne pourrais plus contrôler *. » « J'ai peur de me transformer en bête à plaisir *. » « Je ne supporte ce plaisir violent que s'il est parfaitement codifié, comme dans l'extase religieuse ou dans la mise à mort d'un taureau lors d'une corrida *. »

Une sprinteuse du sexe disait : « Jouir du rythme imposé par mon mari, c'est me soumettre à lui, comme ma mère a été soumise à mon père. Alors, j'accélère le mouvement pour en finir et je serre les jambes tant l'angoisse du plaisir qu'il me donne m'incite à le rejeter. Quand c'est vite fait, je me sens soulagée et déçue *. »

Les partenaires de ces femmes-là seront éjaculateurs prématurés, alors qu'avec d'autres femmes, plus douces, moins angoissées par le plaisir, ils manifesteront une cadence sexuelle plus longue. Le symptôme éjaculation prématurée de cet homme devient la conséquence de l'histoire de cette femme.

Mais les hommes n'échappent pas non plus à la signification que l'histoire de leur vie attribue à leurs comportements.

Certains sont éjaculateurs prématurés, quelle que soit la partenaire. Quand on les aide à élaborer l'attribution du sens qu'ils donnent à la pénétration dans une femme, on entend le même type de verbalisation en langage masculin : « Si une femme se laisse pénétrer, elle va me donner un tel bonheur que je serai prêt à tout faire pour elle, me laisser dominer par son plaisir. Si elle me rend heureux, je deviendrai son esclave. J'ai autant besoin d'une femme que de ma liberté. J'adore les deux. L'éjaculation précoce me permet de pactiser avec les deux besoins contraires. C'est un comportement de négociation *. »

On est maintenant en mesure de comprendre les étonnantes rencontres de couples à contrat névrotique, l'étonnante répétition de certains mariages.

Les couples à contrat névrotique.

Les filles d'alcooliques s'attachent au père qui les fait tant souffrir. Elles voudraient tant qu'il cesse de boire. Il est si gentil quand il n'a pas bu. Ces filles-là subissent d'abord la pression du quartier où elles vivent. Leur choix se porte sur un petit lot d'hommes peu socialisés. Parmi ceux-là, elles en repèrent un dont la pancarte éthologique signifie « je suis si gentil quand je ne bois pas ». C'est un langage qu'elles connaissent. Elles entendent ces signes, s'en émeuvent et fantasment : « Moi je saurai l'empêcher de boire. Mon amour réussira, là où a échoué ma mère ! Je le changerai *. »

Le choix du partenaire est fondé sur un fantasme réparateur, à la place de la mère. Le partenaire « idéal » est repéré au travers des contraintes sociales et éthologiques. Voilà pourquoi les filles d'alcooliques épousent si souvent des jeunes hommes alcooliques. Elles sont canalisées vers eux par un ensemble de forces fantasmatiques, sociales et comportementales. Ces femmes diront plus tard : « J'aurais mieux fait de me casser une jambe le jour où je l'ai rencontré. » Elles ne savent pas que si elles s'étaient cassé une jambe ce jour-là, le hasard des rencontres les aurait amenées à choisir, un autre jour, un autre homme, si gentil quand il ne boit pas.

Ces couples à contrats névrotiques sont fascinants : les toxicomanes, les impulsifs, les anxieux, les dépressifs, se rencontrent entre eux avec un pourcentage significatif. Pour ces personnes, l'attrait est homophile : les anxieux sont choqués par les non-anxieux qu'ils appellent « inconscients », les impulsifs, agacés par les « mous ». Ils créent, en se mariant, le milieu le plus favorable au développement de l'impulsivité de leurs enfants.

Certains contrats de mariage sont complémentaires, par exemple entre masochistes et paranoïaques [28]. L'esthétique masochiste – velours, tentures aux couleurs chaudes, corps nus sous les fourrures –, se cogne à la froideur paranoïaque, à sa phobie du toucher, dont la grande politesse est la manifestation. L'homme paranoïaque se lève quand sa femme entre dans la pièce. Il la pénètre sans une parole, sans une chaleur, mais garde avec elle une extrême correction. Fidélité à toute épreuve car les femmes ne l'intéressent pas. Ces deux personnes créent un couple à espérance de vie longue et froide. Le masochique, secret et chaleureux, a évité d'épouser son partenaire d'amour, pour ne pas s'y soumettre. Il a épousé cette femme soignée, correcte, raide dans ses émotions et ses comportements.

Ces deux partenaires vivent dans des mondes psychiques distants et incompatibles. Leur contrat de mariage, indissoluble, leur permet tout de même de tisser un lien d'attachement fortement tressé entre deux personnes qui ne savent pas vivre ensemble, comme deux bagnards enchaînés dont l'un danserait en silence au côté d'un pantin glacé.

Souvent les mélancoliques épousent des personnes dépourvues d'émotivité. Le moins sensible du couple mène sa petite vie inaffective, d'autant plus tranquillement que le mélancolique du couple, du fait de sa culpabilité permanente, a pris en charge tous les soucis. Il s'occupe de tout, gère les corvées, règle les problèmes jusqu'au moment où, vingt ans plus tard, épuisé par ses sacrifices permanents, il s'effondre en pleurant. Il reproche à son partenaire d'avoir pris la bonne part du couple et de lui avoir laissé toute la souffrance. Cet effondrement mélancolique, souvent déclenché par le départ des grands enfants, était pourtant écrit dans le contrat de mariage, dès les premiers gestes de leur rencontre, vingt années plus tôt.

Beaucoup de femmes terrorisées par la domination masculine épousent un homme falot, donc rassurant.

Longtemps plus tard, elles lui reprochent d'être un homme minable, alors que justement, elles l'ont épousé pour cette raison-là !

Avec l'épanouissement actuel des femmes, on voit apparaître un nouveau couple : la femme hautement diplômée, intelligente, active et timide qui choisit un homme peu diplômé, plus petit et si possible transparent. Elle est très gentille avec lui, douce et tolérante avec cet homme qu'elle n'aime pas. Cet « hypogamie », ce choix d'un homme « sous elle » s'est réalisé grâce à des repères éthologiques. Mais l'origine de ce choix s'enracine dans l'histoire de cette femme désireuse de refroidir ses relations affectives, pour ne pas répéter sa mère... pour ne pas se laisser dominer... pour préserver son indépendance. Ces fantasmes motivants se fondent sur les empreintes inconscientes acquises par cette femme au cours de son développement.

Finalement, l'opinion qui affirme que l'attrait sexuel est essentiellement physique se trouve confirmée. Mais il faut ajouter que ce corps est atteint parce qu'il est signifiant. Ce corps provoque l'attrait sexuel parce qu'il est porteur d'une foule de signaux.

Dans une espèce génétiquement grégaire, un individu ne peut vivre seul. Quand il parade, c'est le corps social qui s'exprime dans cette parade.

Dans le monde vivant, l'espace et les objets sont utilisés comme une véritable sémantique biologique, où volumes, sonorités, couleurs et postures deviennent des objets signifiants. Ces communications sensorielles permettent la transmission d'un message et la synchronisation d'un désir.

Quand on survole les comportements de cour à travers le monde vivant, on a l'impression que l'espace est énorme : tous les congénères d'une même espèce sur la planète pourraient s'accoupler.

Presque aussitôt, les contraintes canalisent les partenaires. Contraintes géographiques : les goélands paradent sur une même plage et les humains dans un même quartier. Contraintes sonores : les appels, les cris, les chants facilitent la reconnaissance à grande distance. Chants d'animaux, rythmes musicaux qui possèdent un grand pouvoir d'éveil érotique chez les taureaux et dans les boîtes de nuit.

A plus courte distance, apparaît la contrainte visuelle. Les canards se courtisent entre porteurs de plumes colorées qui caractérisent une sous-espèce. Les goélands anglais ne paradent jamais devant les goélands marseillais : ils ne poussent pas leur cri de triomphe avec le même accent ! Ces signes différents possèdent une force sélective qui permet aux partenaires de ne pas courtiser un animal d'un autre groupe social, quoique de même espèce.

Puis l'espace se réduit. La proximité des partenaires permet désormais la synchronisation des désirs. Le travail émotionnel est rendu possible grâce aux offrandes alimentaires, aux couleurs stimulantes, aux postures et aux mouvements évocateurs.

Enfin, les partenaires accèdent à l'espace intime. L'odeur, la chaleur, le toucher d'abord fugace, de plus en plus confiant, permettent d'arriver au lieu des lieux où la sexualité prend son aspect le plus intense, le plus abouti, le plus précis.

Si l'autre est beau, c'est qu'il est permis. Il se place à la bonne distance, génétique et affective.

Je dois éprouver pour elle un sentiment de beauté physique. Son corps doit déclencher l'attrait, ses vêtements ses cheveux, son maquillage et ses gestes doivent exprimer une foule d'informations sur sa manière de se socialiser et de penser. Car érotiser c'est révéler notre manière de chercher le bonheur et de jouer à vivre. Si elle n'érotise pas comme il me plaît, c'est que je ne suis pas son partenaire adéquat.

Le joli mouvement de sa robe, son maquillage naturel ou colorié, ses chaussures austères ou maniérées permettent en un clin d'œil de percevoir un indice très pertinent du plaisir qu'on aura à vivre ensemble. La robe fendue, le décolleté, les bijoux, les gestes et tout ce qui permet d'érotiser possède une fonction sociale d'harmonisation du couple, repéré dès la première interaction. Ce flash indique l'être qu'on va rencontrer, son discours social et son projet d'existence. Tout l'inconscient éthologique de cette femme s'exprime par ses canaux de communication sensoriels. En regardant sa robe, en respirant son parfum, en s'étonnant devant ses bijoux, en un flash éthologique, l'admirateur recueille infiniment plus de renseignements qu'avec un long discours. D'autant qu'il est difficile de dire avec des mots ce qu'on peut exprimer avec ses cheveux, ses vêtements et ses gestes.

Le choix du partenaire est une décision très peu individuelle. Les contraintes sociales nous poussent d'une manière vigoureusement légale vers un lieu où converge le tout petit groupe des éligibles.

Là, le hasard nous fait rencontrer la merveille des merveilles. Sa pancarte éthologique, ses signifiants esthétiques, sa manière de s'habiller, de se décorer et de mettre en actes ses paroles réduisent encore la proximité spatiale.

Tout près d'elle, la danse, la vocalité, la sensualité de sa voix, de son parfum, l'éclat de ses yeux, la dilatation de ses pupilles et ses postures signifiantes réduisent encore l'espace et le balisent aussi sûrement que des panneaux routiers.

Désormais, on est contre elle, on la touche, on s'y caresse. Nos désirs se synchronisent. Il ne reste plus qu'un tout petit lieu à investir pour arriver au point zéro de l'espace, à cette cavité virtuelle en elle, pour atteindre la fusion, l'explosion intime et tout ce qui va s'ensuivre et donner sens à notre existence.

NOTES

1. Eibl-Eibesfeldt I. (1972), *Ethologie. Biologie du comportement, op. cit.*
2. Ruffié J. (1985), *Le Vivant et l'humain,* Le Centurion.
3. Carrayon J. (1964), « Les Aberrations sexuelles “ normalisées ” de certains hémiptères Cimicoïdea », *in Psychiatrie animale,* Desclée de Brouwer, pp. 283-294.
4. Ruffié J. (1985), *Le Vivant et l'humain, op. cit.*

5. MORRIS D. (1978), *La Clé des gestes,* Grasset.
6. *Ibid.*
7. GARAPON A. (1987), « La Culture dangereuse », *Le Groupe familial,* n° 114, I.
8. EYSENCK H. et M. (1985), *L'Esprit nu,* Mercure de France.
9. GIRARD A. (1981), *Le Choix du conjoint,* PUF., confirmé par les cahiers de l'I.N.E.D., 1988.
10. SUTTER J., communication personnelle.
11. Q.I. = mesure du quotient intellectuel.
12. GIRARD A. (1981), *Le Choix du conjoint, op. cit.*
13. Idée développée dans le chap. : « Mort au sexe ».
14. DESCAMPS M. A. (1979), *Psychosociologie de la mode,* PUF.
15. GOODALL J. (1971), *Les Chimpanzés et moi,* Stock.
16. HRDY B. (1984), *Des Guenons et des femmes,* éd. Tierce.
17. ARGYLE M. (1982), « La Communication par le regard », *La Recherche,* n° 13, p. 132.
18. Expérience de HESS E. *in* MORRIS D. (1978), *La Clé des gestes, op. cit.*
19. JOURARD S. *in* EYSENCK H. et M. (1985), *L'esprit nu, op. cit.*
20. HARLOW H. F. (1972), *Love Created, Love Destroyed, Love Regained, op. cit.*.
21. ANZIEU D. (1985), *De la peau à la pensée,* Clancier-Guénaud.
22. Colloque de psychiatrie militaire, *Post-adolescence et société* (1989), hôpital Laveran, Marseille, janvier.
23. ARGYLE M. (1982), « La Communication par le regard », *art. cit.,* p. 132.
24. LANGANEY A. (1979), *Le Sexe et l'innovation,* Seuil.
25. DESLANDRES Y. (1978), *Le Costume image de l'homme,* Albin Michel.
26. EVERTS R. (1986), « Psychologie de la prostitution », *Cahiers Sex.,* vol. 12, n° 73.
27. SPIEGEL et MACHOTKA, cités *in* CORRAZE J. (1980), *Les Communications non verbales,* PUF.
28. ENRIQUEZ M. (1986), *Aux Carrefours de la haine,* Épi.

MORT AU SEXE

L'impuissant heureux.

« Impuissant ! Enfin ! Libéré de la tyrannie de mon sexe. Libre... libre. L'amour m'a enchaîné aux femmes. Je renonce au sexe avec joie, pour ne plus me sentir surveillé, responsable, obligé. Le prix de l'amour c'est la prison. Je préfère la liberté *. »

La première fois que j'ai entendu ce discours tenu par un homme jeune, j'ai été surpris tellement ces propos paraissaient éloignés des mots qui composent nos discours habituels.

J'ai commencé à en parler autour de moi, et entendu, en réponse : « C'est très étrange mais très rare », avec, ensuite, l'inévitable discours sur la force du sexe, levier obligé de la vie sociale.

Jusqu'au jour où une consultante a amené à mon cabinet son amant devenu impuissant. C'était son beau-frère. Après la défaillance sexuelle de son mari, elle avait pris pour amoureux son frère qui, quelques mois plus tard, devenait impuissant à son tour. En discutant avec ces deux personnes, j'ai appris que chaque fois que l'amant manifestait une érection, sa partenaire lui disait : « Regarde-moi ça ! Regarde un peu dans quel état tu te mets *. »

« ... Pourquoi volais-je à ses rendez-vous la plupart du temps décevants ? Il faudrait demander aux autres femmes. Je crois, justement, qu'il nous séduisait parce qu'il ne nous aimait pas ! Perversité de notre part ? Mais non. Goût de la liberté ! Personne ne vous laisse plus libre que les hommes qui ne vous aiment pas [1] *... » La littérature trouve les mêmes mots, bien que ce mystère-là y soit peu débattu : on peut aimer ne pas être aimé et tirer de cette absence d'amour un sentiment de liberté, une légèreté de l'être.

La question est dans l'air du temps, témoins les sondages qui commencent à s'y intéresser. En 1986, une enquête du *Point* demande à ses lecteurs quelles sont les valeurs de leur existence : la musique, le sport, la famille et la réussite sociale viennent en tête. Le sexe ne remporte aucune médaille, il ne monte même pas sur le podium puisqu'il n'arrive qu'en sixième position pour 86 % des Français ! Je sais bien que les sondages n'explorent que le conscient. Il s'agit d'une vérité partielle. Mais enfin, on peut dire que la majorité pense comme mon impuissant heureux.

Une même question court à travers les paroles de saint Paul, des troubadours, de Simone de Beauvoir [2] et de mon impuissant heureux : il faut choisir entre la prison amoureuse et la liberté angoissante.

L'évitement de l'inceste chez les animaux : Oedipe-Oie.

Pour répondre à cette question en termes éthologiques, je voudrais raconter l'histoire « d'Œdipe-Oie ».

Avant la guerre de 40, Konrad Lorenz partageait avec des oies cendrées le château des Romberg, dans la Ruhr.

Il fallait vivre chaque jour avec les oies, les connaître depuis leur naissance et les situer dans leur généalogie, pour observer que Napoléon, jars dominant, refusait de s'accou-

* Les notes du chapitre commencent p. 256.

pler avec Lola Montès sa mère. Napoléon ne tendait pas son cou, ne criait pas le triomphe, ne paradait pas autour de Lola pourtant motivée pour la sexualité.

Au contraire même, il rentrait la tête, faisait silence et évitait sa mère dès qu'elle apparaissait. Il reprenait son comportement de phallocrate triomphant dès qu'une autre femelle le côtoyait.

Cette publication fut faite en 1936. Elle n'a pas été entendue parce que le contexte social se préoccupait d'autres problèmes que de celui de l'inhibition de l'inceste chez les oies cendrées.

Il a fallu attendre Jane Goodall, en 1970, pour reprendre cette observation en milieu naturel. Cette jolie blonde a vécu dix ans en Tanzanie dans une tribu de chimpanzés où elle avait trouvé une place de « chimpanzé honoraire ». Elle respectait les rituels de soumission en exposant son derrière, elle effectuait des offrandes alimentaires, elle détournait son regard et exprimait le code gestuel qui permet de se coordonner dans le groupe. En échange, les chimpanzés la considéraient comme une femelle dominante. Ils venaient quémander de la nourriture, voler ses carnets de notes et se faire épouiller [3].

Cette situation d'observation a permis à Jane Goodall d'assister à la naissance de Flint, fils de Flo, et de décrire les jeux sexuels des petits chimpanzés, leur simulacre de monte génitale et leurs explorations périnéales, leur perversion polymorphe, en quelque sorte. Quelques années plus tard, quand Flint devint pubère, elle observa qu'il s'intéressait aux callosités fessières de toutes les femelles, mais dès que sa mère apparaissait, Flint se recroquevillait, détournait le regard et se cachait la tête entre ses bras.

Jane Goodall a décrit aussi les réactions d'une jeune femelle qui acceptait tous les mâles mais poussait des cris perçants dès que son frère apparaissait.

A partir de cette époque ont été publiés d'innombrables textes décrivant les comportements qui permettaient de ne pas réaliser l'inceste chez les animaux en milieu naturel : les hylobates, les gorilles et les entelles [4], les macaques à face rouge [5].

Le recensement des espèces qui ne réalisent pas l'inceste [6] et la description des processus qui composent cet évitement montrent que les espèces à fort taux d'endogamie n'existent pratiquement pas. Les seuls animaux qui pratiquent régulièrement l'inceste sont les animaux à taux de reproduction élevé, les animaux domestiques soumis aux décisions de l'éleveur, et les animaux de zoo contraints par de graves amputations écologiques. Autant dire un très petit nombre d'animaux dénaturés parmi toutes les espèces naturelles.

La quasi-inexistence d'accouplements consanguins chez les singes confirme le caractère naturel de l'évitement de l'inceste [7]. Les grands mâles quittent spontanément le groupe où ils ont été élevés pour tenter l'aventure dans un groupe voisin. Ce curieux phénomène de l'émigration au moment de la maturité sexuelle [8] empêche les rencontres incestueuses.

Chez les babouins, les mâles émigrent entre cinq et neuf ans. Chez les chimpanzés, ce sont les femelles qui quittent la famille dès leur premier œstrus.

Une hypothèse commence à prendre forme dans ce magma d'observations naturelles. Elle renforce la vieille hypothèse de Westermark, cet historien spécialiste du mariage : « L'évitement de l'inceste résulte du sentiment d'aversion associé à l'idée du commerce sexuel entre gens ayant vécu dans une relation d'intimité, longtemps persistante et datant d'un âge où l'action du désir était naturellement hors de question [9]. »

Attachement et période sensible sont les deux concepts qui permettent de répondre à la question posée par Westermark en 1908.

Pour ce qui nous intéresse, je propose de classer ces informations en trois thèmes :

– l'empreinte oriente le choix sexuel [10] ;

– l'attachement inhibe le désir ;

– le désir sexuel s'oriente sur un objet situé entre cette double contrainte.

Les expériences d'empreintes sont très faciles à réaliser. Il y a des espèces merveilleuses pour cela, telles les poules et les canards qui, au cours de leur développement, manifestent une période sensible précise : entre la treizième et la seizième heure après leur naissance, ces animaux s'attachent à n'importe quel objet autour d'eux. Avant la treizième heure, ils se déplacent au hasard. Après la seizième heure, ils suivent de moins en moins l'objet. Entre la treizième et la seizième heure, tout objet devient objet d'attachement [11]. Ils le suivent, l'appellent, se blottissent contre lui pour dormir et ne mangent qu'en sa présence. L'objet d'attachement le plus probable, celui qui se trouve présent près du petit canard, lors de cette grande sensibilité, c'est la mère.

Cette période sensible correspond à un stade de la maturation neuro-biologique, moment où l'organisme sécrète beaucoup d'acetyl-cholinestérase, enzyme qui constitue le socle biologique de la mémoire [12].

Les observations longitudinales montrent que ce caneton manifeste avec son objet d'empreinte des jeux sexuels sans accomplissement [13]. Après la puberté, il inhibe cette orientation sexuelle vers son objet d'attachement et la déplace vers un autre objet qui porte les caractéristiques morphologiques de cet objet d'attachement, mais qui n'est pas cet objet d'attachement. Par exemple, un babouin pubère courtise une femelle qui ressemble à sa mère, mais inhibe tous comportements sexuels envers sa propre mère.

Après que l'éthologue eut observé chez les entelles (singes gris à longs bras de l'Inde du Nord) l'évitement de l'inceste en milieu naturel [14], une relation éducative créée intentionnellement a obligé à vivre ensemble dans une singerie, un mâle et une petite femelle. Le « père » s'est attaché à l'enfant et l'a éduqué maternellement. Les pratiques éducatives de ce « père comportemental » ont été différentes : le père était plus joueur et moins toiletteur qu'une femelle, mais le développement de la petite entelle a été convenable. Le père et sa fille se sont attachés : ils se tenaient à proximité, se regardaient, s'appelaient, se toilettaient et se faisaient d'incessantes offrandes. Jusqu'au jour où le premier œstrus de la petite femelle a désorganisé la relation père-fille. Les deux animaux se sont figés, chacun dans un coin de la cage, cessant tout échange.

Un petit macaque mâle, enlevé dès sa naissance, a été placé près d'une autre mère [15]. Cela n'est pas difficile car, friandes d'adoption, les femelles cherchent à se voler les bébés, à les attirer, à les séduire [16]. Les comportements d'attachement entre ce petit mâle et sa mère adoptive sont intenses, mais lorsque apparaîtront les périodes sexuelles, les deux animaux s'éviteront.

En revanche, quand un petit mâle adopté est mis en présence de sa mère biologique qui ne l'a pas élevé, il s'accouple avec elle... et ne se crève pas les yeux. En ce sens, Œdipe avait bien respecté la loi biologique : il ne pouvait pas inhiber sa sexualité envers Jocaste puisqu'il ne savait pas que c'était sa mère et n'avait pu développer avec elle le lien psychobiologique de l'attachement.

Lucy, une femelle chimpanzé âgée de quelques mois, avait été adoptée par un psychothérapeute [17]. L'attachement avec l'animal fut intense. Lucy poursuivait son père adoptif dans la salle de bain et adorait jouer avec ses organes sexuels. Mais dès son premier œstrus, elle évita la salle de bain, se recroquevilla dans un coin et menaça le psychothérapeute quand il voulut la caresser.

De cette série d'observations naît une proposition : l'empreinte précoce met en mémoire une trace qui orientera les émotions sexuelles, bien plus tard, quand les hormones activeront ces traces.

Le tissage de l'attachement qui inhibe la sexualité avec l'objet d'empreinte oblige au « déplacement du désir » : l'objet sexuel ne peut être l'objet d'empreinte.

L'éthologie animale nous informe qu'en milieu naturel, il n'y a pas d'endogamie : la règle, c'est l'inhibition de l'inceste. En milieu expérimental, la manipulation consiste à créer un attachement qui permet de prédire l'inhibition de l'inceste entre les deux animaux attachés.

D'après cette théorie, il suffirait de diminuer l'attachement entre un fils et sa mère, pour permettre l'inceste.

Un primatologue [18] a ainsi provoqué des conflits d'éducation entre un fils et sa mère en multipliant les situations compétitives. Plus tard, lors de l'époque des motivations sexuelles, il a pu observer que le fils et sa mère avaient des relations sexuelles.

Un autre primatologue a employé une méthode plus douce : il a atténué l'attachement en séparant souvent le fils et sa mère et en proposant à ces deux animaux de nombreux substituts d'attachement [19]. Il a ainsi favorisé les relations sexuelles entre les fils et leurs mères.

L'organisation sociale du groupe participe au processus de l'inhibition de l'inceste et le conflit des générations joue un rôle important dans le choix du partenaire sexuel. Chez les gibbons, l'adolescence est difficile. Les jeunes mâles sont repoussés, chassés en périphérie du groupe. Là, ils expriment une sonorité, une sorte de chant qui caractérise leur état de jeune mâle solitaire et disponible. Les femelles, très intéressées par ce chant, s'approchent du mâle et lui répondent. Peu à peu, le mâle change de sons et de rythme pour s'adapter à ceux de la femelle. S'exprime alors un véritable duo qui permet de repérer, lors des chants, la synchronisation des partenaires.

Il se trouve qu'un déséquilibre dans l'histoire familiale peut perturber ces forces qui contraignent à l'évitement de l'inceste. Dans un groupe familial de gibbons, le mâle dominant avait disparu. Les jeunes n'ont pas été repoussés en périphérie. Alors, on a pu observer des accouplements avec la mère. La présence menaçante du mâle dominant obligeait les jeunes à courtiser ailleurs.

Ces singes incestueux nous proposent l'hypothèse qu'il existe un ensemble de contraintes biologiques, historiques et sociales qui constituent un champ de forces visant à faire éclater le groupe familial. La disparition d'une seule de ces forces inhibe moins l'inceste : lorsque ne se tisse pas l'attachement, lorsque la mère ne se détache pas de son petit, lorsqu'un mâle n'assume pas sa fonction séparatrice, l'inceste devient réalisable.

La boucle est bouclée : l'attachement inhibe l'inceste, tandis que l'empreinte oriente les préférences sexuelles.

Nous avons proposé, lors d'un colloque en 1983 [20], qui réunissait des anthropologues et des primatologues autour de l'idée, entre autres, de « la transmutation de l'ordre biologique en ordre symbolique », de distinguer l'inhibition de l'inceste et son fondement psychobiologique, de l'interdiction de l'inceste et son fondement énonciatif. Jusqu'à ce que surgisse l'idée qu' « inceste » n'était qu'un mot qui référait à la représentation d'une relation sexuelle [21]. L'interdit était arbitraire et sans rapport avec la biologie.

Il est un fait que le biologisme a existé bien avant la biologie : la Loi mosaïque interdisait l'inceste « même sang, même chair, même os » ; le pape Grégoire VI, au VIe siècle, justifiait l'interdit de l'inceste en évoquant « les tares héréditaires transmises par l'inceste [22] », bien avant que les petits pois de Mendel ne démontrent les premières lois de l'hérédité. Il n'y pas si longtemps, les Anglais nommaient « inceste » toute relation sexuelle entre un homme et sa belle-sœur. Les Chinois nomment encore inceste toute relation sexuelle entre deux personnes qui portent le même nom. La biologie n'est pas concernée par cet interdit ; il s'agit d'une loi verbale, d'un énoncé qui organise et balise les choix sexuels d'un groupe humain.

Quand le macaque s'accouple avec sa mère parce qu'il a été séparé d'elle, on a beau lui dire qu'il a réalisé un inceste, il ne se crève pas les yeux pour autant ! Mais quand le devin Tirésias apprend à Œdipe qu'il a fait quatre enfants à sa mère, le fils incestueux supporte si mal cette connaissance qu'il se crève les yeux et s'enfuit avec sa fille, Antigone, dans les faubourgs d'Athènes. Éthologiquement parlant, il ne pourra pas avoir de relations sexuelles avec sa fille, puisqu'il s'y est attaché au cours de l'éducation. Alors qu'il a pu avoir des relations sexuelles avec Jocaste, sa mère, avec laquelle il n'avait pu tisser le lien de l'attachement puisqu'elle ne l'avait pas élevé ! La loi psychobiologique naturelle avait bien été respectée, ainsi que la loi énonciative prononcée par Tirésias. Œdipe n'avait pu inhiber son désir pour cette femme, mais il s'est senti terriblement coupable d'avoir transgressé une loi verbale.

Nous avons compris que ce qui est inhibé entre le macaque et sa mère, entre Œdipe et Antigone, ce n'est pas l'inceste, c'est le désir !

L'inhibition du désir dans les couples longs.

Les problèmes qu'Œdipe-Oie pose en clinique humaine sont totalement différents : il s'agit de l'inhibition du désir qui ne constitue qu'un versant de l'inceste. Inhibition du désir fils-mère, mais aussi inhibition du désir dans les couples à longue durée, voire dans toute relation affective durable qui permet le tissage de l'attachement.

« Cet amour si vrai, si profond peut n'avoir rien d'érotique. Il arrive à l'homme d'aimer profondément une femme qui lui est indispensable, mais pour laquelle il n'éprouve aucun désir érotique... il est capable de faire l'amour avec toutes les femmes du monde, sauf la sienne [23]. »

Cet amour non érotique dont parle Francesco Alberoni, c'est l'attachement. Si le sociologue s'était intéressé à la sexualité des macaques, il aurait compris qu'il désignait par le mot « amour », deux sentiments de natures différentes et incompatibles : l'amour et l'attachement [24].

L'amour est toujours à l'état naissant. Élation collective à deux, qu'il s'agisse de l'amour maternel, de l'amour de Dieu, hyperconscience d'un seul sens – l'autre moi – d'une seule fusion, d'une seule communion ; extase hypnotique, ce sentiment intense fonde la représentation et alimente l'imaginaire.

Alors que l'attachement, insidieux, se tisse au quotidien. Dans le non-conscient, jour après jour, il marque son empreinte. Geste après geste, il tranquillise jusqu'à l'engourdissement et n'émerge à la conscience que le jour de sa perte : « Je ne savais pas à quel point je l'aimais. J'avais tant besoin de lui... je ne sentais même plus sa présence qui aujourd'hui me manque tant *. »

De l'extase amoureuse au tranquille attachement, le verbe aimer désigne deux sentiments de natures différentes et de fonctions incompatibles. L'amour hyperconscient mène à sa propre mort, puisqu'il ne peut que naître, et que son espérance de vie ne dépasse pas quelques mois [25]. Moins de 15 % des couples prétendent dépasser quelques années d'amour : « La chose semble impossible car l'amour naissant est un état de transition [26]. »

La surprise amoureuse s'oppose au tissage du lien.

Le sexe et l'amour font bon ménage puisque même dans l'amour de Dieu, l'érotisme est diffus. Dans l'amour maternel, l'amour n'est pas encore génital, mais les tout premiers gestes sont déjà très sexualisés puisqu'on ne s'adresse pas à un bébé-garçon de la même manière qu'à un bébé-fille [27].

Plus un lieu du corps est source d'émotion, plus il est investi de significations. Freud expliquait que les enfants au stade oral sont très émus par l'orifice buccal, par les objets qu'on y met, par les gazouillis qu'ils en sortent. Plus tard, la maturation neuropsychologique leur permettra d'investir l'anus, un autre orifice, et d'en faire un marqueur de relations. Ce qui en langage adulte se dira avec les mots « j'ai peur de me laisser aller, de perdre mon contrôle, de laisser sortir de moi des choses ou des paroles honteuses ». Ces paroles peuvent s'entendre, elles peuvent aussi se voir lors des comportements d'offrande : retenir ses gestes amicaux, s'angoisser parce qu'on reçoit un compliment, ou couvrir de cadeaux l'ami qu'on veut posséder.

Freud a décrit le stade phallique, parce qu'un pénis est plus facile à observer qu'un clitoris. Alors qu'il aurait dû parler du stade vaginal, puisque la communication se fait par les orifices.

Un mélancolique qui n'a plus la force d'érotiser n'investit plus les orifices. Il ne ressent plus le plaisir de manger, ni de parler. Les paroles deviennent pour lui des sonorités dépourvues de sens. L'orifice anal se bouche, il devient constipé. Quant au fondement des femmes, ce n'est plus un lieu d'émotion, c'est un trou qui mène à un creux. Les mélancoliques, en perdant leurs plaisirs d'orifices, ne peuvent plus donner de sens à leurs sens : « Cette poussée des fesses était, sans aucun doute, un peu ridicule. Si l'on est femme, et si l'on participe à toute cette histoire, cette poussée des fesses de l'homme est suprêmement ridicule [28]. »

Ainsi parlait Lady Chatterley quand elle était mélancolique et frigide. Le mouvement des fesses d'un homme provoquait alors une représentation grotesque. Mais plus tard, quand l'amour naissant a investi cet orifice et l'a chargé d'érotisme, le mouvement des fesses est devenu signifiant de pénétration, de fusion, de communion amoureuse. Cette grande émotion a alimenté la représentation sacrée du sexe et le mouvement des fesses a cessé d'être grotesque, pour devenir métaphysique.

L'attachement tranquillise et l'émotion intense provoque souvent l'angoisse. Ce qui permet de considérer le sexe – actes et paroles –, comme un des meilleurs repères de l'interaction fantasmatique : « Plus mon mari me fait jouir, plus je le déteste... j'aime tellement jouir que plus il me fait jouir, plus je me soumets et je déteste me soumettre *. » Après chaque orgasme, après chaque étreinte, cette femme comblée sentait monter l'angoisse : « Je suis prête à faire ce qu'il veut, tant je désire à nouveau ressentir cette émotion. Le salaud, en me rendant heureuse, il va me soumettre comme mon père a soumis ma mère *. » Et ce conflit venu de l'inconscient de cette femme s'exprimait par un déplacement : « Tu laisses encore traîner tes chaussures *... »

Lors des étreintes suivantes, cette femme a fait beaucoup d'efforts pour ne pas jouir. Malheureusement, l'orgasme montait en elle car elle était douée..., et le drame recommençait ! Jusqu'au jour où, de sabotages sexuels en paroles maladroites : « Regarde dans quel état tu te mets... encore !... Bon, d'accord, mais fais vite », le mari a fini par espacer ses rendez-vous sexuels.

Le sprint sexuel de sa femme exprimait par des comportements, ce qu'auparavant elle avait dit avec des mots : « Allez hop !... et qu'on en finisse *... »

Le plaisir n'a pas son sens en lui-même, c'est notre histoire qui attribue un sens à cette émotion organique.

Une autre histoire édifiante m'a été racontée par une vendeuse de fruits et légumes. Bousculée par un mari hypersonore, hyperactif, hyperdévoué, elle souffrait d'angoisses. Cet homme faisait tout : le marché, la cuisine, le travail, l'amour et les papiers. Pour le supporter, elle prenait des tranquillisants.

Un jour, il a perdu connaissance. A son réveil à l'hôpital, il ne parlait plus et ne se comportait plus de la même manière. Un scanner a montré deux petits trous dans les lobes frontaux. Au cours d'un accès d'hypertension, un suintement d'hémorragie cérébrale avait provoqué une véritable lobotomie. Il est devenu inerte, paisible, sans projet ni émotion. Les phrases de son discours ont perdu leur musicalité. Cette lobotomie ne lui permettait plus d'intégrer assez de temps pour faire des phrases longues. N'anticipant plus, il ne faisait plus de projet. Il parlait dans ses phrases comme il se comportait dans la vie.

Sa femme a pris le gouvernement du ménage. Elle disait : « Il est devenu inerte, docile, impuissant, enfin l'homme de mes rêves ! * » Elle a cessé de prendre des tranquillisants.

Ce balancement des couples, entre l'érotisme angoissant et la tranquillité engourdissante, mène à des stratégies sexuelles qu'on note souvent dans les histoires de vie. Pour contrôler l'angoisse provoquée par l'intensité des pulsions, il faut dissocier le sexe et l'amour. « Je peux m'envoyer en l'air avec des hommes médiocres, car ils sont neutres pour moi. Donc, je m'envoie en l'air et j'évite l'amour... En rentrant chez moi, il y avait sur mon palier un petit bouquet de muguet. Ça m'a fait très mal parce que c'est avec cet homme-là que j'aurais aimé être au lit. Mais, l'intensité du désir que j'avais pour cet homme m'aurait fait perdre la tête *. »

Amère victoire. La gestion de la sexualité gouverne la biographie : « Dès l'âge de dix-huit ans, j'ai été angoissée par la violence de mes désirs. J'ai découvert que j'étais capable de me donner au premier homme venu, de faire des bâtards comme l'a fait ma grand-mère, de me mettre en position de fragilité sexuelle. Ne pas avoir de désir, c'est ne pas se soumettre, être libre, en position de force... Désormais, l'amour me pèse. J'ai toujours envie de vivre... Je ne regrette pas d'avoir souffert d'amour, mais aujourd'hui, j'ai besoin de vacances affectives *. »

La première violence amoureuse, celle de l'adolescent, lui donne la force de quitter sa famille pour tenter de vivre ailleurs. Cette flambée participe au travail de l'inhibition de l'inceste qui incite les jeunes à courtiser ailleurs que dans leur famille. Mais quand l'arrachement familial a été effectué, le bénéfice de la violence amoureuse devient moins évident : « ... J'aurais pu tuer mon amant ou me tuer. J'ai donc fait échouer tous mes amours-passions pour épouser un homme rassurant, sans passion. Je ne pouvais pas l'aimer... je pouvais donc l'épouser *. »

La première violence amoureuse facilite l'arrachement à

sa famille d'origine. Mais plus tard, lorsque survient une deuxième violence amoureuse, le risque se répète. Des hommes et des femmes peuvent saccager leurs enfants, leur métier, leur maison pour se laisser emporter par l'orage amoureux : « Je suis sans cesse amoureuse. A trente ans, cet état incessant empêche toute sérénité, toute stabilité, tout attachement, toute maternité. A force d'être amoureuse, je ne peux faire aucun projet d'existence. Je ne sais ni qui je suis ni où je vais *. »

L'extinction amoureuse est alors souhaitée comme un soulagement. Ces couples fonctionnent mieux quand l'amour s'éteint : « Quand le sexe marchait on se disputait sans cesse. J'avais tant de désirs que c'est moi qui demandais toujours. Il me mettait à son palmarès. T'as vu, hein, t'as vu!... Je me laissais caresser, mais je serrais les dents et je ne pensais à rien... Il est devenu impuissant... ça va mieux entre nous. Maintenant on se parle. Ma fille va mieux, elle est plus gaie. La sexualité empoisonnait notre couple *. »

Il y aurait donc un bénéfice à tuer l'amour ?

Les femmes qui renoncent à l'amour se socialisent mieux selon les démographes, on trouve la plus forte proportion de femmes célibataires dans la population de femmes à hauts diplômes. Un nouveau mode de choix du partenaire [29] vient d'apparaître : des femmes hautement diplômées, souvent jolies, choisissent un homme plus petit, silencieux et moins bien socialisé.

Les hommes, quant à eux, profitent de cette extinction de l'amour pour se désocialiser : « La sexualité a saccagé ma vie. Mon impuissance a supprimé mes angoisses... Je ne suis pas fait pour travailler. Pour se lever le matin, il faut désirer une femme. Moi, je ne veux plus me lever. La vie sexuelle et la vie professionnelle sont trop liées. Le sexe est hors de prix *. »

Une stratégie adaptative semble se développer : la tendresse. A la question suivante : « Si l'homme que vous avez choisi vous enlaçait tendrement sans aller jusqu'à l'acte sexuel, cela suffirait-il à vous satisfaire ? », sur 100 000 réponses, 72 % de femmes disent oui [30]. Ces femmes proposent un acte sexuel sans plaisir : « Je connais bien le viol, vous savez... je suis une femme mariée *! » Ou bien : « Si un inconnu me traitait comme me traite mon mari, je le ferais emprisonner... Après il est apaisé... tant qu'il fait ça avec moi, il ne le fait pas avec une autre... Je veux bien qu'il ait des relations sexuelles avec une autre femme, mais je ne veux pas qu'il lui apporte sa paie *. »

Beaucoup de femmes donnent à leur mari une fonction maternante. L'apaisement du corps à corps est réservé au mari. L'amant seul aura droit à la pénétration : « Quel dommage que mon mari soit porteur d'un pénis. Il gâche tout ça *. »

Voilà ce que signifient les 72 % de femmes qui souhaitent simplement être enlacées. Une sexualité diffuse évite le désir angoissant et le remplace par une tranquillisante tendresse : « J'ai besoin de mon mari, de sa présence affectueuse, j'aime le sentir près de moi, le regarder, le toucher comme ma fille. Quand il n'y a pas de risque sexuel avec mon mari je me sens protégée. Mais dès qu'il commence à tourner autour de moi il m'agace, je m'arrange pour ne pas le regarder. Je lui parle sèchement, je lui dis des choses tristes... j'ai besoin d'un homme, mais j'aimerais tant un homme impuissant *. »

Les hommes aussi commencent à souhaiter cet amour-tendresse. La dévaluation du phallus a supprimé les expressions comme : « Je suis un homme, moi, monsieur ! » On entend plutôt aujourd'hui : « Depuis que je suis impuissant, j'ai redécouvert la tendresse, le sentiment merveilleusement doux que la violence de mes désirs sexuels effaçait, soufflait comme un orage. Je retrouve, comme dans mon enfance le doux plaisir, intensément doux de regarder une femme, son visage, ses gestes, ses bijoux, le dessin de ses yeux... A l'époque de mes désirs je ne voyais que ses seins et ses fesses *. »

L'attachement, prescrit dans la violence amoureuse, mène à l'apaisement des désirs. Sa durée et sa proximité suffisent à expliquer le phénomène de l'extinction du désir. Le processus psychobiologique décrit dans les couples mère-enfant se répète dans les couples à longue durée. Cette inhibition du désir qui provoque le conflit des générations chez l'adolescent provoque l'engourdissement du désir et la facilitation de l'agressivité dans les couples longs.

Heureusement, Roméo et Juliette sont morts après leur mariage, sinon leur amour-passion aurait viré au pot-au-feu. Pour entrer dans le mythe il faut mourir : Shakespeare ne sait pas raconter les allocations familiales ni les problèmes de fin de mois.

« C'est confortable d'épouser un homme qu'on n'aime pas... L'amour sexe, l'amour passion, c'est ailleurs, dans la fièvre, la souffrance, l'exaltation. Heureusement qu'on n'est pas amoureuse de son mari... pour mieux s'en servir, le faire travailler, ne pas s'y soumettre, le maintenir à distance *... » L'excès d'attachement engourdit les sens, comme tout bon tranquillisant. Trop d'amour mène à l'arrachement, à la désorganisation de soi, à l'angoisse parfois. Entre les saccages de l'amour et l'anesthésie de l'attachement, la scène de ménage permet peut-être de trouver la bonne distance [31].

Puisque l'empreinte oriente nos choix sexuels et que l'attachement engourdit nos désirs, tout couple à longue durée doit connaître la même évolution. La flambée amoureuse est brève, mais elle permet l'ajustement fantasmatique. Arrive l'attachement, avec sa sécurité affective et son engourdissement sexuel. La belle étrangère reste stimulante, même si elle est moins belle que sa propre femme, car elle connaît la bonne distance, elle. C'est pourquoi une aventure extra-conjugale réveille souvent l'amour intra-conjugal..., au risque du saccage amoureux.

Dans un couple à longue durée, se répète le même processus que celui qui a mené à l'inhibition de l'inceste entre les parents et les enfants.

Les jeunes mariés sont encore en voie de développement quand ils se marient : la synaptogenèse cérébrale continue jusqu'à vingt-vingt-cinq ans, la personnalité reste longtemps malléable et l'aventure sociale reste à inventer. Ils sont en devenir quand l'amour permet à chacun de marquer son empreinte en l'autre.

Puis l'attachement se tisse jour après jour, geste après geste, ce qui permet « à deux êtres de supporter ensemble les difficultés qu'ils n'auraient jamais eues s'ils ne s'étaient pas mariés [32] ».

Le lien se renforce et le désir s'éteint.

Quand le lien se renforce, le désir s'éteint.

Jusqu'au XIXe siècle, les couples avaient une espérance de vie de quinze ans : à peine le temps de se marier, de tomber enceinte treize fois par vie de femme, de mettre au monde 6 enfants, d'en mener moins de 4 à l'âge adulte. La mort emmenait à son tour l'un des deux conjoints. L'énormité de l'enjeu sexuel, l'amputation de l'existence des adultes, le risque mortel et la nécessité de prendre ce risque pour la survie, ajoutaient une connotation d'angoisse et de culpabilité. On retrouve cette notion de faute mortelle dans toutes les religions et pas seulement dans le monothéisme judéo-chrétien : les cultures d'Océanie, soi-disant tolérantes, ont tout de même inventé le tabou, le sexe qui condamne à mort !

Le sexe nouveau vient d'arriver dans des couples qui, aujourd'hui, ont une espérance de vie de cinquante ans : l'attachement prend son temps pour inhiber le désir. On assiste à la naissance d'un nouveau conflit : un conjoint très amoureux en dehors du couple légal, demeure profondément attaché à son partenaire légitime. Ces sentiments sont tellement dissociés qu'il arrive qu'on tombe amoureux sans s'attacher, comme cela se voit lors des amours de vacances. On peut aussi s'attacher sans jamais avoir été amoureux, comme dans ces couples mariés par les parents.

Cette dissociation explique l'amour de la deuxième chance, ces deuxièmes couples, leur forme relationnelle et leur émotion différente. Ce qui est frappant dans ces deuxièmes couples, c'est l'amitié, la tendresse et la séduction permanente qui persiste, alors qu'elle disparaît dans les premiers couples trop rapidement familiers. Ces couples qui se forment après un divorce sont plus distants, plus autonomes car les partenaires y sont plus aboutis : « Quatorze ans après mon remariage, nous nous donnons rendez-vous dans un petit restaurant qui fait partie de nos circuits amoureux. Je suis attentive à lui, je m'applique à bien lui parler, à bien sentir ce qu'il sent *. »

Parfois même, lorsque ces premiers couples se séparent et prennent un peu de distance, l'attachement persistant les réunit de temps à autre : « Depuis qu'on est divorcés, ma femme s'habille, fait un effort pour me plaire. On arrive même à parler ensemble. On part en vacances. On est très amis depuis qu'on est divorcés *. » Cette stimulation par la bonne distance explique pourquoi la sexualité est plus vive et plus épanouie dans les couples où les deux partenaires travaillent, alors qu'elle s'engourdit plus tôt dans les couples où la femme reste au foyer.

Une enquête [33] a montré que 70 % des couples estiment que leur second mariage est plus heureux que le premier, mais qu'il a une tonalité différente : relations sexuelles plus intenses, émotion quotidienne plus douce. 20 % de ces seconds couples ont répété le scénario de leur premier mariage (comme cette femme qui, trois fois de suite, a épousé un homme qui par la suite est devenu homosexuel).

Au mariage amoureux qui se déroule dans un paroxysme imaginaire, s'oppose le mariage tiède, doux et distant qui oblige à l'attention et à la séduction permanente pour cet étranger-familier.

Les enfants supportent mal l'idée que leurs parents font l'amour. Que la scène primitive soit perçue ou imaginée, elle est souvent interprétée en termes de domination ou de combat : « J'en veux à ma mère d'éprouver du plaisir à se faire battre * », constitue l'interprétation la plus fréquente. Ou bien : « Quelle drôle de manière de battre ma mère. » Ou bien : « Vous faites encore l'amour, à votre âge... à trente-cinq ans * ! »

La sexualité intra-familiale provoque presque toujours une impression de gêne ou de dégoût. Au point que les jeunes qui éprouvent un plaisir de voyeur en regardant des films érotiques sont gênés quand il y a mélange de générations.

Interdiction d'érotiser en milieu d'attachement : les enfants aimeraient éteindre la sexualité de leurs parents. La scène primitive est rarement représentée comme un moment de poésie. Seuls les enfants angoissés par l'imminence de la séparation de leurs parents sont rassurés quand ils entendent les bruits de l'amour. Quant aux parents, gênés par les manifestations de la sexualité des enfants, ils disent : « Ils pourraient faire ça avec plus de discrétion. »

Il faut qu'il n'y ait ni désir, ni plaisir intra-familial et surtout pas d'érotisation du quotidien. Pour que la famille soit facile à quitter, il faut fabriquer de la morosité familiale : « Chez moi, je me laisse aller, je démissionne. A l'extérieur je suis obligé d'être aimable. Chez moi si on se tait, j'accuse mes parents. A l'extérieur, si on se tait, je me remets en cause *. »

On retrouve dans la relation parents-adolescents, le même type d'engourdissement affectif que dans l'inhibition de l'inceste, ou dans l'extinction du désir des couples longs. Le bénéfice de cette morosité intra-familiale, de cet engourdissement affectif est la création d'une situation qui oblige à l'aventure sociale [34].

L'enlèvement des femmes se pratique beaucoup moins. Les princes charmants sont au chômage et les fiers coursiers n'ont plus de prix : « Je me suis mariée pour quitter ma famille * », est une illusion féminine encore fréquente. Il faut éteindre toute érotisation intra-familiale pour que le jeune trouve un bénéfice à tenter l'aventure sociale. Il doit exprimer sa libido, ailleurs.

Quand l'environnement écologique et l'organisation sociale constituent des forces répressives, (dangerosité du milieu ou difficulté du travail), la famille tiède et ronronnante prend sens et fonction de milieu protecteur. On s'y trouve en sécurité alimentaire et on y interdit le risque amoureux pour mieux y connaître la régression sécuritaire.

A l'inverse, quand le milieu écologique et l'organisation sociale offrent des circuits épanouissants la famille prend sens et fonction d'un lieu de répression et de morosité.

Ce mode de raisonnement systémique explique pourquoi le conflit des générations était si fréquent et si douloureux dans les années 70, alors que les enquêtes sociologiques récentes [35] soulignent son atténuation depuis l'aggravation du chômage, la crise du logement et la sélection dans les universités : la famille redevient une valeur-refuge.

La mort, c'est la vie. Aucune histoire n'ignore le deuil. Et dans ces moments-là, l'érotisme change de sens.

Dès 1922, Karl Abraham, dans une lettre à Freud, écrivait : « J'ai l'impression qu'un grand nombre de personnes présentent, peu après une période de deuil, un accroissement libidinal. Celui-ci se manifeste dans un besoin sexuel accru et semble conduire peu après un décès, à la conception d'un enfant. » Récemment, Maria Torok remarque : « Cet accroissement libidinal se fait avec honte, étonnement. »

J'ai voulu vérifier cette impression clinique et recueillir des informations mieux organisées. Sur une population de 100 personnes interrogées après un deuil, je n'ai pas noté de changement significatif des performances sexuelles. L'acte persiste, à peine diminué, mais le sentiment qui l'accompagne change beaucoup. L'acte sexuel s'accomplit sans jeux, sans paroles, sans gaieté, sans érotisme. Plusieurs patients endeuillés m'ont expliqué qu'ils pleuraient pendant l'acte sexuel. Le sexe prend, dans ce contexte, une fonction tranquillisante. La femme pleure et éprouve un grand apaisement à se sentir étreinte. L'homme pleure, et sans un mot serre sa partenaire contre lui.

Le sexe en deuil.

Triste sexe en deuil, mais pas mort du sexe. Mort de l'érotisme seulement. Préparer un repas pour deux et décorer la table de façon à signifier qu'après le repas il y aura un événement, une fête sexuelle, permet de changer le sens de la cuisine. Ce sentiment de fête, de gaieté complice qui érotise et change le sens du repas quotidien n'a pas le droit d'exister dans un sexe en deuil.

Un homme qui souhaiterait, après l'enterrement de ses parents, érotiser par un jeu sexuel déclencherait une sensation de malaise pervers qui risquerait d'induire une inhibition sexuelle. Alors que dans les mêmes circonstances, une sexualité grave, une étreinte intense donneront à l'orgasme un sens sacré. Il faut tuer l'érotisme pour que le sexe se charge d'une fonction tranquillisante, précieuse après un deuil.

Tristan est mort. Son amour transi et son érection inoxydable ne séduisent plus Isolde.

Un petit sondage auquel je me suis livré a révélé : « Le sexe, ça me dégoûte (20 %), ça m'angoisse (30 %) ou ça ne vaut pas le coup (ça ne vaut pas le coût ?). » Globalement, il m'a semblé que 50 % de la population serait favorable à la mort du sexe.

Ces dernières années, on a beaucoup donné la parole au sexe : on a entendu un sexe malade, un piston grippé, triste, avachi, apeuré, déçu, exaspéré de ne pas réaliser des performances olympiques.

Dans l'histoire du sexe, ce sont les candidats à la mort du sexe qui ont beaucoup pris la parole et alimenté les plus forts mouvements culturels. Le mysticisme et son balancement avec l'érotisme, la religion qui permet de séparer l'amour de Dieu et la reproduction, ces longs discours où le sexe se faufile entre la culpabilité et les règles sociales, ont enfanté des créations artistiques et de graves études sur le sexe. Le fondement des femmes fondait le monde et seul un phallus pouvait y pénétrer. Un phallus, pas un pénis.

Quand la sexualité s'est désacralisée elle est devenue divertissement trivial, lutte contre l'ennui. « Le cul des femmes est monotone » disait Maupassant qui avait fait de cet antre sacré, une boîte à jeux. La dévalorisation du phallus a soulagé bien des hommes car sa cotation en bourses avait fait grimper les prix. Une véritable inflation !

Mais en se désacralisant, la sexualité a développé son pouvoir de socialisation. La mort du désir intra-familial offre la possibilité de créer sa propre aventure d'existence. Pour courtiser ailleurs, pour vivre ailleurs, pour fonder sa propre famille, il faut quitter la sécurité de sa famille. Pour créer sa famille d'alliance, il faut se séparer de sa famille d'origine.

Le bénéfice de l'inhibition de l'inceste qui oblige à déplacer son désir se révèle dans la création d'une existence éveillée, d'une aventure sociale et affective. Le bénéfice psychologique qu'on tire à tuer le plaisir intra-familial est donc énorme.

Les adolescents réussissent régulièrement cette bonne affaire, eux qui savent par leur morosité quotidienne détruire le plaisir intra-familial, alors que le moindre événement extérieur les comble de joie et les rend charmants.

Plus tard, quand on a réussi à quitter sa famille d'origine pour fonder sa famille d'alliance, on trouvera encore un bénéfice à tuer l'amour. La flambée amoureuse apporte la force nécessaire à l'arrachement familial, mais quand le couple s'est formé, cette même force amoureuse et son pouvoir d'arrachement deviennent un risque. Il convient d'éteindre la flamme pour construire une sécurité affective et de mettre en place un projet d'existence qui donnera aux enfants un cadre permanent et sécurisant où ils se développeront... jusqu'à la contrainte.

La mort du sexe, c'est aussi le moyen le plus naturel pour la régulation des naissances, le seul admis par l'Église. Ensuite il conviendra de tuer l'érotisme, de supprimer le plaisir du jeu et les activités exploratoires, les coquineries et les complicités. L'attachement fera le reste, et le sexe enfin pourra s'éteindre dans la plus tranquille affectivité.

Je prévois donc la publication prochaine de livres intitulés « Comment cesser de jouir en 48 heures » « Libérez-vous de la tyrannie du désir », « Comment rendre votre mari impuissant en deux temps et trois mouvements. »

Quand le sexe était sacré, on méprisait le corps. En devenant social, le sexe a trop coûté. Heureusement que l'amour ignore ces raisons et que ce joli moment pathologique d'un être humain normal nous arrache à ces lois pour créer de l'existence.

Que la vie serait paisible sans amour, tellement paisible, tellement tranquille... et si triste.

NOTES

1. CHAPSAL M. (1986), *La Maison de jade*, Grasset.
2. BEAUVOIR de S. : « Le mariage multiplie par deux les corvées sociales... je voyais combien il en coûtait à Sartre de dire adieu à sa liberté. » *La Force de l'âge*, Gallimard, 1960.
3. GOODALL J. (1971), *Les Chimpanzés et moi*, Stock.
4. IMANISHI K. (1961), « The Origin of Human Family : a Primatological Approach », *Japanese Journal of Ethnology*, 25, pp. 119-130.
5. ITANI J. (1972), « A Preliminary Essay on the Relationship Bet-

ween Social Organisation and Incest Avoidance in Non Human Primate », *in Primate Socialization*, Poirier, Random House, New York.

6. BISCHOF N. (1978), « Ethologie comparative de la prévention de l'inceste » *in* Fox R., *Anthropologie bio-sociale,* éd. Complexe.

7. DEPUTTE B. (1985), « L'Evitement de l'inceste », *Nouvelle Revue d'ethnopsychiatrie,* n° 3, pp. 41-72.

8. VIDAL J.-M. (1985), « Explications biologiques et anthropologiques de l'interdit de l'inceste », *Nouvelle Revue d'ethnopsychiatrie* n° 3, pp. 75-107.

9. WESTERMARK F. *in* GUNTHER F.K. (1952), *Le Mariage, ses formes, son origine,* Payot.

10. BOWLBY J., (1978), *Attachement et perte,* PUF.

11. Idée développée dans le chap : « De l'empreinte amoureuse au tranquille attachement. »

12. CHAPOUTHIER G. (1987), « Des molécules pour la mémoire », *La Recherche,* n° 192, octobre.

13. VIDAL J.-M. (1979), « L'Empreinte chez les animaux », *in La Recherche en éthologie,* Seuil.

14. ITANI J. (1972), « A Preliminary Essay... », *op. cit.*

15. Observation réalisée par STEMMLER-MORATH (1975).

16. THIERRY B. et ANDERSON J.R. (1985), *Mécanismes de l'adoption chez les primates. Rôles de l'adopteur et de l'adopté,* Université L. Pasteur, Strasbourg.

17. Observation réalisée par TEMERLIN M. (1975).

18. SADE D.S. (1968), « Inhibition of Son-Mother Mating Among Free-Ranging Rhesus Monkeys », *Science and Psychoanalysis,* n° 12, pp. 18-38.

19. MISSAKIAN A. (1972), *Genealogical and Cross Genealogical Relations in a Group of Free-Ranging Rhesus Monkeys on Cayo Santiago Primats,* 13, pp. 169-180.

20. Colloque organisé par l'Institut de Sexologie (Marseille-Lyon-Genève). Étaient invités M. Godelier, A. Langaney, J.-C. Fady et J.-M. Vidal. Notamment la communication de J.-M. Vidal autour de certaines théories biologiques et éthologiques de l'articulation attachement-sexualité et de la limitation des accouplements consanguins. Interrogations quant à la spécificité du tabou de l'inceste dans sa dimension symbolique de l'interdit (Groupe génétique et comportement, C.N.R.S., 10 juin 1983).

21. GODELIER M. au colloque C.N.R.S., 1983.

22. BOUDAILLE J.-C. (1974), *Les Enfants issus de la relation incestueuse,* thèse de médecine, Nancy.

23. ALBERONI F. (1987), *L'Erotisme,* Ramsay, p. 233.

24. C'est l'idée que soutiennent Harlow le primatologue et Bowlby le psychanalyste.

25. SUTTER J.-M. et POINSO M. (1978), *Psychopathologie du couple,* PUF.

26. ALBERONI F. (1981), *Le Choc amoureux,* Ramsay.

27. MILLOT J.-L. et FILIATRE J.-C. (1986), « Les Comportements tactiles de la mère à l'égard du nouveau-né », *Bulletin d'écologie et éthologie humaines,* vol. 5, n°s 1-2, novembre.

28. LAWRENCE D.H. (1967, réédition) *L'Amant de Lady Chatterley,* Albin Michel.

29. Girard R. (1980), *Le Choix du conjoint*, PUF.-Cahiers I.N.E.D.

30. Enquête réalisée par Anne Landers (1986) pour *Paris-Match*, 1987.

31. Chartier J.-P. (1986) « Scène de ménage ou trompe-l'œil », *Nouvelle Revue de psychanalyse*, n° 34.

32. Morris et Vidal G. (1985) *La Fiancée de Lucky Luke*, Dargaud, p. 46.

33. Enquêtes CIRES (1987).

34. En tenant compte du fait que l'adolescence est un phénomène produit essentiellement par notre civilisation occidentale du XXe siècle. Chamboredon J.-C. (1985), *Adolescence et post-adolescence : « La juvénisation »*, PUF.

35. Delestre A. (1986), Université de sociologie, thèse, Nancy II.

TROISIÈME PARTIE

SANS ATTACHES

ENFANTS POUBELLES, ENFANTS DE PRINCE

« Vous ne soupçonnerez jamais le sentiment d'orgueil que j'éprouve, du fond de ma poubelle, à n'avoir ni père ni mère ! »

Orgueil et poubelle : l'essentiel est dit.

Les plus beaux romans familiaux ont été écrits par des enfants sans famille : *Oliver Twist, David Copperfield*, Hector Malot, *Les Deux Orphelines* et, récemment, Jean-Luc Lahaye [1] *. Seuls les enfants qui se sont développés dans une famille peuvent dire : « Familles, je vous hais. » C'est une phrase de luxe, parce que, pour haïr une famille, il faut en avoir une !

Au moment où l'évolution de la culture occidentale remet en cause la famille, peut-être est-il intéressant d'observer la

* Les notes de ce chapitre commencent p. 281.

situation clinique, quasi expérimentale, des enfants privés de famille.

A travers leurs comportements, comme dans toute méthode expérimentale, on peut évaluer la fonction familiale en observant les effets de la privation [2]. On peut aussi écouter leurs fantasmes, entendre la manière dont cette privation organise la représentation de soi et gouverne une part importante des réactions, des décisions et des histoires de vie.

En 1828, ce lundi de Pentecôte, il faisait beau à Nuremberg. Un jeune homme de seize ans apparut. Sa posture était tellement maladroite qu'il ne savait pas marcher. Il ne savait pas parler non plus. Il parvenait juste à bredouiller quelques stéréotypes, de consonances germaniques « woas nit... woas nit » ou « peuta waehn... peuta waehn » [3]. Il fut donc enfermé à la porte Vestner qui servait de lieu de réclusion pour les condamnés de droit commun. Là, il fut nourri, abreuvé et observé.

L'observation de Kaspar Hauser en 1828 parle de l'observateur plus que de l'observé.

Je crois qu'il est important de citer quelques éléments d'observation pour rappeler à quel point l'observation n'est pas une perception neutre. C'est un acte de création qui parle beaucoup plus de l'inconscient de l'observateur que du sujet observé.

Kaspar Hauser, puisqu'il se nommait ainsi, fut conduit au capitaine de 4e escadron du régiment de chevau-légers de Nuremberg. L'observateur fut donc militaire : « On simula des passes et des estocades dans sa direction, à l'aide d'un sabre nu, pour contrôler ses réactions. Il resta impassible. On déchargea vers lui un pistolet ou quelque autre arme à feu... il ne sembla pas non plus soupçonner le moins du monde qu'on puisse lui vouloir le moindre tort. »

Plus tard, le docteur Osterhausen rédigea un rapport, dans le langage médical de son époque, caractérisé par l'impérialisme anatomique : « ... Chez Hauser, le tendon de la rotule est divisé et les deux tendons des muscles vastes, interne et externe, longent séparément la jambe de part et d'autre du tibia pour s'attacher sous le tubercule du tibia. »

Alors, le professeur Daumer, connu pour sa bienveillance

et son « cœur humain », fut appelé à la rescousse. On le chargea de l'instruction de l'infortuné jeune homme. Le professeur dressa une riche table, avec des viandes et beaucoup de bière, puis força Kaspar à tout avaler. Le jeune homme s'endormit aussitôt, repu et saoulé. Le bon professeur nota alors « ... sur cette brute animale, un bien curieux effet de la viande ».

Au début du XXe siècle, deux fillettes, qu'on supposait avoir été élevées par des louves ont été recueillies par le pasteur anglais Singh et sa femme. Les descriptions posturales ont montré que les enfants couraient à quatre pattes et, pour manger, plongeaient la tête dans l'assiette. Amala mourut, mais Kamala s'attacha à la femme du pasteur. Dès cette période, la petite fille âgée de dix ans, s'appliqua à marcher debout, en imitant sa personne d'attachement.

Le premier regard organisé sur les enfants abandonnés a été porté pendant la guerre de 40 par Anna Freud [4] qui décrit une fillette recueillie à l'âge de deux ans. Celle-ci est extrêmement dépressive et anorexique. Elle pleure sans cesse et n'abandonne ses activités de tournoiement que pour exploser très violemment à chaque tentative de relation affectueuse. Vingt-cinq ans plus tard, quand Anna Freud la rencontrera, cette fillette sera devenue une jeune femme jolie, épanouie, qui lui paraîtra parfaitement équilibrée.

L'impossibilité de se raconter : le roman familial des enfants sans famille

Tous les enfants sans famille doivent un jour affronter l'impossibilité de se raconter. Le simple fait d'avoir connu un début d'existence dans un milieu sans structure a créé des situations, des faits, des événements qui paraissent invraisemblables et insupportables aux adultes. Par exemple, quand l'enfant raconte qu'il a dû vivre seul pendant quatre mois d'hiver, qu'il a dormi dans la rue jusqu'à l'âge de cinq ans, quand il raconte qu'il a été nourri par un groupe de clochards qui le forçaient à boire du vin puis qu'il a été recueilli par la famille la plus riche du village et qu'un soir, soudain, il a été chassé de son lit tiède parce que ce bon monsieur a cru le racontar de la voisine qui accusait l'enfant de lui avoir volé un billet de 100 francs... les adultes ne peuvent y croire! Ces enfants ne sont pas intégrés dans les structures affectives, familiales et sociales habituelles. Tout ce qui leur arrive sort du commun. Et pourtant, Oliver Twist, Hector Malot et Jean-Luc Lahaye racontent la même histoire!

Les adultes réagissent de trois manières.

Par la gourmandise sadique : ils posent une foule de questions sur la sexualité, le viol, la brutalité, le vol..., et le petit sent que cet homme éprouve du plaisir à le considérer comme un déchet humain. Alors l'enfant se tait.

Par l'incrédulité moralisante : l'adulte bien socialisé, normal, donc amputé ne peut croire ces aventures. On n'entend pas de telles histoires dans son monde. Elles l'angoissent un peu. Alors, pour s'apaiser et se défendre, l'adulte dit à l'enfant : « Tu n'as pas honte d'inventer des histoire comme ça. » Il ajoute : « Tiens, voilà 10 francs, va t'acheter des bonbons pour te récompenser d'avoir inventé de si belles histoires. » Alors l'enfant se tait.

Par l'indifférence glacée : l'adulte surpris, désorienté, ne veut pas faire de mal à cet enfant mais, pour contrôler son malaise, il choisit de geler ses émotions. Parfois, il appelle cette réaction « neutralité bienveillante ». Ça n'est pas malveillant mais ça ne permet pas d'établir une relation. Alors l'enfant se tait.

Cette expérience, si souvent vécue par les enfants sans famille, crée un curieux sentiment : « Je suis un enfant-poubelle, donc je suis exceptionnel *. » La réaction des adultes leur enseigne une stratégie relationnelle particulière : « Pour parler avec un adulte, il faut lui servir ce qu'il attend, ce qu'il entend, mais au fond de moi, je sais qu'il y a une aventure terrible et merveilleuse, un beau roman que je vais me raconter. »

Ainsi, dès le départ de l'identité, dès que l'enfant peut se raconter sa propre histoire, un contresens relationnel entre l'enfant et sa culture se met en place. L'enfant silencieux devient bavard, l'enfant banal devient aventurier; il doit se construire comme un décor... pour devenir authentique.

Une utopie compensatoire gouverne l'histoire de vie des enfants sans famille. Tous les chercheurs ne partagent pas cet avis parce que la manière d'observer mène à des conclusions différentes. Certains pensent que les enfants sans famille ne révèlent pas de troubles majeurs [5] : idée surprenante quand on pense à ces histoires de vie étonnamment répétées, comme s'il existait un destin des enfants sans famille. Dans la littérature psychiatrique, la divergence disparaît : ces enfants ne manifestent pas plus de troubles psychotiques ou névrotiques que dans la population témoin, en revanche ils montrent presque toujours des troubles du développement narcissique [6].

Il faudrait plusieurs tomes pour décrire la souffrance humaine : la vingtaine de chapitres qui composent un livre de psychiatrie n'y suffisent pas. Mais si l'on propose qu'une forme vivante naît, se développe et se manifeste différemment, on comprend mieux comment cette structure s'exprimera lors de l'adolescence de tous les enfants sans famille par cette phrase folle : « Moi, je saurai rendre ma femme et mes enfants heureux ». Dans cette optique, les événements de vie des enfants sans famille évoquent la métaphore de la partie d'échec d'Anna Freud. Quand on lui parlait du déterminisme aliénant de la psychanalyse, elle répondait : « Les premières années de la vie sont comme les premiers coups d'une partie d'échecs, ils donnent l'orientation et le style de toute la partie, mais tant qu'on n'est pas échec et mat, il reste encore de jolis coups à jouer. »

Le dernier point qui va fonder nos observations d'enfants sans famille consistera à distinguer névrose et narcissisme. On peut formuler ainsi la stratégie d'existence du névrosé : « Comment satisfaire mon désir dans une contrainte triangulaire » ; ou bien : « Tout désir est coupable car, si je désire ma mère, mon père va me la couper. » D'où une stratégie échafaudée sur le refoulement. « Puisqu'il est coupable de réaliser mes désirs, je vais faire comme si je me soumettais à la loi qui m'interdit de les réaliser, mais je vais quand même faufiler mes désirs et les réaliser par voie détournée. Je vais épouser une femme qui évoquera ma mère. » Et voici comment s'organise une existence bâtie sur le refoulement : ayant épousé une femme « comme si c'était ma mère », arrive un jour où l'on a envie de la quitter comme on a quitté sa mère..., en y restant attaché. Et là, on souffre !

Le projet d'existence des enfants sans famille ne se formule pas comme chez les névrosés. Il ne s'agit plus de faufiler son désir dans un triangle interdit, mais plutôt de réparer l'escarre qui est à l'origine de leur histoire, pour oser enfin donner la parole au héros qui est à l'origine de leur personne.

La poubelle est à l'origine de leur histoire, parce qu'ils ont le souvenir de leur abandon, de leurs séjours en institutions, de ces ruptures incessantes qui empêchaient le développement de tout attachement. Ils ne peuvent confier ces blessures, car elles ne peuvent être entendues. En revanche, leur mentalisation autocentrée les ravive sans cesse : « Je peux me les raconter, un jour je les écrirai pour en faire une œuvre d'art [7]. »

Cette schématisation du projet de soi organise l'histoire de vie des enfants sans famille en deux chapitres : d'abord, réparer l'escarre, la blessure initiale en se faisant un nom. Quand cette mission sera accomplie, quand l'enfant se sera rendu présentable, il osera s'exposer au regard social, au regard sexué. Alors seulement, il partira à la recherche de ses origines.

Si bien que le travail d'identification de ce narcisse se fait tardivement. Il faut d'abord le réparer, le rendre convenable. La stratégie d'existence devient paradoxale et coûteuse : le narcisse autocentré n'ose réaliser ses désirs qu'après avoir intégré la société.

Il ne pourra devenir authentique qu'après avoir construit un faux soi, une personnalité « comme si ». Alors, les enfants sans famille deviennent avides de fantômes familiaux qui vont leur indiquer la voie. Ils trouveront toujours une voisine, une gardienne, un éducateur, un héros, un objet-souvenir qui leur permettra d'entendre un signe de la mère : « Elle voulait que tu sois chercheur d'or, ou prix Nobel de littérature, elle avait pour toi une ambition glorieuse. »

Du coup, le roman familial des enfants sans famille devient très différent. Les enfants familiarisés dévalorisent leur père réel, pour se donner un père imaginaire, plus glorieux. Les enfants sans famille, eux, ne peuvent pas faire ce travail de dévalorisation, car ils n'ont jamais connu le deuil.

Et comment faire le deuil d'un amour qu'on n'a jamais connu ? Comment ressentir la nostalgie d'un amour perdu, puisqu'on ne l'a jamais reçu ? On ne peut qu'idéaliser des parents parfaits. La Vierge Marie, carrément, et d'ailleurs « c'était ma mère. Mais ce n'est pas facile d'être le fils de la Vierge Marie. Il faut être parfait, travailleur et surtout fondateur. Il faut tout inventer puisqu'on n'a pas de modèle. Alors, je me raccroche au moindre indice qui pourrait m'orienter, faciliter ma tâche. Un jour, un administratif a dit que lorsque ma mère m'avait abandonné, elle avait laissé dans mes langes un anneau d'or (une alliance ?). Elle signifiait ainsi qu'elle désirait que je devienne riche : je jure que je deviendrai riche ! Je me jure de m'éblouir * ».

Les romans familiaux sont d'un style différent. L'enfant dénie son père réel pour entrer dans la lignée des héros qui lui rappellent le père idéalisé qu'il avait tant admiré [8]. Le narcisse autocentré des enfants sans famille doit tout imaginer. Il ne peut pas se fabriquer un objet transitionnel à partir d'éléments de réalité qui lui rappellent sa mère. Il doit inventer sa mère pour s'y affilier. Quel travail pour les rêveries diurnes !

Concernant les rêves nocturnes, j'ai noté souvent chez les enfants sans famille, « le rêve des parents sans tête ». L'enfant sans famille rêve un couple parental vêtu de noir conventionnel, mais « à la place du visage, comme dans les tableaux de Magritte, il y a un ovale creux, une lucarne sans figure : ce sont mes parents * ». Un enfant qui rêve de ses parents voit une figure qu'il aime ou déteste, un visage avec des limites, un gros nez et des petits yeux... Alors qu'un enfant sans famille n'a rien à mettre dans cette lucarne, c'est lui qui devra dessiner les traits de ces visages.

L'enfant écrit son roman dans le refoulement, dans la recherche du paradis perdu.

Il se développe dans l'univers de la faute puisqu'il a ressenti le désir interdit. Coupable dès l'origine, il doit expier.

Alors que le narcisse autocentré, lui, se développe dans l'univers de la honte. Il n'a jamais commis le crime de désirer sa mère. Il a parfois désiré sa nourrice, quelques rêves érotiques surprenants, tout au plus. Il en a eu conscience, mais il n'en a pas fait un complexe, comme Œdipe. Il ne ressent pas la faute, mais la honte au fond de lui-même.

Très souvent, ces enfants sans famille disent : « J'ai perdu mon père et ma mère, je n'ai jamais connu de famille et quand ma gardienne est morte à son tour, j'ai eu honte. Je suis celui par qui le malheur arrive. Autour de moi, tout meurt. J'ai honte d'être celui autour de qui on meurt. Il faut que je devienne celui par qui le bonheur arrive, celui qui donne la vie. Je vais donc me marier et faire des enfants. Moi, je saurai les rendre heureux *. »

Terrible utopie. Ce fantasme de réparation narcissique gouverne le premier chapitre des histoires de vie des enfants sans famille. Dans le deuxième chapitre, quand ils ont quarante ans, ils avouent : « Devenir celui par qui le bonheur arrive, je ne savais pas que c'était un désir morbide *. »

La stratégie d'existence de l'enfant familiarisé procède par refoulement, amnésie, acceptation des limites qui permet de supporter la faute originelle sans trop d'angoisse. Alors que la stratégie d'existence de l'enfant sans famille répète un destin très différent.

Si Anna Freud, René Spitz et John Bowlby ont pensé à observer en 1946 les enfants privés de mère, c'est parce qu'ils avaient une formation psychanalytique. Pour des raisons théoriques, ils ont pensé à chercher les racines très précoces du trouble qui s'exprimera vingt à trente ans plus tard [9]. Sachant que pour les bébés la parole est un mode d'expression encore imparfait, ces psychanalystes se sont transformés en observateurs comportementalistes, comme l'avaient fait auparavant Freud, Mélanie Klein, Ferenczy, Rank et bien d'autres.

Les observations directes des enfants sans famille.

Les premières observations d'enfants sans famille ont montré de très importants troubles des comportements. Le même scénario comportemental se répète invinciblement [10]. D'abord, les enfants protestent par des cris, des pleurs, des agitations et des appels. Puis, le désespoir se manifeste par une augmentation des activités autocentrées : regard baissé en silence, auto-manipulation de la tête, des mains, du sexe, balancements et auto-reniflements. Enfin, l'indifférence apparaît après une longue période d'isolement. L'enfant ne réagit plus aux stimulations alimentaires ou affectives. Les bébés se mettent à plat ventre, fesses en l'air et se laissent mourir. On oublie toujours de citer le quatrième stade qui est celui de la réparation. Plus la séparation est longue, plus l'amélioration sera difficile. D'autant que chaque enfant manifeste des réactions très différentes : certains enfants qui étaient insupportables deviennent adorables après une séparation. Malheureusement, on ne peut pas en faire une recette éducative, parce qu'on observe aussi souvent le contraire !

L'observation éthologique permet de formuler quelques lois générales [11] et d'affiner une méthode d'observation qui permettra d'obtenir des repères comportementaux. Ces comportements constituent des indices – reflets de l'état interne de l'enfant et conséquences de l'histoire de son développement dans son milieu.

Il se trouve que l'histoire qui précède le moment de la privation joue un rôle important dans cette biologie du comportement : les enfants qui résistent le mieux à cette privation, ceux qui persistent à solliciter des interactions en s'approchant, en souriant, en inclinant la tête, en vocalisant, en jouant, sont ceux qui, avant la perte, avaient tissé avec leur mère un attachement épanouissant [12]. Ainsi va la science : l'éthologie moderne décrit le contraire de ce qu'avait écrit R. Spitz en 1946. Lorsqu'il n'y a pas eu d'attachement initial, l'enfant ne peut supporter la moindre séparation. Il se désocialise en quelques heures après l'isolement et ne peut réorganiser ses comportements de sollicitation après la perte.

Il existe des familles closes où les comportements d'attachement, intenses, tiennent les partenaires à proximité du regard, de la parole ou du contact. Ils se racontent les mêmes histoires, débattent des mêmes problèmes, s'imitent en adoptant les mêmes stéréotypes gestuels, vestimentaires et verbaux. Ces familles closes, à haut niveau d'attachement, sont souvent des familles à transactions anxieuses. L'histoire et les comportements de ces familles sont organisés pour lutter contre l'angoisse. Il ne faut surtout pas devenir étudiant, cela risquerait de les séparer. Il faut habiter le même quartier, le même immeuble, organiser des rencontres, des rituels familiaux et des fêtes fréquentes pour renforcer la proximité.

Dans ces familles à transactions anxieuses, toute séparation prend valeur de perte, tout événement imprévu déclenche l'angoisse du non-familier.

Nous avons eu l'occasion d'observer dans une institution des enfants abandonnés entre deux et six mois avec d'autres enfants familiarisés que les parents donnaient à garder pendant la journée [13]. L'éthologue repère la personne d'attachement, en définissant et en comptabilisant chez les enfants les réactions à suivre, tendre les bras, chercher le regard, vocaliser, sourire, grimper sur les genoux, etc. [14].

Une fois les profils d'attachement répertoriés, l'éthologue observe deux événements inévitables : le départ de la personne d'attachement et son retour auprès de l'enfant.

Les enfants abandonnés ont manifesté des comportements d'attachement nettement plus intenses que les enfants familiarisés : de grandes angoisses devant l'étranger, de grandes détresses au départ de la personne d'attachement et de grandes joies à son retour.

Alors que les enfants familiarisés avaient acquis une stabilité : la sensation de permanence de l'objet extérieur qu'ils retrouvaient à heure fixe. Cette stabilité du monde extérieur, présentée par la personne d'attachement, constitue le socle biologique de l'identité, l'acquisition de la permanence, le sentiment du stable. Même quand la mère, les objets de la chambre ou le monde habituel se désorganisent, l'enfant sait qu'ils reviendront à heure fixe, et cette rythmicité extérieure le tranquillise et développe en lui ce sentiment de rester identique, quand l'environnement varie. Pour l'enfant familiarisé, le changement, l'étranger, le monde extérieur, deviennent alors des événements intéressants.

L'enfant sans famille, lui, vit dans un monde imprévisible. Il n'y a pas autour de lui cette rythmicité, ce retour de la même voix, de la même odeur, de la même chambre, de la même chanson qui développe en lui un sentiment de permanence. Tout changement le jette dans l'inconnu. Alors que l'enfant familiarisé s'y amuse, l'enfant sans famille s'y angoisse. Il doit partir en quête d'un objet tranquillisant ou d'un substitut d'attachement. Le seul objet stable, la seule permanence sensorielle est constituée par son propre corps. C'est sur cet objet qu'il va donc orienter ses activités autocentrées, ses balancements, ses tics, ses masturbations et plus tard sa mentalisation. Son appareil psychique ne lui servira pas à percevoir le monde, mais à traiter ses ruminations intérieures, dans un état constant de narcissisme douloureux.

Ce que les éthologues donnent à voir en termes de comportement peut se donner à entendre lors des psychothérapies, car le discours a toujours fait partie des observations.

Les enfants sans famille éprouvent de la difficulté à structurer le temps de leur histoire [15]. Ils n'oublient pas les événements, les racontent même avec une grande acuité émotive, simplement ils se trompent de date : « C'est l'époque où j'ai passé ma nuit à réparer le toit de l'étable. – Comment ça, dit le psychothérapeute, vous aviez quatre ans ! – En effet, dit le patient, c'était après le jugement qui donnait le droit de garde à ma cousine. J'avais donc douze ans. C'était sept ans plus tard *. »

Une patiente me raconte comment elle éprouvait le besoin de séduire les hommes avec un grand chapeau et une jupe fendue. Je lui fais remarquer qu'elle avait cinq ans au moment qu'elle évoque. Elle réfléchit et me dit : « C'est juste, je venais de quitter le Bon Pasteur, j'avais donc dix-sept ans *. »

Le sentiment de la durée s'organise mal chez ces enfants qui se développent dans un monde extérieur sans stabilité. Seule compte pour eux la durée psychologique : « Cette famille d'accueil m'a fait travailler toutes les nuits *. » Vérification faite, l'enfant n'a travaillé que quelques nuits. Mais ces nuits étaient signifiantes, comme la veille d'un match de football ou un soir de Noël. Le jeune carencé qui n'a pas pu mettre en place sa rythmicité devient celui qui a travaillé toutes les nuits.

Avec un tel trouble psychologique du temps et de la durée, comment cet enfant pourra-t-il se représenter son avenir et sa généalogie ? Le futur s'enracine dans le passé. On sait mieux où l'on va quand on sait d'où l'on vient.

Pour l'avenir pas de problème, l'enfant sans famille est immortel : « J'ai tout mon temps pour réaliser mes désirs les plus fous. Je n'ai pas de modèle de vieillissement. Le temps ne m'est pas compté. Ce que je ne fais pas aujourd'hui, je le ferai dans cent ans *. »

L'acquisition de la rythmicité dépend de la rencontre entre un organisateur interne – le besoin d'attachement – et un organisateur externe, d'abord sensoriel, puis affectif et plus tard social. Le besoin d'attachement doit rencontrer un objet d'attachement pour prendre la forme d'un lien.

En 1944, près de Grenoble, les Allemands fuyaient. L'armée française qui montait par le Sud, les avait bloqués à Châtillon, tandis que les résistants se regroupaient au Nord. Les Allemands s'étaient retranchés dans un village. Pour communiquer, les deux armées françaises devaient contourner ce bourg et faire passer leurs messages à travers la montagne, les forêts, les rochers et les patrouilles allemandes. Un résistant est entré dans une ferme, s'est fait désigner les enfants de l'Assistance Publique et a choisi un petit garçon qui lui semblait vif d'esprit et de jambes. Cet enfant de sept ans a traversé les lignes allemandes avec son slip bourré de plans et de messages codés. Il s'est faufilé entre les chicanes des mitrailleuses et des soldats prêts à tirer. En quelques aller retour, le plan de la bataille a été coordonné. Les Allemands furent écrasés, les Français n'eurent qu'un mort et quelques blessés [16].

Pourrait-on concevoir que cet homme fût entré dans une maison pour demander à une famille : « Prêtez-moi votre petit garçon. Il risque de mourir, mais en échange nous gagnerons la bataille » ?

Si un enfant de famille meurt, il y aura trop de souffrance autour de lui. Si un enfant de l'Assistance meurt, cela ne fera pas beaucoup de complications. Un enfant qui meurt sans être regretté est un enfant sans valeur. L'enfant de personne, c'est presque personne.

L'enfant de personne, c'est presque personne.

Mais cet enfant, lui, après la bataille, va revenir à la ferme, retrouver sa paillasse, son travail et ses coups de bâtons donnés sans haine. Il va retourner dans sa poubelle sans paroles, avec un sentiment... d'orgueil ! Sa vie s'organise de manière encore plus invraisemblable que le roman qu'il s'inventait pour se donner une cohérence. Les adultes normalement névrosés pratiquent le refoulement, c'est-à-dire l'amputation pour mieux s'adapter. Mais les enfants sans famille, eux, sont avides de leurs origines. Je suis frappé par l'hyper-conscience et la sensibilité que ces enfants manifestent pour le moindre indice qui étaye leurs origines.

« Recevoir sa carte de pupille de la nation, c'est comme la Légion d'honneur *. »

Les enfants de parents aimables avec leurs humeurs et leurs fins de mois difficiles, ont aimé ces gens dont ils sont issus. Et pour les aimer mieux, ils les ont déniés. Ou plutôt, ils ont dénié leur aspect limité, pour tenter de préserver en eux le souvenir de parents merveilleux. « Moi, je suis pupille, enfant de personne, mais pupille... de la nation, enfant d'une entité glorieuse *! »

Parfois l'indice est imaginaire. Mais comme dans tout roman la réalité alimente l'imaginaire. « Je suis née en 1944. Je suis blonde aux yeux bleus. J'aime le basket. Donc, mon père devait être Américain, puisque les Américains sont venus en France en 1944, ils sont blonds aux yeux bleus, et jouent bien au basket *. » Sur cet indice, elle est partie à la recherche de ses origines dans les archives de Normandie.

La manière dont la société parle de l'enfant sans famille est constitutive de son roman généalogique. J'ai eu l'occasion de travailler dans une institution gigantesque où les enfants étaient désignés par un numéro. Cette anomie [17] a donné des résultats catastrophiques dans cette population d'un millier d'enfants.

A la même époque, les communistes achetaient à Arcueil une petite maison pour y entasser des enfants sans famille. Des éducateurs sans diplôme, âgés de seize à vingt ans, s'occupaient, sans respect pour les consignes d'hygiène, de ces enfants qui avaient presque tous été terriblement agressés. Beaucoup avaient été déportés, emprisonnés, affamés. Tous avaient été « ballottés » (c'est le mot qui revenait sans arrêt) avant d'aboutir sur un lit de camp, dans une maisonnette surpeuplée. Mais on y parlait de la mort en termes de gloire : « Tes parents sont morts pour la France, pour une idée... quelle noblesse ! Tu as souffert, tu as perdu ta famille, mais c'est grâce à eux qu'aujourd'hui nous sommes libres... quelle dignité ! »

Sur les 40 enfants suivis pendant une histoire de vie, puisqu'ils ont maintenant plus de cinquante ans, deux sont devenus délinquants (ils l'étaient déjà à Arcueil), quelques-uns sont morts, on a perdu la trace d'une dizaine d'autres. Les 27 restants ont connu un épanouissement affectif et social tout à fait remarquable : trois écrivains connus, deux directeurs de théâtre, plusieurs scientifiques et enseignants.

En somme, un épanouissement, une aventure de vie probablement meilleure que celle qu'ils auraient connue s'ils étaient restés dans leur famille d'origine.

Un travail [18] statistique beaucoup plus structuré montre que 42 % de ces enfants ont réussi le concours d'une grande école ou suivi des études supérieures. Le regard social dans ces maisons était tellement favorable que les enfants sans famille y ont réalisé des performances infiniment supérieures à celles des enfants d'une population normale.

Un centre de reproduction eugénique nazi avait été créé à Paris en 1943, par la Chaire d'hygiène raciale pour favoriser la sélection de blonds dolichocéphales [19]. Certains documents disent que 1 000 enfants seraient nés dans ces centres.

J'ai eu l'occasion de rencontrer deux garçons et de soigner une fille, nés de cette sélection. Les deux garçons sont devenus des délinquants idéologiques. Ils disaient : « La société veut nous éliminer à cause de nos origines, mais nous savons bien que nous sommes des fils de surhommes *. »

La fille a épousé un industriel et obtenu un poste de responsabilités dans un parti qui n'est pas de gauche. Elle disait : « Je ne peux pas parler de mes origines, mais j'en suis fière. Je ne connais pas mon père, mais il m'a laissé sa volonté et son désir de dominer *. » Elle dominait d'ailleurs un gentil mari, charmé par sa belle femme, grande, blonde et tellement volontaire. Il ne savait pas, lui, que cette volonté lui venait du mythe de ses origines, parlé par une société valorisante pour cette enfant abandonnée et qui lui avait peut-être permis un épanouissement social supérieur à celui qu'elle aurait connu dans sa famille d'origine.

L'identification est rétrospective, aussi : on sait qui l'on est en regardant d'où l'on vient. L'enfant de famille dit : « Quand je serai grand, je serai comme mes parents. » Il peut dire aussi : « je ne serai surtout pas comme mes parents », ce qui constitue tout de même une référence. Le fantasme des origines de l'enfant autocentré, sans famille, remonte à sa propre naissance : « Je suis celui qui a été abandonné. »

Quand l'orphelin part à la recherche de ses auteurs.

Un jour, l'enfant sans famille part à la recherche de ses auteurs, « à la recherche de mes vrais parents », comme il dit. Mystérieusement, cette quête est tardive. A un moment significatif de son histoire, très souvent après l'adolescence de ses propres enfants, l'enfant sans famille, devenu fondateur de sa propre famille, part à la recherche de ses fantômes. Il va chercher sa « vraie mère ». La mère éducative, mère d'accueil, nourrice, Assistance publique ou DASS, devient alors la mauvaise mère. « J'ai été élevé par la DASS, j'ai donc travaillé mon Œdipe avec la mère-DASS, ma vraie mère c'est une fée. Celle qui m'a élevé a commis une faute. Trop souvent elle a prononcé cette phrase : ce que je fais pour toi, ta mère ne l'aurait pas fait *. » Cette phrase disqualifie la mère d'accueil et lui donne à jamais le statut de mauvaise mère, de sorcière par rapport à la mère fée. « Cette femme qui m'a nourri, qui m'a puni, qui a touché une pension pour m'élever, n'a pas le droit de dire du mal de ma vraie mère *. »

Parfois, au contraire, le clivage agresse la vraie mère : « Pour moi, ma vraie mère, c'est ma nourrice. Je sais que ma nourrice n'est pas ma vraie mère, mais je l'aime tellement que je la désigne comme ma vraie mère *. » On retrouve le fantasme fondateur : « C'est moi qui dis qui sera ma mère. » D'habitude c'est la mère qui dit qui est son enfant et qui est le père de cet enfant. Mais l'enfant sans famille désigne sa mère. Cette recherche en maternité survient au moment où la fille sans famille a fini d'élever ses enfants et a fondé sa propre dynastie. Elle dit qui est son enfant, qui est le père de cet enfant. Elle dit aussi qui sera sa mère, à qui elle demandera qui a été son père : elle décrète son réseau généalogique.

L'enfant de famille sait qu'il invente son roman familial, qu'il joue. C'est une fantaisie diurne. Alors que l'enfant sans famille croit qu'il va trouver dans la réalité sa mère fée. L'enfant sans famille, dès qu'il est en âge et en capacité sociale de fonder une famille, part à la recherche de ses vrais parents qu'il décrète comme il les a imaginés Il prend la réalité pour ses désirs.

A l'époque où il ne fallait pas s'attacher aux enfants, le secret des origines des enfants trouvés était nécessaire. La mort était si fréquente que les adultes attachés prenaient un risque de souffrance. Sans compter qu'un enfant abandonné, c'est l'enfant du péché ! Saint Vincent a eu du mal à convaincre les sœurs de la Charité de bien vouloir s'en occuper. Enfin, un enfant sans famille fait désordre, et chacun sait qu'il n'y a pas de société sans lois. Tout cela explique l'inouïe brutalité des anciens orphelinats et la nécessité du secret.

Il faut tenir compte aussi d'un problème psycho-social : jusqu'en 1950, un adulte sur deux avait été orphelin, placé en nourrice ou en pension. Ce chiffre énorme explique peut-être cette morale qui a imprégné notre culture au point de faire du sacrifice une valeur familiale.

Aujourd'hui où l'on ne recense pas plus de 200 000 enfants sans famille et où l'on vit dans une culture de pléthore familiale, on peut dire : « Familles, je vous hais. »

La cotation en bourse des enfants doit bien jouer, elle aussi : plus les enfants sont nombreux, moins ils ont de valeur. En Chine, l'infanticide n'était pas vraiment considéré comme un crime, surtout pour les filles. Mais depuis qu'une décision politique a contraint les couples à n'avoir qu'un enfant unique, on a vu apparaître en une seule génération « l'ère des petits empereurs ». Ces enfants sont très investis, dans tous les sens du terme, puisqu'un seul enfant coûte le salaire entier d'un des deux parents : « Leur esprit est plus éveillé, mais leur cœur semble bien dur [20]. »

Arrive le jour où l'enfant sans famille rencontre sa mère, le jour où le fantasme rencontre le réel.

Grâce aux progrès récents des juristes, on voit de plus en plus ces enfants sans famille retrouver leurs origines. J'ai le sentiment que certains scénarios se répètent Les enfants de famille connaissent leurs origines à travers les paroles et les images racontées par les mythes familiaux et montrées sur les photos jaunies, à travers les objets ou les meubles qui évoquent une autre époque, une autre maison, et pourtant une continuité au long des générations.

Les enfants sans famille, eux, partent à la recherche de leurs origines dans les dossiers. A ce scénario administratif qu'on pourrait appeler « Enquête sur un matricule », s'oppose le conte de fée. Un hasard, toujours merveilleux, provoque la rencontre : « Je crois que j'ai rencontré votre père avant-guerre. Ça pourrait bien être votre père. C'était un homme extraordinaire. J'ai une photo chez moi. » Ou bien : « J'ai soigné votre mère peu après votre naissance. Elle a beaucoup souffert. Quel courage extraordinaire elle a manifesté quand elle a dû vous abandonner. » En une parole, en une image, l'enfant-poubelle devient enfant de héros. Au scénario « Enquête sur un matricule », s'oppose le scénario « Comment notre héros découvre qu'il est fils de Prince. »

Grâce à l'enquête, grâce au hasard, il va bien falloir maintenant rencontrer réellement son imaginaire.

La plupart des enfants sans famille sont préoccupés par leurs origines. Mais les femmes le sont plus que les hommes qui refusent souvent de tenter l'aventure par peur de réveiller la blessure. La rencontre entre la mère et son enfant abandonné réalise un changement de chapitre dans le roman des enfants sans famille. Que ce soit le scénario « archives » ou le scénario « merveilleux hasard », elle se prépare au téléphone. C'est par la voix que se constitue la première interaction réelle, dans l'angoisse, où le désir est à peine supérieur à la peur : « C'est moi ta fille... – Je savais que ça arriverait un jour, répond la mère... Veux-tu qu'on se rencontre * ? »

Ensuite il faut se voir : « J'ai sonné... elle a ouvert la porte... J'ai vu une femme normale. Une femme comme les autres. Je savais que c'était ma mère, mais je ne le ressentais pas *. »

Il faut parler. Parfois, l'intimité s'établit dans l'instant. « On s'est assis côte à côte, sur le divan, on a raconté nos vies. Je n'étais pas ému. Simplement étonné de parler intimement avec une femme que je ne connaissais pas *. »

Ça ne se passe pas toujours aussi paisiblement : « J'imaginais ma mère comme la Sainte Vierge. Je l'adorais dans mes rêves. A vingt ans, je l'ai retrouvée grâce au greffe de son lieu de naissance et à l'annuaire du téléphone. J'ai découvert une pute. Elle m'a envoyée promener. Je ne supporte pas ce rejet, et depuis ce jour je travaille encore plus... pour me faire aimer *. »

Une autre femme dit : « Je voulais retrouver mon arbre, mes origines parce qu'avant, j'étais dans le néant. J'étais obligée de croire ce qu'on disait de moi : sale pute, fille de pute. J'imaginais une mère merveilleuse. Je suis tombée sur une vraie pute qui m'a repoussée quand j'ai voulu l'embrasser. Avant, j'étais dans le néant. Maintenant je suis dans la détresse *. »

Un même processus court à travers ces rencontres différentes : recherche tardive des racines, angoisse et plaisir de la rencontre, intimité ou hostilité immédiate de ces étrangers familiaux, pas de tissage de liens nouveaux.

Tout est changé dans le monde interne de l'enfant sans famille. Il sait qu'il vient d'un lieu, d'une personne, d'une histoire. Il a vu des visages et des images. Il s'ensuit un apaisement provoqué par le sentiment d'appartenance : « Je sais d'où je suis, de qui je suis, quelle est ma religion, la musique de mon milieu, comment on s'habille, comment on se coiffe *. » Cette prise d'identité soudaine crée un sentiment d'économie dans l'esprit de l'enfant sans famille [21] : « Je n'ai plus à fonder un mythe puisque je m'insère dans une continuité mythique qui existait bien avant moi. Je suis d'une famille où l'on est destiné à devenir directeurs de théâtre. Je n'ai plus à chercher ma vie à travers les mathématiques ou le commerce ou le sport ou l'armée. Je ne peux que devenir directeur de théâtre, alors qu'auparavant, je devais tenter les maths, l'armée ou le commerce pour apprendre que je ne m'y plaisais pas. Maintenant que je sais d'où je viens, à qui j'appartiens, je peux faire l'économie de ces expériences coûteuses. En m'identifiant, je me restreins mais je m'accomplis *. »

Le mythe familial possède une valeur prédictive : dans ma famille, on ne fait pas de maths, ni d'armée. Pour devenir quelqu'un, il faut renoncer à tous les autres qu'on aurait pu devenir. La grille familiale facilite et gouverne le développement d'un enfant. Cette grille le guide, lui donne sens, le contraint et l'ampute en le modelant.

L'éthologie des êtres d'attachement, quand ils sont privés de parents, nous apprend que, quelle que soit leur espèce et leur culture, ils s'adaptent à cette privation par une réaction comportementale analogue : ils augmentent les activités autocentrées, ce qui constitue une sorte de tranquillisant naturel. Quand ces êtres vivants sont capables de penser, ils expriment cette activité par une mentalisation autocentrée, qui leur permet une musculation narcissique.

Un grand nombre de pressions agissent sur le modelage de la personnalité de l'enfant abandonné : le moment de survenue de l'abandon, le sexe de l'enfant abandonné, la qualité de sa pulsion d'attachement, les relations précoces et surtout le regard social sur l'abandon. Toutes ces pressions expliquent l'extrême diversité apparente des tableaux cliniques.

L'observation éthologique des enfants sans famille nous apprend que l'immense puissance modelante du regard social peut gouverner des trajectoires biographiques radicalement opposées. Certains enfants sont condamnés à ne pas se développer dans des circuits sociaux qui les entravent, alors que d'autres connaissent un épanouissement supérieur à celui qu'ils auraient connu dans leur famille.

Au Moyen Age, les enfants s'élevaient en communautés, petits royaumes d'enfants. Au XVIIe siècle, ils se socialisaient en imitant les adultes du même sexe. Avec le XVIIIe siècle est apparu le concept d'éducation qui avait pour enjeu la lutte contre la mauvaise nature. Le dressage des enfants est venu à l'esprit des éducateurs dans le contexte machinique du XIXe siècle. Après la guerre de 40, les enseignants ont plutôt utilisé la notion d'instruction. Cette idée nécessitait la représentation d'un enfant vide dans lequel l'adulte pouvait déverser des informations.

Les enfants-poubelles nous proposent de considérer la fonction parentale comme le peintre considère son modèle. Ce qui implique la présence sensorielle des éducateurs. Car le père invisible, disqualifié à la maison, devient charismatique dans le groupe social. Et la mère invisible devient mère fantasmatique, comme une divinité primitive, pourvoyeuse et dévorante.

L'immense puissance du regard social révèle une faille de notre culture qui, devant le développement actuel, inouï de l'adolescence, n'a encore rien prévu pour prendre le relais entre la famille sécurisante et la société agressante.

Jusqu'à maintenant, pour comprendre le développement des enfants, on ne disposait que du modèle œdipien. Les enfants sans famille ne sont plus très nombreux en Occident, mais le modèle de ces enfants narcisses est en grande expansion.

Dans le tiers monde, ils sont très nombreux; enfants de populations transplantées, déportées, massacrées, séparées. Le tiers monde connaît aujourd'hui ce que l'Europe a connu jusqu'en 1950.

Ce modèle théorique de l'enfant sans famille se développe en Occident du fait de la « transplantation intérieure » où les personnes d'une même population se déracinent sans cesse pour s'adapter à une culture du changement. Il a fallu quatre cents ans pour construire Notre-Dame, alors que cinq années suffisent pour réaliser une ville nouvelle. Les gens qui viennent y habiter ne se connaissent pas, n'ont pas le temps de tisser un réseau affectif et social avant le déménagement suivant [22]. Comme l'enfant sans famille, ces hommes sans racines doivent inventer leur culture.

La fonction de la famille, c'est de névroser son enfant, de lui imposer une grille de développement préfabriquée, contraignante et facilitante. L'enfant de famille tombe dans un monde où il trouve un milieu social et fantasmatique déjà organisé pour canaliser et étayer son développement.

L'enfant sans famille tombe dans un milieu instable, inorganisé, aux formes changeantes, aux circuits sociaux fermés et chaotiques, aux pressions fantasmatiques incohérentes, au regard social dévalorisant. Le seul repère stable et familier qui persiste dans ce monde sans forme, c'est lui-même. L'enfant devient alors autocentré. La représentation de soi-même instaure son principal organisateur.

L'enfant sans famille, privé d'organisateur externe, se transforme en narcisse sans miroir. Il ne peut qu'imaginer ce qu'il veut devenir, alors que l'enfant œdipien le perçoit et s'y réfère.

Bien sûr, le destin mythique a été réalisé par Œdipe, qui était un enfant abandonné.

Au fait, quel était le métier de son père ?

NOTES

1. LAHAYE J.-L. (1985), *Cent Familles*, Carrère.
2. MALSON L. (1964), *Les Enfants sauvages*, 10/18, recense de manière savante les cas, afin d'évaluer la part de nature et la part de culture dans leur développement.
3. SINGH J.A.L. et ZINGG R.M. (1980), *L'homme en friche. De l'enfant-loup à Kaspar Hauser*, éd. Complexe.
4. BURLINGHAM D., FREUD A. (1948), *Enfants sans famille*, PUF.
5. LOUTRE DU PASQUIER N. (1981), *Le Devenir d'enfants abandonnés. Le Tissage du lien*, PUF.
6. DUYME M. (1982), *Les Enfants abandonnés : rôle des familles adoptives et des assistantes maternelles*, C.N.R.S.
7. ROBERT M. (1972), *Roman des origines et origines du roman*, Gallimard.
8. SOULÉ M. (1984), *Le Nouveau Roman familial*, E.S.F.
9. WIDLÖCHER D. (1983), *Les Logiques de la dépression*, *op. cit.*.
10. SPITZ R. (1953), *La Première Année de la vie de l'enfant*, *op. cit.*
11. GARRIGUES P., MENNESSON J.-F. (1985), *Le Jeu, l'enfant*, *op. cit.*
12. PETITCLERC L. et SAUCIER J.-F. (1985), « Adaptation aux pairs à la garderie », *in Ethologie et développement de l'enfant*, Stock.
13. Observation réalisée par TIZARD (1972).
14. STRAYER F.F., GAUTHIER R. (1982), « L'Approche éthologique de l'observation du comportement », *Apprentissage et socialisation*, n° 5-1, pp. 12-24.
15. LEMAY M. (1979), *J'ai mal à ma mère*, *op. cit.*
16. Les enfants de troupe, orphelins pour la plupart, constituaient les régiments les plus exposés.
17. La personne ne peut s'organiser dans un groupe social inorganisé.

18. BAUMANN D. (1988), *La Mémoire des oubliés*, Albin Michel.
19. Archives du Lebensborn *in* HILLEL M. (1975), *Au nom de la race*, Fayard.
20. Madame le Professeur SHEM YUCUM (1981), Beijing Medical College, Chine, *in Architecture et santé mentale*, communication personnelle lors du colloque O.M.S., E. Alfred Sand, Bruxelles.
21. GUYOTAT J. (1980), *Mort, naissance et filiation*, Masson.
22. ANGELI S. (dir.) (1986), *Les Enfants de la rue*, Berger-Levrault.

L'ATTACHEMENT, SUITE ET FIN

La vieillesse vient de naître.

Jusqu'au XIXe siècle, la mort n'était pas une affaire de vieux. Les femmes mouraient en couches, les hommes se tuaient au travail ou s'entre-tuaient lors des bagarres, les enfants atteignaient rarement l'âge adulte.

La vieillesse vient de naître.

Les Grecs de l'Antiquité vénéraient la docte assemblée des vieillards de quarante-cinq ans. Le Moyen Age chrétien méprisait les femmes sans enfants, et les hommes sans travail. Quand le grand âge l'accablait, vers la quarantaine, le bourgeois du XIXe siècle se retirait du monde, et cessait de vivre en attendant la mort.

Le vieil homme lisait – ce qui prouvait son absence de vitalité. Il avait perdu ses dents, se grattait sans cesse à cause des maladies de peau qui n'épargnaient personne à partir de vingt-cinq ans. Il se couvrait de vêtements démodés et supportait la haine silencieuse de son fils aîné, emprisonné dans cette famille dont il attendait l'héritage. Cette situation explique l'assassinat fréquent des gâteux de cinquante ans [1] *.

Le noble vieillard est né au XIXe siècle, quand son portefeuille consolidait son statut familial. Il meurt au XXe siècle, quand apparaît le troisième âge. Cette neutralité terminologique révèle la crainte d'exprimer notre émotion devant ces vieilles femmes, si fragiles et si durables qu'on leur bâtit des Hespérides, ces fermes au bout du monde où poussent les pommiers qui donnent l'immortalité.

La mythologie et l'économie se sont associées pour créer cette nouvelle image du vieux. Enfants et adultes ne restent pas neutres devant la vieillesse : de la fuite anxieuse à l'agressivité, la distance est faible. La phrase « je ne veux pas les voir » exprime un comportement de fuite, aussi bien qu'un souhait d'enfermement : « Pourquoi ne leur construit-on pas de belles maisons de retraite ? » Ou bien : « On devrait leur faire une piqûre euphorisante... »

De multiples indices permettent de soutenir que le concept de vieux est nouveau-né. L'indice des prix qui structure une industrie chargée de satisfaire et d'exploiter ce nouveau gisement d'or gris. L'indice légal, où l'on voit apparaître des lois associant l'âge de la retraite avec ce curieux modèle d'homme libre et rhumatisant, pris en charge par une société qui lui propose une vie de vieil adolescent, car aujourd'hui les voyages forment la vieillesse. Enfin et surtout, l'indice culturel permet de repérer dans ces nouveaux débats que la mort n'est plus une affaire de jeunes et qu'il faudra bien formuler des règlements pour permettre aux techniciens d'offrir aux vieux une mort plus propre.

Dans le monde animal les dominants n'ont pas le temps de vieillir, sauf en écologie domestique.

Énoncer des lois générales concernant la vieillesse dans le monde animal est difficile. Le sexe permet l'immortalité de l'espèce en transmettant les cellules qui possèdent le capital génétique, mais il condamne à mort les individus. On peut imaginer la fonction de la mort en tant que relais génétique,

*** Les notes de ce chapitre commencent p. 296.**

en revanche on a du mal à trouver une fonction à la vieillesse. Quand un animal âgé ne peut plus dominer, il meurt.

Les poissons, décidément doués pour la stratégie du massacre, associent fréquemment le sexe et la mort. Les saumons, lorsqu'ils remontent les cascades d'eau douce pour retrouver leurs lieux de frayage, servent d'aliments aux ours, loups et mouettes qui se servent au passage. Après l'événement sexuel, les mâles vieillissent à une vitesse étonnante, comme si l'acte sexuel avait libéré une hormone du délabrement. Ils ralentissent, s'immobilisent, perdent leurs écailles et leurs défenses biologiques. En quelques jours, leur chair part en lambeaux et ils meurent. Ils n'ont pas eu le temps d'être vieux, et leur vieillesse n'a jamais pu s'intégrer dans un processus social.

Chez les mouflons, le mâle dominant est contesté par un jeune qu'il remet à sa place à coups de cornes. Jusqu'au jour où ce jeune, à son tour, le domine. Dès cet instant, le grand mâle s'écarte du groupe, le suit à distance et manifeste ce qu'on pourrait appeler des comportements d'échec. Il se nourrit moins, dort mal, sursaute au moindre stress et anticipe moins les gestes qu'il va faire. Il évalue moins attentivement le rocher sur lequel il va sauter, il glisse souvent, prête moins attention aux obstacles du chemin contre lequel il s'accroche et se blesse. Jusqu'au jour où, de glissades inattendues en gestes mal préparés, il va manquer le rocher et tomber dans le ravin. Cet accident n'est pas accidentel tant il devenait probable. Dès qu'il n'a plus été dominant, le vieux mouflon s'est arrangé pour mourir.

C'est toujours un vieux jars, âgé de cinq ou six ans qui mène le troupeau à terre, et une mère l'oie qui vole en tête des migrations. C'est elle qui choisit le moment du départ, la direction du vol et le lieu de l'étape. Quand elle se repose, c'est le vieux jars qui monte la garde et menace les intrus [2].

Darwin avait décrit l'autorité du chef de harde chez les cerfs. Cette dominance des vieux a souvent été vérifiée par d'autres éthologues en milieu naturel. Les vieux babouins édentés coordonnent le groupe autour de leurs décisions. Les vieux chimpanzés deviennent dominants dès que les poils blanchissent leurs épaules. Il suffit même de blanchir les épaules d'un jeune avec de la peinture pour le rendre dominant !

Ces animaux qu'on dit vieux dans la littérature éthologique correspondent en fait à un adulte mûr : la quarantaine en Occident. Car, en milieu naturel, les animaux vivent le tiers de l'espérance de vie programmée génétiquement. Dès qu'un signe d'affaiblissement morphologique ou comportemental apparaît, les jeunes chassent le vieux défaillant et les prédateurs le mangent. Toute boiterie, tout éloignement du groupe, toute déviance comportementale transforme l'individu en gibier. Les loups font la fête et gambadent dès qu'ils découvrent une anomalie dans la manière de brouter des élans, car, s'ils broutent mal, c'est que leurs dents sont anormales, usées, vieilles. Ces vieux élans ne resteront pas vieux longtemps.

Pour retarder l'usure on cherche des recettes. Sachant qu'en faisant pousser des arbres sur des terres appauvries on accroît beaucoup leur résistance, on a élevé des animaux en milieux froids et pauvres en aliments afin d'augmenter leur longévité [3]. Cette contrainte stimule les défenses de l'organisme qui dure plus longtemps. Cette idée, très défendue dans les milieux de la recherche sur les mécanismes du vieillissement, a conduit certains médecins à proposer d'élever nos enfants à la dure et à la pauvre : les parents, tellement avides d'offrir à leurs petits ce dont ils ont manqué eux-mêmes dans leur enfance, créent une pathologie de pléthore, au lieu de leur donner de bonnes conditions de développement.

En réalité, les réponses ne sont pas claires, même si l'hypothèse de la contrainte se renforce. La domestication offre un modèle plus pertinent : les animaux élevés en milieu domestique vivent plus longtemps qu'en milieu naturel, mais ils sont usés beaucoup plus jeunes. Il ne s'agit plus d'animaux blanchis par l'expérience ou délabrés par l'acte sexuel : ils ont vieilli plus tôt sous l'effet de l'abondance alimentaire et de la pléthore sécurisante qui, à force d'éliminer tout stress, a fini par éliminer toutes les stimulations de défense. Ils vieillissent biologiquement, mais la persistance des jeux chez ces animaux âgés témoigne de la persistance de leurs apprentissages.

Très jeunes, ces animaux domestiques sont atteints de rhumatismes, d'artériosclérose, d'infarctus, d'hémiplégie et d'une sorte de sida, car la vieillesse est une grande pourvoyeuse en immunodéficience acquise. Ces animaux-là resteront vieux longtemps... et malades, alors qu'en milieu naturel, ils ne sont ni malades ni vieux : ils meurent.

La domestication nous mène à poser la question autrement. Il ne s'agit plus de se demander quelle est la fonction de la vieillesse, si rare dans la nature, mais plutôt ce que signifie la vieillesse dans une écologie qui en permet l'apparition.

Toute société réalise par ses rites, ses circuits institutionnels et ses techniques qui modifient la vie quotidienne, une très importante contrainte écologique. On a beau dire que le chiffre qui marque l'espérance de vie moyenne jusqu'au XIXe siècle est très abaissé par l'énorme mortalité infantile, il n'empêche que l'âge moyen des squelettes montre une extrême jeunesse. La datation des dents et des points d'ossification permet d'évaluer l'âge moyen du mort, du paléolithique, à vingt-six ans, au néolithique, à trente-deux ans, au XVIIIe siècle on mourait à vingt-cinq ans, au XIXe à trente-six ans, au début du XXe à quarante-huit ans. Ce n'est que très récemment que nous pouvons observer des squelettes de quatre-vingts années et plus [4].

Que signifie cette explosion récente de la vieillesse ? Actuellement en France, on recense 500 000 déments. On en prévoit un million pour cette fin de siècle. Si par bonheur, quelqu'un avait une idée pour y échapper, il y aurait preneurs.

Quelques recettes pour bien vieillir : le sens et le couple.

Dans notre culture technique, l'explication technique vient en tête : amélioration de l'hygiène, médicaments et conditions de vie. Les nutritionnistes donnent leur recette : manger peu, en milieu froid. Une population de rats, par exemple, mal nourris et mal chauffés vit 50 % plus longtemps que la même espèce bien nourrie et bien chauffée [5]. Il faut manger bon aussi : ce qui augmente l'espérance de vie des êtres vivants âgés, c'est la qualité alimentaire dans leur enfance. L'acide nordihydrogaretique (N.D.G.A.) augmente de 50 % l'espérance de vie... d'un moustique [6].

Les choses sont moins claires pour l'espèce humaine : on sait que tous les toxiques diminuent l'espérance de vie – l'alcool, le tabac, la graisse et le sucre entre autres –, mais on ne connaît pas de substance qui permette de l'allonger. Il faut pourtant reconnaître que les sérums de Bogomoletz, Jouvence, procaïnamide roumaine et placentas autrichiens améliorent très nettement la qualité de vie des vendeurs! Malheureusement pour cette théorie, les hommes des pays froids vieillissent précocement et la mortalité des pays malnutris est effrayante.

Pourtant, les études scientifiques qui pleuvent depuis quelques années commencent à faire émerger quelques lois : un martien qui lirait cette littérature en conclurait que l'Occidental souffre d'autisme dans son enfance et devient dément vers l'âge de trente ans. Ce qui prouve que la littérature scientifique ne décrit pas le réel, elle découvre seulement ce qui est éclairé par nos préoccupations et nos capacités techniques actuelles.

Sous cet éclairage on peut voir que la vieillesse ne se répartit pas au hasard. Les enseignants vivent une longue et belle vieillesse, après une vie professionnelle morose. Les ouvriers deviennent rarement vieux : ils meurent vers l'âge de la retraite, après une vie professionnelle qui rappelle parfois les tortures sociales du XIXe siècle.

Dans les pays non industrialisés, les femmes meurent très jeunes. En Europe, on critique souvent les milieux de l'accouchement, mais en Afrique, l'absence de professionnels de la naissance fait de la grossesse une maladie très dangereuse, puisqu'une femme sur trois en meurt.

Dans les pays industrialisés, en revanche, les femmes gagnent la course à la longévité : elles vivent beaucoup plus longtemps que les hommes qui se massacrent avec les accidents de travail, l'alcool, le tabac, la voiture et le mépris de soi. Mais après soixante-cinq ans, la qualité de vie de ces survivantes mène à se demander si cette vie vaut la peine d'être vécue : solitude, pauvreté, démence, incessantes maladies composent la vie quotidienne de cette victoire féminine [7].

Au vu de ces nombreux travaux, au lieu de chercher les facteurs de gâtification, certains neuropsychologues sont partis à la recherche des beaux vieux, très importants pour nous, car ils offrent un modèle rassurant de vieillesse.

Deux facteurs de protection contre le vieillissement font l'unanimité : l'intellect et le mariage !

Intellect ne signifie pas intelligence mais faire marcher sa tête, pour lire ou écrire, surtout pour diriger une association, donner des conseils de gestion ou de fabrication. Intellect signifie avoir un projet en tête. Or les racines de ces projets se mettent en place très tôt dans la vie : les populations d'intellectuels vivent plus longtemps, et la qualité de cette vieillesse leur offre quelques moments agréables de vie. Il paraît même qu'il en a toujours été ainsi. Quand les hommes mouraient entre quarante et cinquante ans, les « savants » atteignaient soixante-quatre ans au XVIIe siècle, 65,8 au XVIIIe siècle, 68,8 au XIXe siècle et 71,5 vers les années 60. Bertrand Russell a vécu et créé jusqu'à quatre-vingt-dix-huit ans et Einstein jusqu'à soixante-seize ans [8].

Les matheux qui ne sont pas des hommes comme les autres, manifestent un pic de créativité invraisemblablement précoce entre quinze et vingt ans. Ce pic chute dès vingt-cinq ans, se transformant avec l'âge en créativité verbale qui, elle, s'améliore quand le cerveau vieillit.

Le plaisir de faire marcher sa tête constitue un des facteurs de protection les plus efficaces contre le vieillissement.

L'intellect, la nourriture, la stimulation par l'action, le plaisir ou le social : on peut sans difficulté admettre que ces facteurs luttent contre la vieillesse. Mais comment comprendre que le facteur de protection le plus inattendu soit... le mariage !

Les célibataires libres, seuls, sans soucis et sans enfants, vieillissent mal. Les hommes surtout. Les couples mariés ont une espérance de vie plus longue et de meilleure qualité que les personnes seules. Comment comprendre que le mariage ait un effet protecteur contre le vieillissement ? Tant de soucis, tant de conflits, tant d'angoisses, de renoncements, de contraintes, de responsabilités auraient-ils un effet bénéfique ? A moins que le fait de vivre en couple ne contienne en lui-même les effets protecteurs contre le vieillissement !

La première modification comportementale qui apparaît

après un divorce ou un veuvage est le changement alimentaire. Les femmes retournent aux nourritures pâteuses, (yaourts, crèmes, café au lait), les hommes au bifteck-fromage-pain. Cette monotonie alimentaire entraîne rapidement des troubles digestifs ou vitaminiques.

La deuxième modification, c'est le changement vestimentaire : les hommes seuls découvrent les vêtements de chasse ou de sport, et se contentent d'user leurs vieux vêtements. Les femmes seules mettent des vêtements utiles, pratiques, fermés. Une patiente, vêtue d'un blouson par-dessus son tablier, ne marchait qu'en charentaises fourrées. Une autre parlait de son soulagement de ne plus avoir à se vêtir avec « l'impudeur des femmes qui doivent montrer leurs jambes, leurs cuisses et toutes leurs échancrures * ».

Peut-on émettre l'hypothèse suivante : le fait de vivre en couple, avec les lourdes conséquences qui s'ensuivent, contient les ingrédients nécessaires à la lutte contre le vieillissement. Cet attachement conflictuel crée des événements stimulants et donne sens au quotidien.

L'attachement conflictuel des couples âgés : deuxième adolescence ou retour du passé ?

On retrouve chez les couples âgés le même phénomène d'attachement conflictuel que celui que nous avions décrit lors de la crise de l'adolescence, entre les parents et les enfants, et lors de l'inhibition du désir dans les couples à longue durée.

Le contrat affectif, le lien mis en place dès les premiers gestes du couple, reste enfoui durant ces décennies sous le quotidien. Lors de la retraite il émerge, quand le couple ne peut plus éviter l'expression de cette partie enfouie de leur personnalité : « Je savais bien que mon mari était autoritaire, mais je n'avais jamais eu l'occasion de le subir, car en travaillant tous les deux, nous partions tôt le matin pour nous voir à peine, tard le soir *. » Le mari prend sa retraite et s'occupe vigoureusement de la maison. Le ménage est impeccable, les achats bien calculés, les menus équilibrés en calories et en argent. Jusqu'au jour où la femme, à son tour, part en retraite et décide de mettre son nez dans ce domaine naturellement réservé aux femmes. Le mari réagit par une dépression agressive. Pour la première fois de sa vie, à soixante-huit ans, il ne peut plus décider, gouverner, gérer sa vie et celle des autres.

Cette dévalorisation sociale des gens âgés, associée à l'importance croissante du quotidien comme manger des plats digestes, faire la sieste, s'entourer d'objets familiers, se sentir en sécurité avec certains commerçants connus, donne le pouvoir aux femmes et instaure le matriarcat chez les personnes âgées [9].

Le conflit ne se joue plus autour de la conquête sexuelle ou sociale, comme lors de l'adolescence, mais autour de la conquête du quotidien. Les femmes âgées supportent mal cette tentative de prise du pouvoir ménager par les hommes. Souvent, elles envoient leur mari jouer dehors : « Va faire une partie de boule... Va voir tes copains... Je ne supporte pas qu'il soit toujours dans mes jambes... Je déteste qu'il fasse le marché ou la vaisselle de quoi se mêle-t-il * ? »

Les conflits qui explosent sur le tard, enfouis pendant cinquante ans sous les urgences quotidiennes du travail et des enfants, sommeillaient depuis les premières minutes de la rencontre du couple. Les couples âgés conflictuels répètent le conflit qu'ils avaient déjà exprimé avec leurs parents lors de l'adolescence [10]. Ce garçon qui agresse sa mère parce qu'elle est trop ordonnée, épousera une femme désordonnée et lui en fera grief cinquante ans plus tard. Cette fille qui reproche à son père de trop parler de son travail, va épouser un joyeux luron qui, toute sa vie conjugale, lui posera des problèmes de chômage. « J'ai épousé ce garçon pour prouver à ma mère que j'étais capable de me marier sans amour * », donnera cinquante ans plus tard : « Je me demande pourquoi on s'est mariés... on a toujours vécu comme deux étrangers. »

Certaines personnes, très anxieuses depuis l'enfance, vivent l'attachement comme une sorte de boulimie affective. Il leur suffit d'être auprès de la personne d'attachement pour être comblées. Elles leur pardonnent leurs imperfections et les conflits. Mais le jour où cette personne vient à mourir, le monde se vide, et perd son sens. Il n'y a pas de substitution possible, d'échappatoire vers un autre projet, ni de compensation avec un autre attachement. Il ne reste plus qu'à mourir à son tour, car la vie qu'on mène est pire que la mort, depuis la perte de l'aimé.

Voilà pourquoi il ne faut pas rire du deuil que certaines personnes portent à la mort d'un animal de compagnie. Ce petit chien incarnait la pure affection : « Il n'est pas intéressé lui... quand je rentre, c'est le seul à me faire la fête *. » La perte de cette affection sans ambivalence va provoquer un vide total, une vie morte, sans alternative possible. « Un autre chien ne remplacera jamais ma petite chienne... Si vous aviez vu comme elle me regardait droit dans les yeux avec toute son affection *. »

On entend rarement une phrase pareille après la perte d'un mari. Le couple âgé souffre du problème qui s'est mis en place dès les premiers gestes de la rencontre. La retraite est presque toujours vécue comme une libération professionnelle, une amélioration de la vie. Elle ne prend la signification d'une perte que pour ceux à qui le travail avait offert une prothèse névrotique. Il en est de même pour le départ des grands enfants. L'adolescent désagréable empoisonne le quotidien familial; son départ donne aux parents un goût de liberté retrouvée. Les couples âgés qui souffrent de « la dépression du nid vide » sont ceux à qui les enfants avaient offert un investissement affectif exclusif : « J'ai toujours vécu à travers mes enfants... mes enfants sont tout pour moi... nous sommes restés ensemble à cause des enfants *. »

Souvent, l'ambivalence constitue une clause du contrat inconscient signé lors de la rencontre du couple. Il abîme la vie quotidienne pendant cinquante ans, mais permet de donner à la mort du conjoint une signification de libération : « Mon mari voulait me rendre heureuse. J'étais sa propriété. Il voulait rendre sa propriété heureuse. Il m'a donné la force de m'opposer à lui et de m'en détacher... Je me sens mieux depuis sa mort. Enfin indépendante. J'ai honte de me sentir si bien d'être libre. Je n'ose pas le dire à mes enfants. Je suis toute surprise de me sentir si bien, de vivre à mon rythme. J'aimerais voyager si je n'étais pas tenue par mon chien *. »

Même la sexualité des couples âgés répond à ce schéma :

les gens âgés expriment dans leurs difficultés sexuelles la clause contractuelle qu'ils avaient signée dès l'âge de vingt ans : les hommes trompent plus souvent leur femme avant quarante ans, les femmes trompent plus souvent leur mari après quarante ans. Le pic des rêves érotiques s'exprime chez les hommes vers vingt-cinq ans. Les femmes se laissent aller à l'expression de leurs fantasmes sexuels après quarante ans, au moment où les hommes envisagent de se calmer.

Qu'il est difficile de se rencontrer !

La crise la plus intense de l'histoire d'une vie, c'est la vieillesse. De même que le conflit qui s'exprime lors de la puberté s'est mis en place au cours des premières années de la vie, on peut dire que les souffrances qui s'expriment lors de la vieillesse se sont mises en place dans la jeunesse. C'est ainsi qu'on peut voir les gens âgés souffrir du problème qui avait organisé leur enfance. Cette dame âgée de quatre-vingt-cinq ans fond soudain en larmes. Quand on lui demande ce qui ne va pas, elle répond : « Je suis orpheline, j'ai perdu ma mère à l'âge de cinq ans... je ne m'en remettrai jamais *... »

Une autre patiente devient odieuse avec son mari qu'elle agresse à toute occasion depuis qu'elle a soixante-dix-huit ans. Quand on cherche à comprendre les raisons de son agressivité, elle répond : « Je suis furieuse contre moi d'avoir épousé cette cloche... J'aurais dû épouser l'autre... Julien... nous étions faits l'un pour l'autre, nous avions tous les deux un prix de conservatoire de violon... pourquoi ai-je épousé celui-là... je ne l'aimerai jamais *. »

Ce retour du passé s'explique par le type de mémoire des gens âgés. Leur diminution de synthèse protidique empêche toute fixation des souvenirs récents. Ce qui vient à la conscience, ce qui se rappelle, c'est ce qui a été fixé dans l'enfance et la jeunesse. Pour des raisons biologiques les gens âgés souffrent de leur passé lointain.

L'apparition du détachement, sa référence au signe du miroir.

Au laboratoire de traitement des connaissances, nous venons de décrire un signe d'éthologie clinique qui permet de dater l'apparition des processus de détachement des gens âgés [11].

Le miroir posé dans mon bureau est à l'origine de cette histoire. Un jour, une dame âgée, au cours d'une consultation, a sursauté et murmuré à ses filles : « Taisez-vous quelqu'un nous surveille. » Les enfants surpris, angoissés par ce signe, ont fait beaucoup d'efforts pour ne pas s'en rendre compte « mais non, maman, c'est toi dans le miroir », et vite, on est passé à d'autres problèmes.

Nous avons repris cette observation de manière plus méthodique. Chez les écrivains : « ... Je me dressais, les mains tendues... on y voyait comme en plein jour et je ne me vis pas dans la glace!... Elle était vide, claire, profonde, pleine de lumière! Mon image n'était pas dedans... et j'étais en face, moi! » écrit Guy de Maupassant dans *Le Horla.* Roman Polanski a utilisé le même effet dans *Le Bal des vampires* quand le chasseur danse avec le vampire et que seul le reflet de l'homme apparaît dans le miroir. Charcot avait nommé ce trouble de la perception « autoprosopagnosie », la non-reconnaissance de sa propre physionomie.

Freud a réalisé une auto-observation.

« ... J'étais assis seul dans un compartiment des wagons-lits, lorsqu'à la suite d'un violent cahot... la porte qui menait au cabinet de toilette s'ouvrit, et un homme d'un certain âge en robe de chambre et casquette de voyage entre chez moi... je me précipitai pour le renseigner, mais je m'aperçus, tout interdit, que l'intrus n'était autre que ma propre image réflétée dans la glace [12]... »

Ce qui nous a surpris, quand nous avons répété la même observation avec des gens âgés, c'est la facilité avec laquelle nous avons obtenu la non-reconnaissance de soi dans le miroir. Les personnes âgées sursautent face à cette étrange familiarité et cherchent à l'éviter. Puis ils disent : « Il me semble que je le connais, c'est mon voisin »; ou bien : « C'est mon père... c'est ma mère... c'est une horreur. » Ils gardent en eux cette mémoire qui crée le sentiment de familiarité, ils se nomment dans le langage, ils nomment leurs enfants et reconnaissent leurs visages. Mais ils ne se reconnaissent plus eux-mêmes : ils se détachent du temps présent alors qu'ils se racontent encore à l'imparfait.

Cela prouve que le visage n'est pas une image comme les

autres. C'est une perception qui, d'emblée, provoque une représentation : « C'est mon père. » Lorsque cette fulgurance imagée n'est pas possible, il faut passer par le détour analytique : « C'est ma verrue sous l'œil... c'est ma robe de chambre... c'est mon geste que je fais qui se reflète dans le miroir : c'est donc moi *. »

Les gens âgés éprouve en secret le premier signe du détachement de soi-même alors qu'ils s'identifient encore dans le langage. La parole, mise en place dès le début du fonctionnement cérébral, résiste mieux que l'image et se désorganise bien plus tard, quand la clinique de la démence devient flagrante.

La famille connaît la même évolution. Le conjoint et les enfants souffrent de l'altération cérébrale de leur parent, jusqu'au jour où le malade âgé ne les reconnaît plus. Le jour où il dit « bonjour madame » à sa fille, ou « qui c'est celui-là ? » devant son fils, ce jour-là signe la date du détachement.

L'enfant dont le visage n'est plus reconnu par son père ne se sent plus reconnu : « Je n'ai plus rien à voir avec cet homme qui ne me reconnaît même pas ! » Le travail de trépas se met en route.

L'inévitable maladie des gens de plus de soixante-cinq ans s'intègre aussi dans l'histoire psychologique du couple. Les couples qui, dans leur jeunesse, avaient signé un contrat de plaisir, de projet d'existence, de cohérence intellectuelle et affective, ont moins de maladie et plus d'enfants que les couples à contrat morbide [13]. Les couples à contrat névrotique ont moins d'enfants, plus de maladies physiques et infiniment plus de troubles psychiatriques.

Les couples âgés à contrat morbide.

Dès que la maladie survient dans ces couples âgés, elle prend sens, en fonction de l'histoire du couple. Très souvent, le plus généreux des deux, le plus amoureux, celui qui s'est marié pour rendre l'autre heureux, le plus mélancolique donc, va « profiter » de la maladie de son conjoint pour s'y consacrer. « J'ai redécouvert l'affection pour mon mari quand il a eu son cancer, car il a eu à nouveau besoin de moi*. »

Parfois la maladie renverse la dominance dans un couple qui a passé sa vie à lutter pour le pouvoir : « Depuis qu'il a son

Parkinson, il est devenu gentil et se laisse enfin diriger. Je me sens beaucoup mieux depuis qu'il est malade*. »

Lorsqu'on suit le devenir des malades adultes [14] on constate l'énorme proportion de guérisons, contrairement au préjugé. Les 20 % de rechutes répétées ou dépressions incessantes concernent les personnes seules. La plupart des déprimés qui ont réussi à vivre dans un réseau affectif aux conflits incessants, connaissent un meilleur pronostic que les isolés, au confort dépourvu de sens. Le mariage a même offert à la plupart des psychotiques un milieu d'équilibre qui leur a permis d'échapper aux établissements psychiatriques.

Même raisonnement que pour les orphelins : c'est la souffrance d'une enfance sans famille, d'un asile psychiatrique, ou d'une épreuve à surmonter qui a donné sens au mariage et créé sa fonction tranquillisante. Le fait d'être en famille, en couple, en groupe familial ou amical, donne sens aux faits et atténue le stress, alors que la solitude tue le sens.

Il n'y a pire agression que le non-sens.

NOTES

1. ARIÈS Ph. (1983), « Une histoire de la vieillesse ? » *in Le Continent gris*, *Communications*, Seuil.

2. LORENZ K. (1978), *L'Année de l'oie cendrée, op. cit.*

3. TRETON J. et COURTOIS Y. (1986), « Mécanisme et théories du vieillissement », *Gazette médicale*, 93, n° 4.

4. Robert L. (1983), « Biologie du vieillissement », *Communications*, n° 37, Seuil.

5. Observation effectuée par Max Kay.

6. RICHIE J.P., MILLS B.J. (1986). « Proceeding for the Society », *Experimental Biology and Medecine*, vol. 183, pp. 81-85.

7. SILMAN A.J. (1987), « Why do Women Live Longer and is it worth it ? », *Brit. Med. J.*, n° 294, pp. 1303-1312.

8. CHRISTEN Y. (1987), « Les Bons Neurones font-ils de vieux os ? », *Alzheimer Actualité*, septembre.

9. SIMEONE I. (1986), « Le Couple âgé et le vieillissement », *Actualités psychiatriques*, n° 3.

10. BENCHOUK D.K. (1982), *Vieillissement physiologique et pathologique du couple*, thèse, Université de Genève.

11. CYRULNIK B. et OHAYON M. (1988), « Ethologie du visage âgé dans le miroir », *in Le Visage : sens et contresens*, E.S.H.E.L.

12. POSTEL J. (1980), « Les Troubles de la reconnaissance spéculaire de soi au cours des démences tardives », *in Image spéculaire du corps* (Corraze J. dir.), Privat.

13. TORDJMAN G. (1981), *Le Couple. Réalités et problèmes*, Hachette.

14. CYRULNIK B., GARNIER Y., THOMAS D. et R. (1982), « Étude catamnestique de 3 000 patients pendant 10 ans » *Psychiatries*, n° 3.

POURQUOI CONCLURE ?

Le plus sûr moyen de scléroser une idée c'est de l'honorer. Il suffit de répéter les phrases, les gestes et les tics verbaux du maître pour qu'en quelques paroles, l'idée se transforme en récitation, se dessèche et meure.

Il faudrait pour conclure, une phrase définitive qui permettrait de clore dix année de recherches. Il faudrait trouver l'interrogation merveilleuse qui permettrait de souligner l'importance de l'attachement, et sa fragilité.

Une question perverse ne ferait pas mauvais effet. Il suffirait de rappeler à quel point nos valeurs culturelles encouragent l'attachement entre la mère et l'enfant, puis de souligner que ce qui renforce l'attachement dilue ce désir d'attachement. Le désir n'augmente que lorsqu'il vient à manquer. La satisfaction l'éteint. Les mères punitives, ces « mauvaises mères », renforcent les comportements d'attachement chez les mammifères Et chez les humains, elles renforcent les fantasmes d'attachement : « Quand je serai grand, moi, je saurai réussir la famille que mes parents ont ratée *. »

Rien ne renforce plus le désir de famille que le manque de famille, le désir de lien que l'absence de lien.

Quand les bonnes mères nous offrent l'autonomie, quand les bonnes sociétés rendent les individus capables de tenter l'aventure individuelle, elles épanouissent les trajectoires personnelles... et concourent à fragmenter le corps social.

Comment s'en sortir ? Freud avait analysé les attachements névrotiques. Après-guerre, les psychanalystes ont décrit les troubles physiques et mentaux provoqués par les carences affectives. Faudra-t-il maintenant observer la pathologie de la pléthore due aux excès d'attachements, lorsque l'enfant trop aimé, trop tranquille perd le sens de sa vie ?

Quoi qu'on fasse, c'est raté !

Quand on s'attache à nos enfants, leur fait-on perdre ce besoin d'attachement ? Quand ils vivent en paix dans une société sur-organisée, leurs biographies s'écrivent-elles dans le non-sens ?

Pervers, non ?

« Pourquoi ? »

Cet adverbe névrotique nous pousse à l'intelligence douloureuse, au besoin de comprendre. Pourrait-on imaginer une existence sans « pourquoi », un destin fait de certitudes et de tranquille engourdissement ? Faut-il un soupçon d'angoisse pour donner sens à la vie ?

A moins que l'on ne tente une autre manière de terminer un livre. Plutôt que d'extraire les vérités définitives, les idées géniales et les questions stimulantes, on pourrait simplement avouer nos échecs, nos limites et nos points de butée [1] *.

Jusqu'à ce jour, j'avais publié les pépites éthologiques extraites du fleuve du vivant, nos merveilleuses observations plutôt que nos échecs. J'avais tendance à exposer nos productions et nos victoires, laissant aux autres le soin de criti-

* Les notes de ce chapitre commencent p. 310.

quer dans les couloirs ou de publier leurs désaccords. Je préfère terminer en réfléchissant sur les points de butée actuels de la recherche en éthologie.

La butée institutionnelle. Je suis frappé par le nombre de visiteurs ou d'étudiants qui veulent visiter mon laboratoire : leur désarroi quand je réponds que le laboratoire se trouve là où nous emmène l'hypothèse. Parfois elle nous emmène en bateau, avec des patients psychotiques pour y observer les comportements proxémiques, l'éthogramme de leurs regards, ou d'autres interactions dans un espace où la contrainte est naturelle [2].

Ces sorties agréables pour la convivialité, ne font pas sérieux quand on demande une subvention.

La butée conceptuelle. Une première butée apparaît pour définir le mot « naturel ». Car quoi de plus naturel pour un homme que le rituel du repas pourtant profondément marqué par sa culture puisqu'il change d'un groupe social à l'autre, d'un lieu à l'autre, d'un moment à l'autre. Ce qui est naturel, ce qui motive le comportement, c'est le besoin de manger, comme chez tout être vivant. Mais ce besoin, dès qu'il est formulé par la biologie, à peine devenu orientation vers l'aliment, subit les pressions du groupe et les règles de son époque.

Quoi de plus naturel qu'une stimulation sexuelle ? Mais quoi de plus réglementé que cette motivation ? Les mœurs changent tous les dix ans et tous les dix kilomètres : règles instables, rarement écrites, tellement intériorisées qu'on les croit naturelles.

Alors l'éthologie, « l'étude des mœurs en milieu naturel », pourrait se dire aussi : « en milieu spontané », « authentique » ou tout autre mot que vous trouverez pour désigner un événement dont l'observateur n'est pas responsable.

Ce qui permet d'inventer l'expression de « simulacre de milieu naturel ». La table et le lit, qui constituent les deux grandes affaires de notre vie, permettraient de décrire l'ensemble des caractères qui définissent la condition humaine. L'observateur n'est pas responsable des rituels de table, de l'utilisation de la fourchette ou des règles de préséances. Mais puisqu'elles sont là, issues de l'histoire de notre groupe social, pourquoi ne pas les observer?

Les animaux seraient des êtres naturels tandis que l'homme serait un être de culture. Pour preuve, l'interdiction de l'inceste où les règles de parenté varient à l'infini selon l'invention des inventeurs de règles.

Il m'arrive de penser que cette dichotomie nature-culture, homme-animal, individu-groupe, organogenèse-psychogenèse, est un avatar de l'âme. Il fallait que l'animal soit un animal-machine pour réserver l'âme à l'homme. L'animal serait naturel, soumis à sa machinerie biologique; il manifesterait des réflexes, des instincts dont il convient de s'émerveiller. Mais l'homme, lui, attention: il a une âme! Il invente la culture! Il est libre!

La matière, cette cochonnerie biologique, n'appartient qu'au monde inférieur du vivant qui est celui des animaux. Le monde inférieur des hommes ne concerne que leur cloaque ou leur dépouille mortelle.

Admettons qu'un comportement naturel soit un comportement qui se déroulerait de la même manière si l'observateur ne l'observait pas: cela ne veut pas dire que l'observateur ne participe pas à la construction du fait qu'il observe, au contraire même.

La butée de l'inconscient. La principale butée serait l'inconscient de l'observateur. Pourquoi l'école allemande travaille-t-elle surtout les problèmes de l'inné, des coordinations motrices héréditaires, des comportements indépendants de tout apprentissage? Leurs observations sont passionnantes, leurs expériences élégantes: un écureuil isolé à sa naissance, donc privé de tout modèle, manifeste dès le premier automne une série de comportements complexes et finalisés. Aucun apprentissage n'a été possible. Pourtant, il sait accumuler les noisettes dans ses joues, creuser un trou au pied d'un chêne, recouvrir celui-ci de feuilles et grignoter sur l'écorce de l'arbre, un signe qui le caractérise, lui, véritable signature... qui lui permettra quand la bise sera venue de reconnaître son propre garde-manger.

Pourquoi les chercheurs de cette école courent-ils le monde à la recherche de comportements universels indépendants de la culture ? Ils en trouvent : une femme Sambourou, une fillette Waïkina, et une Française, soulèvent leurs sourcils quand le flirt les tente, même si leurs mots disent le contraire [3]. En dehors de la recette pratique facilitant le retour de don Juan, ce genre d'observation pose un problème épistémologique : quel bénéfice peut revenir au chercheur dont les brillantes observations étaient cette hypothèse ? A quel désir inconscient correspond ce besoin de démontrer les limites de la culture et l'influence modérée du milieu ?

Avant guerre, on disait que la biologie votait à droite ! Elle renforçait une représentation colonialiste où certains hommes étaient de qualité inférieure : « La capacité crânienne, reflet de l'intelligence est de 1 572,95 chez les Anglais. Celle des Parisiens est de 1 461,53. Celle des Allemands 1 448. Africains, Malais, gorilles et idiots, 1 300. » Question : quelle est la nationalité de l'auteur [4] ?

La butée idéologique. Pour lutter contre cette biologie de droite, la gauche des années 50 a donc privilégié les théories du milieu. Au point que j'ai pu voir dans les facultés de médecine de Bucarest et de Moscou, les banderoles que faisait tendre Lyssenko. On y lisait : « Le chromosome est une invention bourgeoise destinée à légitimer le capital. » Tout étudiant qui parlait de chromosome était collé.

Ce déni de matière, de la part de penseurs matérialistes, trouvait son origine dans le contexte social de leurs connaissances, et dans leur nécessité idéologique de renforcer l'idée du milieu.

La butée biographique. C'est pourquoi je propose toujours aux chercheurs et étudiants qui viennent travailler avec moi, de faire un petit travail de réflexion sur le contre-transfert de l'objet de science [5].

La conclusion d'un travail résulte d'une procédure méthodique et surtout d'une critique par le milieu scientifique qui provoque une véritable sélection culturelle des idées. Mais comment les hypothèses viennent-elles au chercheur ?

Il n'est pas indifférent d'étudier la transmission des mythes familiaux dans les familles d'immigrés quand on est soi-même descendant d'immigré... ou de démontrer que les enfants abandonnés s'épanouissent bien, quand on a soi-même été un enfant abandonné. Aucune étude sur la transmission de l'intelligence ne peut prétendre à la neutralité idéologique quand on sait que l'école est l'institution qui fabrique aujourd'hui les nouvelles classes sociales.

La butée représentative. C'est un obstacle majeur pour l'orientation des recherches. Une représentation redondante arrête toute pensée chercheuse. « Si un corps tombe, c'est qu'il possède une vertu tombante » disaient les scolastiques. Payés d'un mot issu de la connaissance de lois physiques, tout nouveau questionnement perdait son sens puisque l'explication était toute trouvée !

Plus tard, les penseurs organicistes ont remplacé le mot vertu par celui d'instinct, ou de pulsion, ou d'hormone, ou de neuro-médiateur : « Cet homme est triste parce qu'il souffre d'un trouble du neuro-médiateur de la tristesse. » L'observation est juste, car les corps tombent et les hommes sont tristes. Mais l'explication qui se réfère à une seule représentation d'un monde où l'on ne parlerait qu'une seule langue pose un problème d'exclusivité de la compréhension. Il n'y a pas qu'une seule manière de voir !

Cette méthode qui consiste à se payer d'un mot référant à une représentation organique ou psychique exclusive, interrompt tout processus de recherche en nous donnant l'explication : « Puisqu'on vous dit que c'est un neuro-médiateur qui a fait le coup, ou une force psycho-kinésique, ou un instinct... puisqu'on vous dit que les femmes n'ont pas d'âme, que les hommes sont plus aptes, que la culture conditionne les filles (mais pas les garçons...). »

Il faut toujours un jeteur d'ombre, un penseur de pensées obscures pour inciter à faire la lumière. Il n'y a rien de pire qu'une explication pour arrêter un processus de compréhension.

En ce sens, *la butée de l'évidence* est un grand piège,

puisque c'est évident. Puisqu'il suffit de voir, ce n'est pas la peine d'en faire une observation.

Il y a longtemps que je n'avais pas fait rire avec le mot « psychologie ». J'ai remarqué que dans certains milieux, ce mot possède une grande vertu hilarante. Je l'ai donc prononcé dans un service de néo-natalogie avec le succès habituel, mais non espéré. Certains ont ri, et m'ont expliqué qu'un prématuré de six mois était plus proche du biologique que du psychologique. Il était sous-thalamique, autant dire sans cerveau, composé de réflexes forcément archaïques, sans vision, sans mémoire, sans parole. Un produit biologique, on vous dit. Alors, j'ai compris pourquoi dans certains hôpitaux les nouveau-nés sont enveloppés dans une feuille d'aluminium, comme le jambon de ma charcutière. On n'enveloppe pas une personne dans une feuille d'argent, on l'habille avec les vêtements de sa culture. C'est évident.

Jusqu'au jour où nous avons enregistré les cris des prématurés et les avons portés à l'analyseur de fréquence du laboratoire. L'ordinateur nous a rendu une feuille de papier argenté (elle aussi) sur laquelle il avait transformé le cri en image montagneuse : les basses fréquences à gauche, les hautes fréquences à droite.

En établissant une corrélation entre la structure des cris et les variations de l'environnement nous avons rendu observable l'événement suivant : toute variation de l'environnement augmente la composante aiguë des cris. Il suffit de changer le tissu de la tête de lit ou de faire approcher un médecin réanimateur pour que l'ordinateur transforme le cri du bébé en un dessin plein de pics aigus [6]. Les prématurés réagissent vivement à toute variation de l'environnement. Ce qui implique qu'ils y sont très sensibles et qu'ils possèdent une mémoire à court terme qui leur permet de reconnaître celui qui régulièrement leur pique une aiguille dans l'artère fémorale.

L'évidence n'était pas évidente ! Nous avons des yeux pour voir ce que nous pensons.

L'évidence est une perception sélective, organisée comme une représentation. D'où la nécessité du travail d'observation pour déjouer le piège que nous construisons pour nous y enfermer.

L'ordinateur nous pose le problème de la *butée technique*. Il n'est pas difficile d'enregistrer le face à face d'une mère et de son bébé âgé de quelques semaines. Une vision rapide du film aurait provoqué cette remarque naïve : « Ils font les mêmes grimaces. » En langage éthologique, cela se formule ainsi : « L'interaction mère-enfant fait émerger une synchronie posturo-mimo-gestuelle. » Mais lorsque le capteur technique permet une analyse au ralenti, il rend observable que c'est le bébé qui, dans 60 % des cas, déclenche la séquence d'imitation [7]. Mais notre œil ne peut le voir, puisqu'il n'est pas équipé d'un arrêt sur image au 1/16e de seconde.

Puis notre observation naïve montre que rapidement le bébé se désintéresse de l'interaction et ne répond plus aux sollicitations maternelles. A ce moment, nous pouvons injecter dans ce travail une autre hypothèse venue d'autres observations : une mère ne se comporte pas de la même manière avec un bébé-garçon et avec un bébé-fille. Cette hypothèse surajoutée va permettre au capteur technique de compter le nombre de sollicitations sonores et gestuelles de la mère en fonction du sexe de son bébé. Et le compteur répond que les mères sollicitent les bébés-filles beaucoup plus que les bébés-garçons !

Cette observation va stimuler les valeurs personnelles de l'observateur et provoquer des interprétations très différentes : « Voici la preuve que les mères sont plus intrusives et plus contraignantes envers les filles », ou au cas contraire : « Voici la preuve que les mères sont plus attentives et plus affectueuses envers les filles. Je l'ai vu, de mes yeux vu. C'est scientifiquement prouvé. »

Ce qui nous mène à la principale butée, qui prend la forme d'un Himalaya épistémologique :

La butée verbale. Les psychanalystes nous avaient déjà appris que les mots parfois servent à se taire. L'éthologie nous apprend qu'ils peuvent aussi nous aveugler.

Georges Devereux avait invité Margaret Mead dans son village natal [8] en Hongrie. Il en connaissait tous les chemins et le moindre caillou. Chaque rituel alimentaire : l'invitation à dîner, le partage de la chasse, le panier de fruits offert à l'étrangère, prenait pour lui un sens précis, venu de son histoire.

Ce spécialiste mondial de l'étude transculturelle des rituels familiaux savait entendre les mots d'accueil et les histoires qui fondaient le lien mythique entre les gens de son village mais, dès le deuxième jour, Margaret Mead avait repéré des structures qui soudaient ou séparaient les familles. Comme elle ne comprenait pas un mot et ignorait toutes les histoires, il ne lui restait que ses yeux pour voir. Elle avait donc vu que certaines familles évitaient certains lieux du village, que certains détours de rues ou de sentiers dans les champs ne pouvaient pas se justifier par l'occupation du sol. N'ayant pas accès au signifié du discours, il ne lui restait qu'à observer les gestes du corps parlant, l'intensité des vocalisations, le flux sonore des paroles et la direction des regards. Elle avait accès directement à l'aspect sensoriel du signifiant. Cette perception lui avait permis très rapidement de découvrir les alliances effectives, dissociées des récitations verbales.

Son « regard éloigné » lui avait permis d'observer ce que jamais Devereux n'avait pu voir, aveuglé qu'il était par son engagement affectif et l'usage de sa langue.

Longtemps, on nous a dit, « l'éthologie s'arrête au langage ». Mais en partant du postulat que l'éthologie humaine ne pourrait observer que des hommes sans paroles, les descriptions nous ont menés à la conclusion contraire : faire l'éthologie de l'homme sans parole reviendrait à observer un poisson hors de l'eau.

L'homme sans parole n'est pas un homme naturel, tant le langage infiltre toute situation humaine. Mais ce langage n'est plus ce qu'on croyait.

En observant les processus de communication animale, nous avons appris à analyser les syntaxes comportementales et les objets sonores paroliers. On découvre alors que les bébés dans l'utérus perçoivent, catégorisent et répondent par des ajustements comportementaux à ces paroles-objets sonores au point que les obstétriciens en font aujourd'hui un indice de bien-être. Grâce à la fausse piste des hommes sans paroles on a décrit la compétence linguistique des bébés, à un stade de leur développement où la rhétorique du discours est encore assez peu signifiante.

Reste à savoir ce qu'on fait quand on nomme ce qu'on observe ?

Cette *butée nominaliste* est très importante dans une démarche descriptive et explicative comme y prétend l'éthologie. Elle nous a joué bien des tours.

Dans les années 70, certains éthologues ont décrit les comportements de socialisation d'un groupe d'enfants préverbaux dans une crèche. Armés d'une caméra et d'un concept, ils ont renversé une table sur une autre. La simple création de ce lieu insolite a stimulé la compétition entre les enfants de cette crèche et on a pu observer les comportements suscités par cet événement. L'analyse des gestes au ralenti a révélé comment certains petits garçons s'appropriaient cet espace merveilleux. Ils grimpaient sur la table en menaçant les concurrents, ils vocalisaient en avançant la tête [9].

Dans 93 % des cas, c'était un petit garçon qui s'appropriait ce lieu grâce à des gestes signifiants... avant toute parole. Ces petits garçons par la suite se socialisaient bien et accédaient très tôt aux gestes symboliques, au langage et à la scolarisation.

L'éthologue avait nommé « dominant », cet enfant si facile à socialiser par la compétition. Ce mot « dominant » référait à une situation sociale repérée par certains comportements : choisir en premier les aliments, s'approprier l'espace de repos, menacer, accepter la soumission des pairs, apaiser les conflits, initier les déplacements du groupe, induire les jeux, etc.

L'acte de baptême ainsi publié a connu une aventure idéologique qui n'avait plus rien à voir avec l'intention des chercheurs et réalisait même un total contresens.

Un petit garçon « dominant », implique que d'autres soient « dominés ». La précocité de cette manifestation, avant même que les consignes éducatives ne soient énoncées, a été interprétée comme preuve de sa qualité biologique. Le petit nombre de filles révélait la nature féminine plus soumise.

Voilà comment les faits scientifiques peuvent alimenter une idéologie.

Arrive Sarah Hrdy primatologue et femme non soumise. Elle publie *Des guenons et des femmes*. Le fait d'être homme et d'intituler ainsi son livre, aurait donné à ces mots un sens très différent. C'est dire à quel point le contexte, l'histoire et même le sexe du parleur participent à la constitution du sens que l'auditeur donne aux mots. Les mots de femmes prendraient-ils un sens différent des mêmes mots prononcés par un homme ?

Helen E. Fisher [10] explique que, pour elle, le mot « dominant » réfère à des comportements créateurs de réseaux sociaux. Dans sa pensée, le dominant c'est l'animal autour duquel le groupe se coordonne, se réfère et s'apaise. On observe alors que ce mot s'applique à certaines vieilles femelles, autour desquelles s'organise le groupe. Cette stabilité permet la transmission de certaines acquisitions comportementales, telles que laver les patates et les saler en les trempant dans l'eau de mer. Cette transmission culinaire n'est pas possible pour les mâles trop instables qui quittent le groupe et prennent le pouvoir grâce à leur vivacité, ce qui les empêche d'analyser. Alors que les femelles, tenues à l'écart, observent paisiblement et apprennent cette innovation.

La manière de nommer les choses pourrait donc induire des observations différentes ?

La butée des conclusions. Ça bute pour conclure parce que les conclusions ne sont jamais concluantes, jamais closes. Une conclusion devrait simplement servir de question pour un débat suivant.

On pourrait chercher d'autres butées pour continuer le débat : la butée du signifié qui, désignant des choses absentes, prête au contresens.

La butée expérimentale, car l'expérimentation est-elle autre chose qu'une observation dirigée ? Et quand on sait la part de production que notre inconscient met dans toute observation...

La butée du texte, la butée du contexte, la butée du co-texte, la butée de l'histoire, la butée des récitations individuelles et culturelles, la butée du plaisir, la butée financière (c'est fou ce que l'attribution d'un budget facilite la production d'un fait scientifique), qui entraîne la butée politique, la butée du leader du groupe, de l'inhibiteur du groupe, des opposants du groupe...

Décidément, ça bute. Mais quand ça bute, ça étaie.

Ce que coûte le tissage d'un lien n'est pas la moindre butée, car l'attachement est hors de prix, mais son absence coûte encore plus.

Je pense qu'avant de lire ce livre, vous aviez les idées claires. J'espère maintenant qu'elles sont confuses, car il faut douter, croyez-moi!

A bientôt pour en parler

NOTES

1. CYRULNIK B. (1987), « Les Points de butée de la recherche en éthologie » *Bulletin* de liaison du certificat d'Études Spéciales en Psychiatrie de Lyon, Université Claude-Bernard, juillet-octobre, n°s 46-47.

2. Observation détaillée *in* CYRULNIK B. (1983), *Mémoire de singe et paroles d'homme, op. cit.*

3. EIBL-EIBESFELDT I., (1972), *Ethologie. Biologie du comportement, op. cit.*

4. MORTON D., (1893), « Crania americana », cité *in* collectif « De Darwin au darwinisme », *Science et idéologie,* Vrin, 1982.

5. DEVEREUX G. (1980), *De l'angoisse à la méthode dans les sciences du comportement,* Flammarion.

6. RUFO M., CYRULNIK B., *Détermination d'un score étho-psychologique chez les enfants prématurés. Nouvelles approches de la santé mentale de la naissance à l'adolescence,* 11e congrès international, Paris, juillet 1986, E.S.F.

7. TREVARTHEN C., HUBLEY P., SHERAN L. (1979), « Les Activités innées du nourrisson », *in La Recherche en éthologie,* Seuil.

8. DEVEREUX G. (1980), *De l'angoisse à la méthode dans les sciences du comportement, op. cit.,* et communication personnelle en mai 1968, à la Faculté de Médecine, rue des Saints-Pères.

9. MONTAGNER H. (1978), *L'Enfant et la communication*, Pernoud-Stock.

10. FISHER Helen E. (1983), *La Stratégie du sexe,* Calmann-Lévy.

BIBLIOGRAPHIE

La bibliographie a été faite au fur et à mesure du texte et placée en fin de chapitre.

Les titres suivants n'ont pour intention que d'orienter les lecteurs qui voudront bien continuer à s'intéresser à ce sujet.

AINSWORTH M.S.D., BELL S.M., STAYTON D.J., « L'Attachement de l'enfant à sa mère », *La Recherche en éthologie,* Le Seuil, Paris, 1979.

AURIOL B., « Une erreur géniale », *in L'Aube des sens,* Les Cahiers du nouveau-né, n° 5, Stock, 1981.

BATESON G., *Vers une écologie de l'esprit,* Le Seuil, Paris, 1977, 2 tomes.

BISCHOF N., « Ethologie comparative de la prévention de l'inceste », *Anthropologie bio-sociale,* Éd. Complexe, Bruxelles, 1978.

BLONDIN R., *Le Mensonge amoureux,* L'Age d'homme, 1984.

BOWLBY J., *Attachement et perte,* t. I : *L'Attachement,* t. II : *La Séparation,* t. III : *La Perte,* PUF., Paris, 1984.

BRAZELTON T.B., *La Dynamique du nourrisson,* E.S.F., Paris 1982.

BUSNEL M.C., HERBINET B., « L'Aube des sens », Les Cahiers du Nouveau-né, 1982, n° 5, Stock, Paris, 1982.

CAMPAN R., *L'Animal et son univers,* Privat, 1980.

CHANGEUX J.P., *L'Homme neuronal,* Fayard, 1983.

CHAUVIN R., *L'Ethologie,* PUF., 1975.

CORRAZE J., *La Communication non verbale,* PUF., Paris, 1975.

COSNIER J., BROSSARD A., *La Communication non verbale,* Delachaux et Niestlé, Neuchâtel, 1984.

CYRULNIK B., *Mémoire de singe et paroles d'homme,* Hachette, Paris, 1983, Pluriel, 1984.

DELANNOY J., FEYEREISEN P., *L'Ethologie humaine,* coll. « Que sais-je ? », n° 2339, P.U.F., Paris, 1987.

DEMARET A., *Ethologie et psychiatrie,* P. Mardaga, Bruxelles, 1980.

DORÉ F.Y., *L'Apprentissage, une approche psycho-éthologique,* Maloine, Montréal, 1983.

EIBL-EIBESFELDT I., Ethologie. *Biologie du comportement,* Éditions Scientifiques, Paris, 1972, réédition, 1988.

FEYEREISEN P., LANNOY J.D. de, *Psychologie du geste,* P. Mardaga, Bruxelles, 1985.

GARRIGUES P., MENNESSON J.F., *et alii,* « Fluctuations comparées de l'activité motrice en situation de jeu », *Le Jeu, l'enfant,* E.S.F., Paris, 1985.

GUYOMARCH J.C., *L'Ethologie,* Masson, Paris, 1980.

GOFFMAN E., *La Mise en scène de la vie quotidienne,* Éditions de Minuit, Paris, 1973.

GOFFMAN E., *Les Rites d'interaction,* Éditions de Minuit, Paris, 1974.

GOUSTARD M., *Le Psychisme des primates,* Masson, Paris, 1975.

LANGANEY A., *Les Hommes,* Armand Colin, Paris, 1988.

LEBOVICI S., *Le Nourrisson, la mère et le psychanalyste,* Le Centurion, Paris, 1983.

LE CAMUS J., *Les Relations et les interactions du jeune enfant,* E.S.F., Paris, 1985.

LORENZ K., *Les Fondements de l'éthologie,* Flammarion, Paris, 1984.

MARUANI G., WATZLAWICK P., *L'Interaction en médecine et en psychiatrie,* Génitif, 1982.

MEDIONI J., BOESIGER E., *Mécaniques éthologiques de l'évolution,* Masson, Paris, 1977.

MONTAGNER H., *L'Attachement,* éd. Odile Jacob, 1988.

MORRIS D., *La Clé des gestes,* Grasset, Paris, 1978.

NADEL-BRULFERT J., BAUDONNIÈRE P.M., « L'Imitation, mode d'échange prépondérant entre pairs », *Enfance,* 1980.

NISBETT A., *Konrad Lorenz,* Belfond, Paris, 1979.

QUERLEU D., RENARD X., VERSYP F., « Vie sensorielle du fœtus », *in Éthologie autour de la naissance, Méd. Enf.,* novembre 1986.

SCHAFFER R., *Le Comportement maternel*, P. Mardaga, Bruxelles, 1981.

SLUCKIN W., HERBERT M., SLUCKIN A., *Le lien maternel*, P. Mardaga, Bruxelles, 1983.

STAMBAK M., *Les Bébés entre eux*, PUF., Paris, 1983.

TREMBLAY R.E., *Ethologie et développement de l'enfant*, Stock, Paris, 1985.

VIDAL J.M., « Explications biologiques et anthropologiques de l'interdit de l'inceste », *Nouv. Rev. Ethnopsy.*, 1985, 3.

WIDLOCHER D., *Les Logiques de la dépression*, Fayard, Paris, 1983.

ZAZZO R., *L'Attachement*, Delachaux et Niestlé, Neuchâtel, 1974.

TABLE DES MATIÈRES

L'ATTITUDE ÉTHOLOGIQUE 7

Quand les goélands posent un problème anthropologique, 7.
L'ouverture éthologique, 11.
Apprendre une méthode d'observation pour découvrir des faits différents, 12.
Le fait d'être amoureux pose un problème épistémologique, 14.
Signifiant biologique et signifiant verbal : « On t'a trouvé dans une poubelle », 18.
Notes, 22.

PREMIÈRE PARTIE : LA MÈRE

LA VIE AVANT LA NAISSANCE 27

Le bébé est imaginé avant d'être perçu, parlé avant d'être entendu, 27.
L'histoire du bébé commence avant sa naissance, 31.
Depuis les années 70, le bébé n'est plus une bonne graine, ni une cire vierge, 34.
La grotte utérine est sombre, chaude, parfumée et sonore, 35.
Déjà dans l'utérus le bébé traite de la parole, 38.
Moi qui croyais que toutes les mères étaient porteuses, 41.
Notes, 44.

NAISSANCE DU SENS............................ 46

Le jour de la naissance est un déménagement écologique, 46.
Au XIIe siècle, naissance de l'intime, 49.
La linguistique chez les goélands, 50.
Il n'y a pas de pensée sans matière, 57.
Le champ des fantasmes, 58.
Histoire du premier sourire, 62.
Histoire du premier cri, 65.
Notes, 68.

BIOLOGIE DE NOTRE HISTOIRE............... 70

Le geste de pointer du doigt, 71.
Fable de la brebis et des prématurés, 75.
L'ontogenèse n'est pas l'historicité : prématurés et enfants abandonnés, 78.
Interaction fantasmatique : genèse d'un enfant-martyr, 80.
La parole modifie le destin biologique, 82.
L'éthologie trans-culturelle, 85.
La perte de cette sécurité fortifiante crée un moment de vulnérabilité, 87.
La première fois qu'une mère prend son bébé dans ses bras, 90

Les prémices du baiser, 92.
Notes, 95.

COMMENT METTRE AU MONDE UN PÈRE.... 97

L'invention du père dans le monde animal, 99.
Le père planteur, 100.
Interaction directe père-bébé dans l'utérus, 104.
Sur le corps de sa mère, l'alentour de sa mère. La couvade, 107.
Au sixième mois, un objet nouveau : naissance du père, 109.
Le père maternant : le perçu, 112.
Le père alors change de statut : le papa, 118.
Evolution des rôles parentaux, 127.
Le père social chez les animaux, 133.
Le père des historiens, 138.
Ton père n'est qu'un chèque à pattes, 141.
Il n'y a pas de culture sans rôles sociaux sexués, 144.
Nos trois pères, 145.
Notes, 147.

DEUXIÈME PARTIE : LE COUPLE

QUAND LE SEXE APPARAIT.................... 153

Programme des pulsions sexuelles, 155.
L'histoire peut modifier les performances sexuelles, 157.
Sexualisation très précoce des gestes des bébés, 160.
Sexualisation encore plus précoce des gestes des adultes, 162.
Notes, 165.

DE L'EMPREINTE AMOUREUSE AU TRANQUILLE ATTACHEMENT 166

Pourquoi faut-il que l'amour meure ? 166.
L'histoire d'amour est universelle, 169.
L'histoire de l'amour est très particulière, 171.
L'enracinement du sentiment amoureux, 175.
Domestication de la vie amoureuse, 180.
Histoire de l'empreinte, 181.
L'empreinte organise le lien, 185.
L'empreinte filiale détermine les préférences sexuelles, 190.
L'apparition du langage illustre la sensibilité génétique, 195.
Un changement affectif brutal : le « syndrôme de Stockholm », 198.
Notes, 202.

COMMENT FAIRE UN COUPLE 205

Les parades nuptiales ou la force du sexe, 206.
Le poisson-signifiant n'est plus un poisson, 208.
La sémiotique des poils a toujours été politisée, 211.
La pancarte éthologique, ses revendications sexuelles et sociales, 212.
L'hypothèse esthétique de la fonction biologique du beau chez la truite saumonée, 215.
Le langage silencieux : caresses, regards et chaises, 219.
Le rôle fondamental du leurre : prostituées et don Juans, 222.
L'espace intime des femmes, 227.
Les couples à contrat névrotique, 230.
Notes, 234.

MORT AU SEXE.............................. 236

L'impuissant heureux, 236.
L'évitement de l'inceste chez les animaux : Œdipe-Oie, 237.
L'inhibition du désir dans les couples longs, 243.
Quand le lien se renforce, le désir s'éteint, 251.
Le sexe en deuil, 254.
Notes, 256.

TROISIÈME PARTIE : SANS ATTACHES

ENFANTS POUBELLES, ENFANTS DE PRINCE.. 361

L'observation de Kaspar Hauser en 1828 parle de l'observateur plus que de l'observé, 262.
L'impossibilité de se raconter : le roman familial des enfants sans famille, 263.
Les observations directes des enfants sans famille, 268.
L'enfant de personne, c'est presque personne, 272.
Quand l'orphelin part à la recherche de ses auteurs, 275.
Notes, 281.

L'ATTACHEMENT, SUITE ET FIN 283

La vieillesse vient de naître, 283.
Dans le monde animal les dominants n'ont pas le temps de vieillir, sauf en milieu domestique, 284.
Quelques recettes pour bien vieillir : le sens et le couple, 287.
L'attachement conflictuel des couples âgés : deuxième adolescence ou retour du passé ? 290.

L'apparition du détachement, sa référence au signe du miroir, 293.
Les couples âgés à contrat morbibe, 295.
Notes, 296.

POURQUOI CONCLURE?......... 299

Notes, 310.

BIBLIOGRAPHIE.... 311

DANS LA MÊME COLLECTION

B. CYRULNIK, *Sous le signe du lien. Une histoire naturelle de l'attache ment*, 1989.

F. DAGOGNET, *La Maîtrise du vivant*, 1988.

J. DIEUDONNÉ, *Pour l'honneur de l'esprit humain. Les mathématiques aujourd'hui*, 1987.

J. RAMUNNI, *La Physique du calcul. Histoire de l'ordinateur*, 1989.

H. VERRON, *Introduction biologique aux sciences de l'homme*, 1989.

Cet ouvrage a été réalisé par la
SOCIÉTÉ NOUVELLE FIRMIN-DIDOT
Mesnil-sur-l'Estrée
pour le compte des Éditions Hachette
en mars 1993

Imprimé en France
Dépôt légal : 3736, mars 1993
N° d'édition : 93030/12858 - N° d'impression : 23404
ISBN : 2.01.014740.5
23.59.4442.08

23.4442.2